REALSCHULE 2006

Abschluss-Prüfungs-
aufgaben mit Lösungen

Deutsch · Englisch

Wahlpflichtfächergruppe I und II/III
Bayern
2002–2005

STARK

ISBN: 3-89449-066-7

© 1980 by Stark Verlagsgesellschaft mbH & Co. KG
D-85318 Freising · Postfach 1852 · Tel. (0 81 61) 17 90
19. ergänzte Auflage 2005
Nachdruck verboten!

Inhalt

Abschlussprüfungsaufgaben Deutsch

Abschlussprüfung 2002 mit Lösungen 2002-1
Abschlussprüfung 2003 mit Lösungen 2003-1
Abschlussprüfung 2004 mit Lösungen 2004-1
Abschlussprüfung 2005 mit Lösungen 2005-1

Abschlussprüfungsaufgaben Englisch

Abschlussprüfung 2002
Born to be King 2002-1
Listening Comprehension 2002-11

Abschlussprüfung 2003
Romantic Travelling in a Gypsy Caravan 2003-1
Listening Comprehension 2003-11

Abschlussprüfung 2004
R txt msgs OK 4 U? 2004-1
Listening Comprehension 2004-15

Abschlussprüfung 2005
Butting Out 2005-1
Listening Comprehension 2005-15

Jeweils im Herbst erscheinen die neuen Ausgaben
der Abschlussprüfungsaufgaben mit Lösungen.

Lösungen der Aufgaben:

Deutsch: Realschullehrer Thomas Killinger
Englisch: Realschulkonrektor Konrad Huber

Abschlussprüfung 2002 an Realschulen: Deutsch
Aufgabengruppe A: Erörterung

1. Das Verhältnis zwischen Mensch und Tier ist wieder stärker in den Blickpunkt gerückt.
   Zeigen Sie Gründe dafür auf und erörtern Sie anhand von Beispielen, wie der Mensch verantwortungsbewusst mit Tieren umgehen sollte.

2. Das Jahr 2002 wurde zum „Jahr der Berge" erklärt.
   Warum besuchen alljährlich zahlreiche Touristen die heimische Bergwelt? Wie kann man den Lebensraum Berge schützen?

3. Viele Auszubildende stehen vor der Entscheidung, ob sie für den Weg zur Arbeit öffentliche Verkehrsmittel oder ein eigenes Fahrzeug benutzen sollen.
   Wägen Sie beide Möglichkeiten argumentativ gegeneinander ab.

4. Viele Menschen besuchen regelmäßig ein Fitnessstudio.
   Erörtern Sie Gründe, die sie dazu veranlassen, und zeigen Sie Probleme auf, die damit verbunden sein können.

5. Während Ihrer Schulzeit haben Sie in verschiedenen Fächern Referate gehalten.
   Was haben Sie daraus für sich gelernt? Warum sind Referate aber nicht bei allen Schülern beliebt?

6. Auch in der Schule ist Mobbing zu beobachten.
   Warum schikanieren manche Schüler ihre Mitschüler? Wie können Klassenkameraden, Lehrer und Eltern einem solchen Verhalten entgegenwirken?

2002/1 Das Verhältnis zwischen Mensch und Tier ist wieder stärker in den Blickpunkt gerückt.
Zeigen Sie Gründe dafür auf und erörtern Sie anhand von Beispielen, wie der Mensch verantwortungsbewusst mit Tieren umgehen sollte.

Hinweise zur Erschließung des Themas

Vorspann	Das Verhältnis zwischen Mensch und Tier ist wieder stärker in den Blickpunkt gerückt.
Themabegriff	Verhältnis zwischen Mensch und Tier
Präzisierung	Gründe für „stärker in den Blickpunkt gerückt" = Wandel aufgrund aktueller Entwicklungen Verantwortungsbewusster Umgang des Menschen
Erörterungsauftrag zweigliedrig	1. Gründe für die Aktualität des Wandels im Verhältnis zwischen Mensch und Tier 2. Darstellung von Beispielen für einen verantwortungsbewussten Umgang mit Tieren

Ein Thema, das aus recht vielen Informationen, Präzisierungen und Einschränkungen besteht und einen Vorspann beinhaltet, gibt dir viele wichtige Hinweise zur Auseinandersetzung. Es fordert aber auch eine sehr genaue Analyse. Themabegriff und Präzisierung finden sich bereits im Vorspann. Der Erörterungsauftrag besteht aus zwei Teilen, nämlich **den Gründen** für die Aktualität des Themas und **der Darstellung von Beispielen**, wie der Mensch einen verantwortungsbewussten Umgang mit Tieren pflegen kann. Gliederung und Erörterung sind also zweigliedrig strukturiert.

Stoffsammlung und Strukturierung

Um sich der Thematik zu nähern, empfehlen sich zuerst Überlegungen zu den Bereichen:
– Welche Bedeutung haben Tiere für den Menschen?
– Wie geht der Mensch mit Tieren um?

Zur weiteren Strukturierung von Punkt 1 ist es möglich, sich die folgende Frage zu stellen:
– In welchen Bereichen geht der Mensch mit Tieren um?
  Im privaten Bereich (Haustiere), in der Landwirtschaft (hier eventuell noch im Zusammenhang mit der Jagd und Fischerei, wenn dir schlüssige Beispiele einfallen), in der Forschung und Wissenschaft, im Zusammenhang mit Tierschutz und Artenschutz.

Um eine thematisch exakte und inhaltlich richtige gedankliche Auseinandersetzung weiterzuführen, solltest du dir jetzt noch folgende Fragen stellen und sie beantworten:
– Wie geht der Mensch mit Tieren um? Welche Ereignisse/Umgangsweisen/Themen haben dazu beigetragen, dass das Verhältnis Mensch und Tier wieder in den Blickpunkt rückt (aktuelle Vorfälle, Diskussionen, Medienberichte!)?
  Dazu lassen sich zu den einzelnen Oberpunkten eine Reihe aktueller oder auch immer wiederkehrender Themen finden, wobei du hier über das evtl. unterrichtliche Wissen hinaus, vom persönlichen Interesse und einem aktuellen Informationsstand (Medien) profitieren kannst.

Sinnvoll erscheint es nun, die zu Punkt 1 gefundenen Oberbegriffe zur Suche nach Beispielen für verantwortungsbewussten Umgang mit Tieren (Punkt 2) zu benutzen.

Leitfragen zur Stoffsammlung

1. Welche Bedeutung haben Tiere für den Menschen?
2. Wie geht der Mensch mit Tieren um?
3. In welchen Bereichen geht der Mensch mit Tieren um?
4. Welche Ereignisse/Umgangsweisen haben dazu beigetragen, dass das Verhältnis Mensch/Tier wieder stärker in den Mittelpunkt gerückt ist?
5. In welchen Bereichen kann der Mensch verantwortungsbewusst mit Tieren umgehen?

Mögliche Gliederung

A. Die Bedeutung von Tieren für den Menschen ist vielfältig und erstreckt sich vom Haustier über das Nutztier bis zu einem Bestandteil unserer Ernährung

B. Aus welchen Gründen ist das Verhältnis zwischen Mensch und Tier stärker in den Blickpunkt gerückt? Wie kann der Mensch verantwortungsbewusst mit Tieren umgehen?

1 Gründe für eine sich ändernde Sichtweise des Verhältnisses zwischen Mensch und Tier

    1.1   Das Tier im häuslichen Bereich
    1.1.1 Haltung von Kampfhunden
    1.1.2 Aussetzen von Haustieren
    1.1.3 Halten exotischer Tiere
    1.1.4 Sinnlose oder grausame Tötung von Tieren
    1.2   Das Tier in der Landwirtschaft
    1.2.1 Ausbreitung von Tierseuchen
    1.2.2 Massentierhaltung in Agrarfabriken
    1.2.3 Qualvolle Tiertransporte durch Europa
    1.3   Das Tier in Wissenschaft und Forschung
    1.3.1 Genforschung und Klonen
    1.3.2 Versuchstiere für Medikamente und Kosmetika
    1.4   Aktivitäten zum Tierschutz
    1.4.1 Tierschutz im Grundgesetz
    1.4.2 Aufsehen erregende Aktionen von Tierschützern
    1.4.3 Internationale Bemühungen um Artenschutz

2 Beispiele für verantwortungsbewussten Umgang mit Tieren

    2.1   Aus dem privaten Bereich
    2.1.1 Verantwortung bei der Anschaffung von Haustieren
    2.1.2 Bewusstes Konsumverhalten
    2.1.3 Aktives Handeln zum Wohl der Tiere
    2.2   Aus dem Bereich Landwirtschaft und Jagd
    2.2.1 Artgerechte Haltung
    2.2.2 Vermeidung unnötiger Tiertransporte
    2.2.3 Verbot von Treibjagden
    2.3   Aus dem Bereich von Wissenschaft und Forschung
    2.3.1 Weitere Reduzierung von Tierversuchen für Medikamente
    2.3.2 Verbot von Tierversuchen für Kosmetika

2.4   Aus dem Bereich des Tierschutzes
2.4.1   Konsequenter Artenschutz
2.4.2   Erhaltung und Schaffung von Lebensräumen
2.4.3   Verschärfung gesetzlicher Grundlagen

C. **Verantwortungsvoller Umgang mit Tieren bedarf der Bewusstseinsveränderung aller, dass Tiere keine Ware sind**

2002/2   Das Jahr 2002 wurde zum „Jahr der Berge" erklärt. **Warum besuchen alljährlich zahlreiche Touristen die heimische Bergwelt? Wie kann man den Lebensraum Berge schützen?**

Hinweise zur Erschließung des Themas

Der Vorspann verweist auf einen aktuellen Zusammenhang, das von der UNO ausgerufene Jahr der Berge, das die Bedeutung und Schutzwürdigkeit der Lebensräume in den Gebirgen der Welt bewusst machen soll und dessen Grundidee ihren Eingang in die Einleitung finden kann. Themabegriff ist die **heimische Bergwelt**. Hier musst du dir im Vorfeld klar darüber werden, dass mit diesem Begriff sowohl das Hochgebirge (Alpen) als auch die Mittelgebirge im Osten und Norden Bayerns gemeint sein können. Dies wirkt sich in Teilbereichen auf die Aspekte in der Gliederung und somit auf den Inhalt deiner Erörterung aus. Es ist durchaus möglich, sich schon bei den Vorüberlegungen auf eine Art von Gebirge zu beschränken und in der Ausarbeitung entsprechend darauf hinzuweisen. Dies vereinfacht die Struktur. Ansonsten müsste man unterschiedliche Gründe für die Beliebtheit bzw. unterschiedliche Schutzbedürfnisse mit der jeweiligen Gebirgsform zusammenbringen. Dies wurde im vorliegenden Beispiel auch in der Ausarbeitung versucht. Die Analyse des Themas ergibt eine zweiteilige Struktur, die Themafrage kann übernommen werden: Warum besuchen zahlreiche Touristen die heimische Bergwelt und wie kann der Lebensraum Berge geschützt werden?

Vorspann	aktuell: Jahr der Berge
Themabegriff	Heimische Bergwelt
Präzisierung	Besuch zahlreicher Touristen Schutz des Lebensraums Berge
Erörterungsauftrag zweigliedrig	1. Warum besuchen zahlreiche Touristen die heimische Bergwelt? 2. Wie kann der Lebensraum Berge geschützt werden?

Stoffsammlung und Strukturierung

Es geht also um **Gründe für Touristen**, in den Bergen Urlaub zu machen, und um **Möglichkeiten zum Schutz dieses Lebensraumes**. Wo ein Schutz nötig ist, kann man davon ausgehen, dass etwas bedroht ist, zumindest von Veränderungen negativer Art, und zwar der Lebensraum Berge.
Den Gründen näherst du dich am besten mit Überlegungen, die nach den **Arten von Tourismus** fragen oder nach Formen der Beschäftigung der Menschen im Urlaub oder nach **Motiven** (= Vorstellungen), die Touristen im Urlaub in den Bergen verwirklichen wollen: z. B. Erholung, Sport, Gesundheit, Kultur.
Beim zweiten Teil des Themas ist zunächst der **Begriff Lebensraum** zu hinterfragen. Die Gebirge sind nicht nur Lebensraum für Tiere und Pflanzen, sondern eben auch für Menschen. Eine Möglichkeit, sich in der Stoffsammlung dem Thema zu nähern und möglichst mehrere

strukturierbare Bereiche zu finden, ist, dass du dir überlegst, wodurch der Lebensraum bedroht ist. Die wichtigsten „Bedrohungen" sind zum Beispiel durch den **Tourismus selbst**, durch den **Verkehr und seine Folgen** und durch die unterschiedlichen Formen der **Erosion**. Bei vertieften Kenntnissen kommen auch der Rückgang der Landwirtschaft, die damit fehlende Pflege der Kulturlandschaft und auch globale Bedrohungen (Klimaerwärmung) infrage.

Leitfragen zur Stoffsammlung

1. Welche Arten von Tourismus gibt es bzw. welche Formen der Urlaubsbeschäftigung?
2. Welche Vorstellungen wollen Touristen im Urlaub in den Bergen verwirklichen?
3. Für wen sind die Berge Lebensraum?
4. Durch welche Einflüsse ist dieser Lebensraum bedroht?
5. Welche Möglichkeiten gibt es, die Bedrohung zu vermeiden oder zu verringern?

Mögliche Gliederung

A. **Mit dem „Internationalen Jahr der Berge" soll die vielfältige Bedeutung der Gebirge dem Bewusstsein der Menschen näher gebracht werden**

B. **Warum besuchen alljährlich zahlreiche Touristen die heimische Bergwelt und welche Möglichkeiten gibt es, den Lebensraum Berge zu schützen?**

   1 **Gründe für einen Urlaub in den Bergen**
      1.1   Die Berge als Erholungsraum
      1.1.1 Intakte Natur und saubere Luft
      1.1.2 Angenehme klimatische Bedingungen
      1.1.3 Günstige Erreichbarkeit
      1.2   Die Berge als sportliches Betätigungsfeld
      1.2.1 Vielfältige Möglichkeiten zum Wandern, Bergsteigen und Wassersport
      1.2.2 Umfassendes Wintersportangebot
      1.2.3 Zahlreiche Extremsport- und Trendsportmöglichkeiten
      1.3   Die Berge zur Erhaltung der Gesundheit bzw. zur Heilung
      1.4   Die Berge als Kulturraum

   2 **Möglichkeiten zum Schutz des Lebensraums Berge**
      2.1   Maßnahmen des sanften Tourismus
      2.1.1 Verzicht auf weitere Erschließungsmaßnahmen
      2.1.2 Schonender Umgang mit den Ressourcen
      2.1.3 Vermeidung von Müll
      2.1.4 Bewusstseinsänderung beim Touristen
      2.2   Maßnahmen gegen den Verkehr und seine Folgen
      2.2.1 Verlagerung und Einschränkung des Transitverkehrs
      2.2.2 Ausbau öffentlicher Verkehrssysteme
      2.3   Maßnahmen des Naturschutzes
      2.3.1 Ausweisung von Naturschutzgebieten und Ruhezonen
      2.3.2 Dauerhafter Schutz unerschlossener Gebiete
      2.4   Maßnahmen gegen die Bodenerosion
      2.4.1 Anlegen weiterer Schutzwälder und Lawinenverbauungen
      2.4.2 Verzicht auf weitere Skipisten

2.5   Maßnahmen gegen den Verlust des Kulturraums
2.5.1 Verhinderung der Übererschließung von Fremdenverkehrsorten
2.5.2 Förderung der traditionellen Landwirtschaft
2.6   Globale Maßnahmen gegen die drohende Klimaveränderung

C. Auch als Tourist kann man zum Schutz der Berge beitragen

2002/3 **Viele Auszubildende stehen vor der Entscheidung, ob sie für den Weg zur Arbeit öffentliche Verkehrsmittel oder ein eigenes Fahrzeug benutzen sollen. Wägen Sie beide Möglichkeiten argumentativ gegeneinander ab.**

Hinweise zur Erschließung des Themas

Gegenstand dieser Erörterung ist die gegenüberstellende Erarbeitung der **Vor- und Nachteile öffentlicher Verkehrsmittel und des eigenen Fahrzeugs** bei der Fahrt zur Arbeitsstelle für Auszubildende.

Diese Themenstellung ist sehr offen formuliert und bietet eine Menge Chancen für eine inhaltliche Auseinandersetzung. Dennoch musst du dir klar darüber sein, dass durch die offene Formulierung auch Unklarheiten entstehen können, aus denen Fehler werden oder Schwierigkeiten, das Thema in den Griff zu bekommen.

Worauf musst du bei der Analyse besonders achten?

– Es geht um die argumentative Abwägung = **Vorteile** jeder Möglichkeit **und** die **Nachteile**!

– Der Kreis der **Angesprochenen** sind die **Auszubildenden** = diejenigen, die im September nach der Schule eine Lehre beginnen oder mitten in der Ausbildung sind.

– Es geht um ein **eigenes Fahrzeug**. In aller Regel sind Auszubildende in dieser Situation noch längst nicht Führerscheinbesitzer für ein Auto. Also kommen **nur Fahrräder** und **Motorroller** o. ä. infrage. Da das eigene Auto erst zum Ende der Ausbildung oder bei Späteinsteigern eine Rolle spielt, ist es wohl sinnvoll, es zu vernachlässigen. Denn es bestünde die Gefahr, dass du am Thema vorbei argumentierst und wegen der zentralen Rolle des Autos in unserem Leben eine einseitige Erörterung aufbaust.

– Der Bereich **öffentlicher Verkehrsmittel** ist abhängig vom Raum, in dem man wohnt und in dem die Arbeitsstelle sich befindet. Es kommen Bus, Straßenbahn, U-Bahn, S-Bahn, Eisenbahn infrage.

– Um eine einigermaßen eingrenzbare und damit für dich zu bearbeitende Auseinandersetzung und Abwägung führen zu können, musst du dir auch klar machen, dass die Ausgangssituation für jeden Auszubildenden, um an den Arbeitsplatz zu kommen, anders ist. Im ländlichen Raum fallen viele öffentliche Verkehrsmittel mangels Verfügbarkeit völlig weg.

Tipp:
Bei einem so wenig strukturierten Thema ist es sicher ein sinnvoller Weg, wenn du ganz einfach *deine konkrete Situation* in Sachen Ausbildung und Wohn- bzw. Arbeitsort als Grundlage deiner Abwägung benutzt. Anders bekommst du das Thema schwer in Griff. Die Gefahr den Bezug zu verlieren oder gar das Thema zu verfehlen ist groß.

Die hier durchgeführte genaue Hinterfragung der Themenstellung ist nicht in jedem Fall so intensiv nötig, beweist dir aber hoffentlich, wie wichtig es ist, alle Bestandteile des Themas *genau* zu überprüfen, d. h. zu klären, wie genau und eindeutig die Angaben sind. Außerdem stellt sie ein Muster dar, wie man dabei vorgehen kann, jede Angabe im Thema ist zu durchleuchten und mit eigenen Antworten zu versehen. Dies ist entscheidend für die Themaanalyse und bereits ein guter Ansatz für eine Stoffsammlung.

Der Schluss sollte mit der begründeten Entscheidung für eine Möglichkeit unter Berücksichtigung deiner eigenen Situation die Abwägung abrunden.

Mögliche Gliederung

A. Der Beginn einer Ausbildung kennzeichnet einen neuen Lebensabschnitt mit veränderten Anforderungen und Gestaltungsmöglichkeiten

B. Welche Vor- und Nachteile bieten öffentliche Verkehrsmittel bzw. das eigene Fahrzeug für den Weg zur Ausbildungsstätte?

    1 Abwägung der Vor- und Nachteile öffentlicher Verkehrsmittel
        1.1 Vorteile beim Weg zum Ausbildungsplatz
        1.1.1 Große Zuverlässigkeit und Sicherheit
        1.1.2 Hohes Maß an Umweltverträglichkeit
        1.1.3 Entspanntes Ankommen
        1.1.4 Relativ günstige Tarife für Auszubildende
        1.2 Nachteile beim Weg zur Arbeit
        1.2.1 Gebundenheit an Abfahrtszeiten
        1.2.2 Zusätzliche Fußwege durch weitmaschiges Liniennetz
        1.2.3 Lange Fahrzeiten

    2 Abwägung der Vor- und Nachteile des eigenen Fahrzeugs
        2.1 Vorteile beim Weg zur Ausbildungsstelle
        2.1.1 Unabhängigkeit von Fahrplänen
        2.1.2 Unabhängigkeit vom Liniennetz
        2.1.3 Das Fahrrad als billige, umweltverträgliche und gesundheitsfördernde Alternative
        2.2 Nachteile beim Weg zur Ausbildungsstätte
        2.2.1 Anschaffungs- und Betriebskosten für einen Roller
        2.2.2 Mangelnde Eignung für längere Wegstrecken
        2.2.3 Gefahren des Straßenverkehrs
        2.2.4 Anstrengung und Stress vor und nach der Arbeit
        2.2.5 Kein Schutz bei schlechtem Wetter

C. Nach Abwägung der Vor- und Nachteile und unter Berücksichtigung der Lage meines Arbeitsplatzes ist das Fahrrad für mich ideal

<u>oder:</u>

    Trotz der Nachteile der öffentlichen Verkehrsmittel entscheide ich mich wegen des langen Weges für den Bus

2002/4 Viele Menschen besuchen regelmäßig ein Fitnessstudio. Erörtern Sie Gründe, die sie dazu veranlassen, und zeigen Sie Probleme auf, die damit verbunden sein können.

Hinweise zur Erschließung des Themas

Der Vorspann enthält die Kernaussage zum Thema dieser Erörterung; es geht um die Beliebtheit von Fitnessstudios. Der Erörterungsauftrag strukturiert das Thema klar und eindeutig in den Bereich Gründe für den Besuch (1) und Probleme, die mit einem Training im Fitnessstudio verbunden sein können (2).

Vorspann	Regelmäßiger Besuch von Fitnessstudios
Themabegriff	Fitnessstudio
Präzisierung	Beliebtheit mögliche Probleme durch den Besuch eine Fitnessstudios
Erörterungsauftrag zweigliedrig	1. Gründe für den Besuch 2. Probleme, die mit einem Besuch verbunden sind
Einleitung	Begriffsklärung Fitnessstudio

Stoffsammlung und Strukturierung

Eine Stoffsammlung zu diesem Thema beginnst du am besten mit der Fragestellung **„Was ist ein Fitnessstudio bzw. was kann man dort machen?"** Die Antworten wären auch für eine Einleitung unter dem Gesichtspunkt „Begriffsklärung" verwendbar, wenn dir zum Beispiel keine aktuellen Zahlen über die Beliebtheit solcher Einrichtungen vorliegen. Als Nächstes ist die **Frage nach den Motiven** (= Gründen) zu beantworten, die die Beliebtheit solcher Sporteinrichtungen begründen. Da es sich im weitesten Sinne um sportliche Betätigung handelt und Sport einen wesentlichen **Einfluss auf die Gesundheit** hat, ergibt sich hiermit ein erster Oberpunkt für deine Gliederung. Dennoch verbindet der Besucher eines Fitnessstudios neben dem gesundheitlich/sportlichen Aspekt weitere Motive. Stelle dir die Frage, was das Training für den Einzelnen noch bewirkt. Es werden dir eine Reihe **persönlicher Motive** einfallen. Nachdem die Beliebtheit solcher Studios ein anhaltender **gesellschaftlicher** (= sozialer) **Trend** ist, ergibt sich hier ein weiterer Oberpunkt.
Bei den Problemen kannst du dich an den unter 1 erarbeiteten Oberpunkten ausrichten: Gesundheitliche Probleme, persönliche Probleme, soziale Probleme, wobei letztere auch zum persönlichen Bereich genommen werden können.

Leitfragen für die Stoffsammlung und Strukturierung

1. Was ist ein Fitnessstudio, was macht man dort?
2. Welche Gründe gibt es, um ein Fitnessstudio regelmäßig zu besuchen?
3. Welche positiven Wirkungen hat das Training für den Einzelnen?
4. Sind bei den einzelnen positiven Gründen auch Probleme zu sehen?

Mögliche Gliederung

A. Schon annähernd 13 Millionen Deutsche sind Mitglied in einem Fitnessstudio und der Wirtschaftszweig wächst weiter

B. Welche Motive veranlassen viele Menschen regelmäßig in einem Fitnessstudio zu trainieren und welche Probleme können sich daraus für sie ergeben?

  1 Motive für regelmäßiges Training im Studio
- 1.1 Sportliche und gesundheitliche Motive
- 1.1.1 Stärkung der Ausdauer
- 1.1.2 Training und Aufbau der Muskulatur
- 1.1.3 Förderung des Herz-Kreislauf-Systems
- 1.1.4 Therapie nach Verletzungen
- 1.1.5 Gezielte Gewichtsabnahme

- 1.2 Persönliche Motive
- 1.2.1 Steigerung der Attraktivität
- 1.2.2 Erhöhung des Selbstbewusstseins
- 1.2.3 Professionelles Bodybuilding

- 1.3 Soziale Motive
- 1.3.1 Kontakt zu Gleichgesinnten
- 1.3.2 Gesellschaftliches Statussymbol
- 1.3.3 Das Fitnessstudio als Kontaktbörse

  2 Probleme, die sich aus dem regelmäßigen Besuch von Fitnessstudios ergeben können
- 2.1 Gesundheitliche Probleme
- 2.1.1 Überbeanspruchung und falsches Training
- 2.1.2 Folgen illegaler Muskelaufbaumittel
- 2.1.3 Ungeeignete Sportart in der Pubertät

- 2.2 Persönliche Probleme
- 2.2.1 Folgen hoher Kosten
- 2.2.2 Folgen des großen Zeitaufwands
- 2.2.3 Nicht zu unterschätzende Suchtgefahr

- 2.3 Soziale Probleme
- 2.3.1 Verlust sozialer Kontakte außerhalb des Studios
- 2.3.2 Herabsetzung von Menschen, die sich eine Mitgliedschaft nicht leisten können oder wollen

C. Das regelmäßige Training im Fitnessstudio ist nur eine Art von vielen, sich körperlich fit und schlank zu halten

2002/5 Während Ihrer Schulzeit haben Sie in verschiedenen Fächern Referate gehalten. Was haben Sie daraus für sich gelernt?
Warum sind Referate aber nicht bei allen Schülern beliebt?

Hinweise zur Erschließung des Themas

Dieses Thema ist ebenfalls klar aufgebaut. Der Themabegriff „Referate" ist in die Gesichtspunkte „Was habe ich für mich daraus gelernt?" (1) und „Warum sind Referate nicht bei allen Schülern beliebt?" (2) gegliedert. Im ersten Bereich sind vor allem deine eigenen Lernerfahrungen gefragt, im zweiten Bereich kannst du ebenfalls von deinen Erfahrungen ausgehen, aber auch die Meinung deiner Mitschüler einbauen, da ihr sicher oft über das „Problem" Referate diskutiert habt.

Vorspann	Referate in der eigenen Schulzeit
Themabegriff	Referate
Präzisierung	Lerneffekt
	Unbeliebtheit
Erörterungsauftrag zweigliedrig	Was habe ich für mich daraus gelernt?
	Warum sind Referate nicht bei allen Schülern beliebt?

Stoffsammlung und Strukturierung

Zur Stoffsammlung und Strukturierung von 1 empfiehlt es sich, zunächst einmal darüber nachzudenken, **was du zum Halten eines guten Referates brauchst und während deiner Schulzeit lernen konntest:**
Persönliche Sicherheit, Rede- und Vortragstechnik, sprachliche Sicherheit, Wissen und Möglichkeiten Informationen zu besorgen und auszuwerten.
Unter diesen Stichworten solltest du dich konkret fragen, was du bei den Referaten gelernt hast.
Erfrage für den zweiten Teil deiner Erörterung, warum du persönlich Abneigung gegenüber Referaten hast oder hattest. Frage dich dann weiter, ob es nicht noch andere Einflüsse gab, warum du oder deine Mitschüler von Referaten wenig begeistert gewesen seid: z. B. **seitens der Mitschüler, der Lehrer, der Referatthemen,** ...
Etwas gefährlich bei der Stoffsammlung und Formulierung der Gliederungspunkte ist, dass du dich oft mit dem Zweck von Referaten beschäftigen musst. Die Erfahrung hat gezeigt, dass man dann oft in den Gesichtspunkt Notenverbesserung abrutscht!

Leitfragen zur Stoffsammlung

1. Was brauchte ich zum Halten eines guten Referates?
2. Was habe ich dabei wirklich gelernt?
3. Welche persönliche Abneigung habe ich gegenüber Referaten während meiner Schulzeit gehabt?
4. Gab es Einflüsse von außen, die meine oder die Abneigung meiner Mitschüler begründete?

Mögliche Gliederung

A. Referate waren während meiner Schulzeit eine beliebte Möglichkeit, sich gute mündliche Noten zu verdienen

B. Was habe ich durch das Halten von Referaten für mich gelernt, warum sind Referate dennoch bei vielen Schülern nicht beliebt?

   1 **Durch Referate gelernte Fähigkeiten**
      1.1 Persönliche Fähigkeiten
      1.1.1 Sicherheit vor Zuhörern zu sprechen
      1.1.2 Einübung der Fähigkeit, sich und Sachverhalte überzeugend darzustellen
      1.2 Sprachliche Fähigkeiten
      1.2.1 Richtigkeit des sprachlichen Ausdrucks
      1.2.2 Darstellung von Zusammenhängen
      1.2.3 Eingehen auf die Zuhörer
      1.3 Steigerung des Wissens
      1.3.1 Vertiefung des Unterrichtsstoffes
      1.3.2 Entdecken neuer Interessensbereiche
      1.3.3 Steigerung der Allgemeinbildung
      1.3.4 Weitergabe von Spezialwissen an andere
      1.4 Fähigkeiten im Umgang mit den Medien
      1.4.1 Techniken der Informationssuche
      1.4.2 Techniken der Informationsauswertung
      1.4.3 Präsentation von Inhalten

   2 **Gründe für die Unbeliebtheit von Referaten bei Schülern**
      2.1 Persönliche Gründe
      2.1.1 Unsicherheit und Angst
      2.1.2 Ablehnung des zusätzlichen Arbeitsaufwandes
      2.1.3 Mangelnder Zugang zu geeigneten Informationsquellen
      2.2 Gründe seitens der Mitschüler und Lehrer
      2.2.1 Unsachliche Kritik durch Mitschüler
      2.2.2 Ungerechte Benotung durch den Lehrer
      2.2.3 Desinteresse der Mitschüler
      2.2.4 Keine schülergerechten Themen

C. Die Erarbeitung und Präsentation von Referaten im Team würde die Zusammenarbeit und Teamfähigkeit der Schüler fördern

2002/6 Auch in der Schule ist Mobbing zu beobachten.
Warum schikanieren manche Schüler ihre Mitschüler?
Wie können Klassenkameraden, Lehrer und Eltern einem solchen Verhalten entgegenwirken?

Hinweise zur Erschließung des Themas

Der genaue Themabegriff ist das Mobbing in der Schule. Der Erörterungsauftrag fragt nach Gründen bei den Schülern, warum sie ihre Mitschüler schikanieren (= „mobben"). Im zweiten Teil dieser Erörterung sind Möglichkeiten gefragt, wie Mitschüler, Lehrer, Eltern, dieses Verhalten anderer verhindern helfen können. Mit der Einteilung in diese drei Gruppen ist der Bereich 2 schon vorstrukturiert. Dies solltest du für deine Überlegungen nutzen.

Vorspann	Mobbing auch an den Schulen
Themabegriff	Mobbing in der Schule
Präzisierung	Frage nach den Gründen Möglichkeiten des Entgegenwirkens
Erörterungsauftrag zweigliedrig	Welche Ursachen gibt es für das Mobbing unter Schülern? Welche Möglichkeiten haben Klassenkameraden, Lehrer, Eltern dem Verhalten entgegen zu steuern?

Stoffsammlung und Strukturierung

Annähern kannst du dich dem Thema beispielsweise über die **Klärung des Begriffs „Mobbing"**. Er bedeutet in diesem Fall einen Mitschüler zu drangsalieren, zu verunsichern, schlecht zu machen, zu hänseln, ihm das Leben so schwer zu machen, dass es in der letzten Konsequenz zu massiven Ängsten und psychischen Störungen kommen kann. Die Grundlage für diese Begriffsklärung findest du in jedem Rechtschreibwörterbuch.
Es handelt sich hierbei ganz entschieden um ein ganz und gar unmenschliches Verhalten. Bei deinen Überlegungen sollst du die **Ursachen dafür** finden. Es geht um Personen, die ein solches Verhalten an den Tag legen. Also überlege zuerst, **welche Gründe aus einem Menschen, der andere schikaniert, selbst erwachsen können.**
Als Zweites musst dir klar darüber werden, dass das Verhalten des Einzelnen auch noch von anderen Einflüssen abhängt. Stelle dir die Frage, **wer/was uns in unserem Verhalten, unseren Meinungen etc. noch beeinflusst**:
Mögliche Antworten sind: Erziehung/Eltern, Mitschüler, Medien und als „Sammelbegriff" gesellschaftliche Entwicklungen, wie zum Beispiel Leistungs-, Auslesedruck oder auch Ausbildungsplatzmangel. Hier musst du aber dann konkrete Gründe bringen und darfst nicht verallgemeinern.
Jetzt wirst du einwenden, dass dies alles Bereiche sind, die auf die Persönlichkeit zurückwirken. Doch Ziel einer Erörterung sollte die Strukturierung der Gedanken sein. Alles in den Bereich „persönliche Ursachen" zu packen, würde dazu führen, dass du vieles vergisst und dass deine Erörterung ziemlich unübersichtlich würde.

Leitfragen zur Stoffsammlung

1. Was ist Mobbing? Habe ich eigene Erfahrungen?
2. Welche Gründe können aus der jeweiligen Persönlichkeit des „Täters" kommen?
3. Was beeinflusst die Erziehung und das Leben des einzelnen Schülers?

4. Was beeinflusst unser Denken, unsere Meinungen, unser Verhalten?
5. Welche Möglichkeiten haben Mitschüler, Lehrer, Eltern, welche Erfahrungen habe ich in meiner Schulzeit mit Gegenmaßnahmen gemacht?

Mögliche Gliederung

A. Die Formen von Mobbing können sehr verschieden sein

B. Worin liegen Ursachen, dass Schüler ihre Mitschüler schikanieren, und was können Klassenkameraden, Lehrer und Eltern dagegen tun?

  1 Ursachen für Mobbing unter Schülern
    1.1   Persönliche Motive
    1.1.1 Neid auf andere
    1.1.2 Rache für persönliche Verletzungen
    1.1.3 Mangelhaftes Selbstwertgefühl

    1.2   Erzieherische Gründe
    1.2.1 Schlechtes Vorbild der Eltern
    1.2.2 Mangelnde Zuneigung und Liebe in der Erziehung
    1.2.3 Vernachlässigung der Erziehung

    1.3   Mitschüler als Auslöser
    1.3.1 Cliquenbildung und Gruppenzwang
    1.3.2 Rangkämpfe innerhalb der Klasse
    1.3.3 Außenseiter als Opfer

    1.4   Medien und gesellschaftliche Tendenzen
    1.4.1 Vorurteile und Intoleranz
    1.4.2 Leistungs- und Auslesedruck
    1.4.3 Vorbilder in „Vorabend-Soaps" und Filmen

  2 Möglichkeiten dem Mobbing entgegen zu wirken
    2.1   Möglichkeiten der Schüler
    2.1.1 Mut zum Melden solcher Fälle
    2.1.2 Außenseiter in die Klassengemeinschaft einbeziehen
    2.1.3 Aktive Teilnahme an Maßnahmen zur Konfliktlösung

    2.2   Möglichkeiten der Lehrer
    2.2.1 Offenheit und Sensibilität für die Probleme der Schüler
    2.2.2 Gleichbehandlung aller Schüler
    2.2.3 Klassleiterstunden zur Problemlösung
    2.2.4 Aushandlung von Verhaltensregeln mit der Klasse
    2.2.5 Streitschlichter- und Tutorenprogramme

    2.3   Möglichkeiten der Eltern
    2.3.1 Lob und Anerkennung
    2.3.2 Erziehung zu Toleranz und Offenheit
    2.3.3 Wahrung eines vertrauensvollen Verhältnisses zu den Kindern
    2.3.4 Verantwortungsbewusster Medienkonsum

C. Die Folgen von Mobbing sind vielfältig

Abschlussprüfung 2002 an Realschulen: Deutsch
Aufgabengruppe B: Textgebundener Aufsatz

Aufgabe 7

Peter  Hahne

GEDANKEN

Über die Schulden der Jungen und die Fehler der Alten

Sie kaufen sich teure Handys und exklusive Markenklamotten, schließen Kreditverträge ab und stellen sich die neuesten Computer ins Zimmer.
5 Sie wollen alles - und das möglichst sofort.

Tausende Jugendliche leben über ihre Verhältnisse, mit Tausenden von Mark stehen viele bereits als 18-Jährige in der Kreide. Der Zeitpunkt der Verschuldung setzt immer früher ein, die Grundlage
10 für manche Schuldenkarriere wird in der Kindheit gelegt.

Das ist die erschreckende Bilanz im Armutsbericht 2001 der Bundesregierung. Und es ist ein Aspekt, der viel zu wenig beachtet wird.

15 Die Zahlen sprechen für sich und belegen eine erschreckende Entwicklung: Jeder fünfte Jugendliche zwischen 15 und 20 Jahren in Westdeutschland und jeder siebte in den neuen Bundesländern ist mittlerweile verschuldet. Knapp 400 000 junge
20 Leute haben bereits einen Kredit aufgenommen oder Ratenverträge abgeschlossen. Drei Prozent der Klienten von Schuldner-Beratungsstellen sind unter 20 Jahre alt.

Ein Experte einer solchen Beratungsstelle
25 bringt es auf diesen Punkt: Mitschuldig an der Schuldenspirale sind die aggressive Werbung, das Konsumverhalten der Eltern und die landläufige Meinung, es sei ja ganz normal, auf dem Kontoauszug immer das Minuszeichen stehen
30 zu haben.

„Kaufe jetzt und zahle später!" ist deshalb nicht nur ein beliebter Slogan von Versandhäusern, sondern das Lebensmotto vieler Jugendlicher. Ihnen wird vorgegaukelt, dass Konsum auf Pump
35 etwas völlig Normales ist.

Der Wunsch nach Anerkennung treibt zum Kauf teurer Statussymbole. Viele junge Leute wollen dazugehören und mit dem mithalten, was in Klasse oder Clique so angesagt ist. Bereits den Kleinsten
40 geht es um die großen Markennamen. Wessen Outfit nicht die richtigen Labels und Logos trägt, wer nicht Mitglied im Fitnessclub oder im Besitz eines Führerscheins ist, ist arm dran und schnell out.

[nach: Bild am Sonntag vom 29.04.01]

45 Inzwischen hat jeder Zweite zwischen 12 und 19 Jahren ein Handy, rund 20 Prozent von ihnen haben hohe Schulden bei den Mobilfunk-Gesellschaften.

Kaum volljährig, bekommen sie die Verträge förmlich aufgedrängt. Selbst Banken, die sich doch immer rühmen, professionell mit Geld umgehen zu können, erwecken den Eindruck, als käme das Geld aus dem Automaten.

55 Vielen fehlt das richtige Verhältnis zum Geld. Sie verlieren den Überblick über ihre finanzielle Lage und finden im Schuldensumpf keinen festen Boden mehr.

Eltern und Schulen müssen deshalb das sprichwört-
60 liche Tabu „Über Geld redet man nicht" überwinden. Kinder müssen lernen, verantwortlich mit Geld umzugehen. Sie müssen die Risiken von Kreditaufnahmen und Vertragsabschlüssen kennen und Kosten kalkulieren können. Sie müssen wissen, dass auf den Rausch der
65 Raffgier immer die Ernüchterung folgt. Spätestens nach Lektüre des Kontoauszuges ...

Noch wichtiger aber scheint mir, dass wir Erwachsenen den Kindern Vorbild darin sind, dass es erfülltes Leben trotz unerfüllter Wünsche gibt.

70 Ein Schuldner-Berater spricht aus Erfahrung: „Kinder haben das Gefühl: Du bist nur, wenn du konsumierst. Und das leben einem die Erwachsenen vor." Kein Wunder, dass nach einer Umfrage nur noch jeder vierte Jugendliche bereit ist, auf etwas zu verzichten, wenn
75 dafür kein Geld da ist.

Vor einigen Tagen las ich ein Interview mit meinem Kollegen Johannes B. Kerner, in dem es um die Erziehung seiner Tochter ging. Eine entsprechende „JBK"-Antwort quittierte der Reporter prompt mit der
80 Rüge: „Das klingt ziemlich autoritär." Dabei hatte der TV-Moderator mit seiner Antwort vollkommen Recht gehabt: „Wir Eltern haben die Verpflichtung, unsere Kinder fürs Leben fit zu machen. Dazu gehört, eine gewisse Strenge walten zu lassen. Wer alles bekommt,
85 was er will, wird nicht charakterstark."

*

Peter Hahne schreibt seine „Gedanken" jede Woche exklusiv in BamS

Aufgabenstellung

Lesen Sie den Text „**Peter Hahne – Gedanken**" sorgfältig durch und bearbeiten Sie dann die folgenden Aufgaben. Bei Nummer 5 können Sie a) <u>oder</u> b) wählen.
1. Fassen Sie den Inhalt des Textes so zusammen, dass der Textaufbau erkennbar wird.
2. Beschreiben Sie das Textäußere sowie auffällige sprachliche Mittel und deren Wirkung.
3. Weisen Sie nach, um welche Textsorte es sich handelt.
4. Wie steht Peter Hahne zur Thematik und welche Absichten verfolgt er Ihrer Meinung nach mit diesem Text?
5. a) Im letzten Absatz wird der TV-Moderator Johannes B. Kerner zitiert. Nehmen Sie in einem ausführlichen Leserbrief zu seiner Meinung Stellung.
    <u>oder</u>
    b) Erörtern Sie, wie Jugendliche zum verantwortungsvollen Umgang mit Geld angeleitet werden können.

Mögliche Gliederung

A. Der Kommentar von Peter Hahne beschäftigt sich mit dem Problem der Verschuldung Jugendlicher aufgrund ihres Konsumverhaltens

B. Auseinandersetzung mit dem Text „Gedanken" und Leserbrief zum Thema bzw. weiterführende Erörterung (je nach Wahl)

1 Inhalt und innerer Aufbau
- 1.1 Einleitung: Die Verschuldung Jugendlicher an Beispielen
- 1.2 Hauptteil: Fakten aus dem Armutsbericht
- 1.3 Hauptteil: Erörterung der Ursachen für die Verschuldung Jugendlicher
- 1.4 Hauptteil: Möglichkeiten der Schule und der Eltern
- 1.5 Schluss: Unterstützende Meinung eines TV-Moderators zur Kindererziehung

2 Das Äußere des Textes
- 2.1 Umfang und Aufbau: 14 Absätze auf einer DIN-A5-Seite, zweizeilige Hauptüberschrift, zentrierte Überschrift zum Thema
- 2.2 Besondere Gestaltungsmittel: Porträtfoto des Autors, Hervorhebung des Wortes „Gedanken", hervorgehobener Hinweis der Redaktion

3 Sprachliche Mittel und deren Wirkung
- 3.1 Wortwahl
- 3.1.1 Modewörter aus dem Englischen
- 3.1.2 Wörtliche und indirekte Expertenzitate
- 3.1.3 Zahlenangaben aus dem Armutsbericht
- 3.2 Satzbau
- 3.2.1 Satzreihen in der Einleitung
- 3.2.2 Vorherrschend kurze Hauptsätze, wenige Satzgefüge

4 Bestimmung der Textsorte: Kommentar
- 4.1 Merkmale des Layout
- 4.2 Aktuelles Ereignis als Aufhänger
- 4.3 Deutlich erkennbare Meinung des Verfassers

5 Einstellung des Verfassers und Absichten
- 5.1 Einstellung zur Thematik: Fehler in der elterlichen Erziehung
- 5.2 Information, Kritik, Anregen zum Nachdenken, Denkanstöße geben

6 Leserbrief zur zitierten Meinung von J. B. Kerner: „Wer alles bekommt, was er will, wird nicht charakterstark."

Anmerkung: Im Falle der Wahl des ausführlichen Leserbriefs als weiterführende Aufgabe kann man auf einen Schlussgedanken verzichten, da du im Leserbrief bereits eine begründete Darstellung deiner Meinung/deiner Gedanken bringst.

Zu den Eigenschaften eines **Leserbriefs** in aller Kürze:
Zunächst beziehst du dich auf den Artikel. Dann nimmst du dir Gesichtspunkte aus diesem Artikel heraus, die du erörtern möchtest, oder gehst auf die Kernaussage des Textes ein. Zustimmung oder Ablehnung arbeitest du am Besten ähnlich wie in einer Argumentation bei der Erörterung mit Behauptungen, Begründungen, Beispielen (eigene Erfahrungen!) aus. Die Sprache des Leserbriefs ist sachlich. Oft endet der Leserbrief mit einer Schlusspointe. Abgeschlossen wird mit dem Namen und der Adresse des Schreibers.

oder:

6 weiterführende Erörterung: Möglichkeiten, wie Jugendliche zu einem verantwortungsvollen Umgang mit Geld angeregt werden können

    6.1   Möglichkeiten der Eltern
    6.1.1 Verantwortungsbewusstes Konsumverhalten
    6.1.2 Altersgemäßes Taschengeld
    6.1.3 Förderung der Eigenverantwortlichkeit beim Taschengeld

    6.2   Möglichkeiten seitens der Schule
    6.2.1 Kritische Auseinandersetzung mit den Risiken der Konsumgesellschaft
    6.2.2 Aufklärung über Folgen und Kosten von Krediten
    6.2.3 Werbung und ihre Mittel als Unterrichtsgegenstand

C. In meiner Klasse arbeitet fast die Hälfte der Mitschüler in ihrer Freizeit, um sich ihre hohen Ausgaben zu finanzieren

Hinweise zu Antworten für die einzelnen Bereiche der Gliederung

Thematik des Kommentars: Problem der Verschuldung Jugendlicher aufgrund ihres Konsumverhaltens und die Rolle der Erwachsenen als schlechtes Vorbild, Nennung von Autor, Quelle, Erscheinungszeitpunkt   A.

Inhaltszusammenfassung und innerer Aufbau   1
1. Sinnabschnitt (Z. 1–12) als Einleitung des Kommentars: Beispiele des Konsumverhaltens und die Folgen auf die Verschuldung Jugendlicher   1.1
2. Sinnabschnitt (Z. 13–24), Beginn des Hauptteils: Armutsbericht der Bundesregierung als aktueller Aufhänger, Tatsachen aus dem Bericht über die Verschuldung, Zahl und Altersstruktur der Betroffenen   1.2
3. Sinnabschnitt (Z. 25–56), Erörterung der Ursachen: aggressive Werbung, Wunsch nach Anerkennung und Zugehörigkeit, Betonung von Statussymbolen, Gruppenzwang, „Markennamenterror", verführerische Kreditangebote, kein Verhältnis zum Geld bei Jugendlichen   1.3
4. Sinnabschnitt (Z. 57–74): Forderung nach Gegenmaßnahmen seitens der Eltern und der Schule: Wissensvermittlung bei Krediten und Geldgeschäften, Vorbildfunktion der Erwachsenen, Darstellung der Mitschuld der Eltern durch ihr eigenes Konsumverhalten   1.4
5. Sinnabschnitt (Z. 75–85), Zitat von J. B. Kerner zur Kindererziehung als Unterstützung der Meinung des Kommentators: Wer alles bekommt, was er will, bildet keine eigene Persönlichkeit aus.   1.5

Textäußeres   2
Umfang und Aufbau: eine DIN-A5-Seite, zweispaltig, gerahmt, 14 Absätze, drei mit Initialbuchstaben, zweizeilige Hauptüberschrift (weist auf festen Platz in der Zeitung hin), zentrierte fett gedruckte Überschrift zum Thema   2.1
Besondere Gestaltungsmittel: Porträtfoto zwischen Vor- und Nachnamen, das den Rand durchbricht und als zusätzlicher Blickfang dient; Hervorhebung des Wortes „Gedan-   2.2

ken" durch Hinterlegung, durch Stern abgesetzter Hinweis auf regelmäßiges Erscheinen der „Gedanken"

Sprachliche Mittel und deren Wirkung 3
Wortwahl 3.1
Modewörter aus dem Englischen bzw. der Jugendsprache: Der Autor zeigt, dass er mit der Welt der Jugendlichen vertraut ist. Beispiel: Z. 40–43 „Outfit", „Labels", „ Logos", „out". 3.1.1
Wörtliche und indirekte Zitate (Z. 26–30 und Z. 70–72): Der Autor zeigt sich kompetent und aktuell informiert. 3.1.2
Prominentenzitat (Z. 81–85): Der Autor verstärkt durch diese gleiche Meinung eines Prominenten seine Aussagen: Wer alles kriegt, bildet weder Persönlichkeit noch Eigenverantwortlichkeit aus. Eine Erziehung, die auch Strenge kennt, ist zur Charakterbildung nötig.
Zahlenangaben aus dem Armutsbericht: Der Autor betont sein Wissen und untermauert die Richtigkeit seiner Meinung. 3.1.3
Satzbau 3.2
Satzreihen in der Einleitung: Knappe und auf das Wesentliche reduzierte eindringliche Darstellung der Problematik 3.2.1
Vorherrschend kurze Hauptsätze oder klar aufgebaute Satzgefüge (z. B. Z. 16–25, Z. 53–56; Z. 31–35), nur wenige lange Satzgefüge (Z. 40–44): Dadurch wird die Verständlichkeit erleichtert, die Aussagen stehen klar und dicht an dicht beieinander. Dies erhöht die Eindeutigkeit und Eindringlichkeit, mit der der Autor das Problem und seine Sorge darstellen will. Eindringlichkeit soll auch die Nachdenklichkeit beim Leser schärfen und ihn zu einer eigenen Meinungsbildung anregen. 3.2.2

Bestimmung der Textsorte: Kommentar 4
Merkmale des Layouts: Gekennzeichnet als feste Rubrik in der Zeitung mit Namen, Foto, Rand, Initialen. Dadurch erfolgt die Abgrenzung der persönlichen Meinung des Kommentators von anderen Texten der Zeitung. 4.1
Aktuelles Ereignis als Aufhänger: Der Armutsbericht der Bundesregierung und dessen Ergebnisse dienen als Grundlage ein Problem aufzugreifen, Ursachen darzustellen und Lösungen zu erörtern, insgesamt in sachlichem Ton gehalten. 4.2
Deutlich erkennbare Meinung des Verfassers: Z. 53–56, Z. 66–68, Z. 80/81 4.3

Einstellung des Verfassers und Absichten 5
Einstellung zur Thematik: Der Autor sieht die Hauptschuld an der Verschuldung Jugendlicher am mangelnden Vorbild Erwachsener und an einer häufig falsch verstandenen wenig strengen Erziehung. Eine gewisse Strenge gehöre dazu, um die Kinder fit fürs Leben zu machen (Z. 81–85). 5.1
Information über die Ursachen und das Ausmaß der Verschuldung Jugendlicher.
Kritik an den Methoden der Werbung, am Verhalten der Banken, am Konsum- und Statusdenken in unserer Gesellschaft
Denkanstöße für Erwachsene, das eigene Verhalten auch als Erzieher zu überprüfen 5.2

Leserbrief mit ausführlich begründeter persönlicher Meinung zum Zitat von Johannes B. Kerner oder **weiterführende Erörterung**, z. B. nach den Vorschlägen in der Gliederung 6

Aufgabe 8

Do you speak Werbung?

Klar, jedes Produkt will trendy sein und Englisch ist nun mal am coolsten. Aber wenn irgendwann keiner mehr durchblickt, was nun eigentlich genau gemeint ist, wird die Sache unfreiwillig komisch.

Neulich im Pizza-Schnellrestaurant: „Zweimal mittelgroße Pizza mit Champignons", orderte ich ahnungslos. „Thin ‚n' Crispy, Cheesy Crust oder American Style?", fragte daraufhin die Bedienung, worauf ich erst nur ein
5 „Na ja, Pizza halt" herausbrachte, mich aber schnell noch mit einem „Das Erste!" retten konnte. Auf einen Softdrink hätte ich danach eigentlich verzichten können, denn die typisch deutsche Artikulation des „th" seitens des Shop-Assistant hatte bereits genug Feuchtigkeit in meinem
10 Gesicht hinterlassen.
Ein Viertel der Westdeutschen und die Hälfte der Ostdeutschen wären aber trotz des „All-you-can-eat-Angebots" in diesem Restaurant zum Hungern verurteilt, sie sind nämlich des Englischen nicht mächtig. Und das, obwohl die
15 Werbe-Industrie versucht, dem Konsumenten schon im Babyalter die Szenesprache einzuflößen, schließlich ist ja schon das Breiglas „Hipp"! Abgesehen davon, dass wir „Krauts"[1] jede Gelegenheit ergreifen, um von unserer eigenen Sprache und Kultur abzulenken, nennt die Sprachwis-
20 senschaft noch einige andere Gründe, warum Englisch bei uns so „very beliebt" ist. Heimische Mundart sorgt zum Beispiel für lokale oder soziale Färbung. So darf der Marlboro-Cowboy natürlich nicht sagen: „Komm dahin, wo der Geschmack ist", denn dass der Mann auf seiner ein-
25 samen Farm in Wyoming eine Volkshochschule in Reitweite hat, die auch noch „Deutsch für Farmer" anbietet, ist höchst unwahrscheinlich.
Auch der Beweggrund der Präzision leuchtet ein: Toast ist kürzer als „geröstete Weißbrotscheibe" und „Stress"
30 knackiger als „Ich habe mal wieder tierisch viel den Körper belastende stärkere Leistungsanforderungen". Auch Body-Bag statt „eng am Körper getragene Tasche" zu sagen macht auf den ersten Blick Sinn - manchmal macht es aber auch Sinn, erst mal ein Wörterbuch zu
35 konsultieren, liebe hippe Produktnamenerfinder, denn Body-Bag heißt auf US-Englisch Leichensack!

Verschleierung ist ein weiteres Kriterium, das die Forschung anführt. So hat man zwanzig Jahre lang keine Tretroller verkauft, doch halbiert man diese in der
40 Mitte und schreibt Kickboard drauf, ist der Consumer wieder trendy. Ein Baumwoll-Lappen läuft mit dem Aufnäher Eastpak dem guten alten Tornister den Rang ab, aber der hieß eh schon lange Scout.
Auch wenn's unappetitlich wird, ist der Anglizismus
45 stets zur Stelle: „Anti-Aging-Skin-Soothing-Lotion" klingt ja auch irgendwie besser als Furchenpaste und was es mit der Dry-Weave-Oberfläche der Slipeinlage auf sich hat, wollen wir lieber gar nicht so genau wissen. Selbst das Bahnhofs-WC heißt jetzt McClean, auch
50 wenn es da aussieht, als sei schon seit Los Wochos nicht mehr sauber gemacht worden!
Ein Kriterium aber haben die Sprachwissenschaftler bislang ignoriert: das systematische Verunsichern (manche sagen auch Mobbing) von Leuten, die nicht
55 zur Target-Group gehören. Meine Oma zum Beispiel hat nur den Kopf geschüttelt, als ich ihr meine „Mehl-Box" im Handy vorführte („Kind, warum willst du denn von unterwegs zu Kuchen backen?"). Ich erklärte es ihr auch die Angst vor ihrem Shower-Gel konnte
60 ich ihr nehmen, indem ich versicherte, dass hier wirklich keine Gruseleffekte aus der Flasche triefen. Sie war so dankbar, dass sie mir gleich ein Schokoplätzchen mit Orangenfüllung kredenzte, und zwar mit den Worten: „Hier, nimm doch auch von dem Soft-Zeug!"
65 Auf der anderen Seite hat die Sprachpanscherei aber auch ihr Gutes. Denn dass die Kinder sich allerorts plötzlich so gut mit den Türkinnen in der Klasse verstehen, mag am Engagement des Lehrers in Sachen Ausländer-Integration liegen. Wahrscheinlicher ist je-
70 doch, dass die Kids Ayse einfach cool finden, weil sie schon ein Headscarf getragen hat, lange bevor H&M es ins Sortiment nahm.

Sabine Bode

[nach Brigitte, Heft 13/2001]

---

1 „Krauts": spöttische Bezeichnung der Engländer für die Deutschen

Aufgabenstellung

Lesen Sie den Text sorgfältig durch und bearbeiten Sie dann die folgenden Aufgaben. Bei Nummer 5 können Sie a) oder b) wählen.
1. Fassen Sie den Inhalt des Textes so zusammen, dass der Textaufbau erkennbar wird.
2. Beschreiben Sie das Textäußere sowie auffällige sprachliche Mittel und deren Wirkung.
3. Untersuchen Sie die verwendeten sprachlichen Mittel.
4. Weisen Sie nach, um welche Textsorte es sich handelt.
5. a) Was spricht aus Ihrer Sicht für, was gegen die zunehmende Verwendung von englischsprachigen Ausdrücken?
   oder
   b) Verfassen Sie einen ausführlichen Leserbrief zu dem Artikel „Do you speak Werbung?"

2002/8 „Do you speak Werkung?"

Mögliche Gliederung

A. Der Text von Sabine Bode beschäftigt sich mit der Flut englischer Ausdrücke in unserer Sprache

B. Auseinandersetzung mit dem Text „Do you speak Werbung?" und Leserbrief zum Thema bzw. weiterführende Erörterung (je nach Wahl)

1 Inhaltszusammenfassung mit innerem Aufbau

   1.1 Einleitung: Persönliche Erfahrung in der Pizzeria

   1.2 Hauptteil: Darstellung der Verständnisprobleme

   1.3 Hauptteil: Auseinandersetzung mit den Gründen für die Verwendung englischsprachiger Ausdrücke

   1.4 Hauptteil: Verunsicherung als Folge

   1.5 Schlusspointe: Anglizismen als Beitrag zur Ausländer-Integration

2 Textäußeres und dessen Wirkung

   2.1 Umfang und Aufbau: Eine DIN-A5-Seite, sieben Absätze, oben und unten breite Rahmenlinie, Autorinnenname und Textquelle

   2.2 Besondere Gestaltungsmittel: Großer zweisprachiger Titel, kleiner und fett gedruckter Untertitel, Foto eines Jugendlichen, der aus einem Pappbecher trinkt

3 Sprachliche Mittel

   3.1 Wortwahl

   3.1.1 Englischsprachige Begriffe oft aus der Werbung und mit deutschen Wörtern verbunden

   3.1.2 Wortneuschöpfungen und Wortspiele

   3.1.3 Bindestrich bei zusammengesetzten Nomen

    3.2   Satzbau und Stilmittel
    3.2.1 Wörtliche Rede
    3.2.2 Stellenweise lange Satzgefüge
    3.2.3 Übertreibungen und Ironie

4 Bestimmung der Textsorte: Glosse
    4.1 Ironische Darstellung einer Zeiterscheinung
    4.2 Wichtige Stilmittel: Ironie, Übertreibung, Wortspiel, Schlusspointe
    4.3 Optische Abgrenzung und Verfassername

5 Leserbrief zur Glosse „Do you speak Werbung?" von Sabine Bode

Anmerkung: Im Falle der Wahl des ausführlichen Leserbriefs als weiterführende Aufgabe kann man auf einen Schlussgedanken verzichten, da du im Leserbrief bereits eine begründete Darstellung deiner Meinung/deiner Gedanken bringst.

oder:

5 Weiterführende Erörterung: Was spricht aus meiner Sicht für und was gegen die zunehmende Verwendung von englischsprachigen Ausdrücken?
    5.1 Argumente, die dafür sprechen
    5.1.1 Internationale Verständlichkeit
    5.1.2 Besserer Klang
    5.1.3 Keine passenden deutschen Wörter
    5.2 Argumente, die dagegen sprechen
    5.2.1 Mangelhafte Verständlichkeit
    5.2.2 Gefährdung der deutschen Sprache
    5.2.3 Vorspiegelung falscher Tatsachen bei Produkten

C. Die Verwendung von Anglizismen ist gerade bei Jugendlichen „trendy"

Hinweise zu Antworten für die einzelnen Bereiche der Gliederung

Thematik der Glosse: Zunehmende Verwendung von englischsprachigen Ausdrücken (so genannten Anglizismen) vor allem in der Werbung und bei den Produktnamen; Textquelle, Verfasserin   A.

Inhaltszusammenfassung und innerer Aufbau   B. 1

Sinnabschnitt 1 (Z. 1–10) als Einleitung: Wiedergabe eines gleichsam persönlichen Erlebnisses in einem Pizza-Schnellrestaurant mit der geballten Verwendung von Anglizismen   1.1

Hauptteil, Sinnabschnitt 2 (Z. 11–17): Darstellung des Problems, dass viele Menschen erhebliche Probleme beim Verständnis dieser „modernen Spracherscheinung" haben   1.2

Sinnabschnitt 3 (Z. 17–51): Nennung der Gründe für die Verwendung von Anglizismen in der Werbung – Ablenkungsversuch von der eigenen Kultur und Sprache und Herkunft (Z. 17– 28), Einprägsamkeit von englischen Ausdrücken (Z. 29–38), Vertuschung der eigentlichen Bedeutung bzw. des Zwecks des Produkts (Z. 39–53)   1.3

Sinnabschnitt 4 (Z. 52–55): Verunsicherung bei den Menschen, die diese Ausdrücke nicht verstehen am Beispiel der älteren Generation   1.4

Sinnabschnitt 5 (Z. 65–72), Schlusspointe: Sehr überraschende Wendung; ein Vorteil der Anglizismen liegt darin, dass sie die Ausländer-Integration fördern, nachgewiesen am Begriff „Headscarf".   1.5

Textäußeres und dessen Wirkung   2
Umfang und Aufbau: knapp eine DIN-A5-Seite, sieben Absätze, oben und unten breiter 2.1
Rahmen und Autorenname am Schluss zur Absetzung als Text mit persönlicher
Meinung
Besondere Gestaltungsmittel: Bewusst zweisprachiger Titel mit fehlerhaftem Inhalt zur 2.2
Weckung des Interesses; fett gedruckter Untertitel als Vorspann und weiterer Leseanreiz; Foto eines Jugendlichen, der aus einem Pappbecher mit Strohhalm trinkt, als gestalterisches Element, das auf die Jugendlichen und ihre Gewohnheiten anspielen soll.

Sprachliche Gestaltungsmittel   3
Wortwahl   3.1
Englischsprachige Begriffe oft aus der Werbung in Verbindung mit deutschen Begriffen, z. B. Z. 20/21, 40/41, 47, ganzer erster Absatz, zweiter Absatz und dritter Absatz: Entspricht dem Thema, erzeugt Ironie, stellt oft die Unsinnigkeit der Verwendung dar.   3.1.1
Wortneuschöpfungen, z. B. Z. 25/26 „Reitweite", Z. 50, „Los Wochos" aus der Mc Donald's-Werbung, Z. 56/57 „Mehl-Box, Z. 65 „Sprachpanscherei" und Wortspiele zusätzlich in der Überschrift, in der Geschichte mit der Großmutter Z. 64 „Soft-Zeug", Z. 59–61 „Shower-Gel" usw.: Wortwitz, Veranschaulichung des sprachlichen Durcheinanders   3.1.2
Bindestrich bei Zusammensetzungen oft in Verbindungen mit deutschen Wörtern, z. B. Z. 12, 32, 45, 47, 59 usw.: Betonung der Wortbestandteile   3.1.3
Satzbau und Stilmittel   3.2
Wörtliche Rede: In den Absätzen 1 und 6 bei den eingebetteten Beispielsituationen zur Erhöhung der Anschaulichkeit und der Darstellung realistischer Szenen   3.2.1
Stellenweise lange Satzgefüge, z. B. Z. 14–27: Diese Satzgefüge sind ziemlich verschachtelt und nicht unbedingt übersichtlich im Gegensatz zu Z. 55–64. In beiden Fällen dienen sie der Darstellung inhaltlicher Zusammenhänge.   3.2.2
Übertreibungen und Ironie: Wichtige Stilmittel der Glosse, die zum Schmunzeln anregen sollen, Hervorhebung des Problems, z. B. in Z. 6–10, 11–14, 29– 31, 49–51; manche Übertreibungen wirken konstruiert und wenig überzeugend. Ironie: Z. 17–20, 22–27, 29–31, 38–43, 49–51, 55–64.   3.2.3

Bestimmung der Textsorte: Glosse   4
Ironische Darstellung einer Zeiterscheinung: Anglizismenflut in der Werbesprache: Zweck der Unterhaltung, Anregung zum Nachdenken, zur Meinungsbildung, Anlass zum Schmunzeln   4.1
Wichtige Stilmittel der Ironie, Übertreibung, Wortspiel: Siehe Sprachanalyse; Schlusspointe bringt einen ganz überraschenden und auch konstruierten Vorteil, an den man in diesem thematischen Zusammenhang nicht denken würde.   4.2
Optische Abgrenzung – oben und unten je ein dicker Strich – und Verfassername kennzeichnen einen Text, der die Meinung seiner Verfasserin wiedergibt.   4.3

Leserbrief zur Glosse   5
Anmerkung: Der Leserbrief stellt *eine* Möglichkeit der persönlichen Meinung dar. Grundsätzlich kann man die Absicht, die ein Verfasser vertritt, ablehnen, befürworten, ergänzen oder um ganz neue Sichtweisen erweitern bzw. positive und negative Gesichtspunkte der Verfassermeinung oder des Berichtsinhaltes gegeneinander abwägen.
Es gilt in allen Fällen, dass man sich an ein Schema – Behauptung/Begründung/Beispiel/Folge bzw. Wirkung hält und somit die Grundlagen des argumentativen Schreibens befolgt.

Aufgabe 9

Großvater von WALTER LANDIN

Großvater am Küchentisch. Großvater schüttelt den Kopf, starrt auf das Schachspiel, murmelt was vor sich hin. Das gibt es doch nicht. Der Junge freut sich. Ich hab gewonnen. Ich hab gewonnen, ruft er begeistert. Großvater schüttelt den Kopf und lächelt. Ja, du hast gewonnen. Du hast gut gelernt. Und Großvater lächelt.
5 Großvater im Rollstuhl. Dieses Bild hat sich festgesetzt. Großvater und Rollstuhl, das gehört zusammen. Gebrochener Oberschenkel. Wird nicht mehr zusammenwachsen, sagt der Arzt. Zucker, fügt er hinzu. Und es klingt wie eine Entschuldigung. Großvaters Leben spielt sich zwischen Bett und Rollstuhl ab. Jahrelang. In zwei Wochen werde ich wieder laufen, sagt Großvater. Er sagt es jeden Tag. Er ist überzeugt von dem, was er sagt. Auch
10 einen Tag bevor er sterben wird, wird Großvater sagen: In zwei Wochen laufe ich wieder. Großvater ein Buch in der Hand. Das ist Großvater. Großvater hat viele Bücher. Großvater der Büchernarr. Bücher sind seine große Leidenschaft. Ich werde beides erben. Wenige Wochen bleiben Großvater nur noch. Die Mozart-Biografie wird sein letztes Geburtstagsgeschenk. Er hat sich das Buch gewünscht. Mühsam liest er sich voran. Die Buchstaben
15 verschwimmen vor den Augen. Die Augen werden von Tag zu Tag schwächer. Dieser körperliche Verfall. Dieses Wissen davon. Mühsam liest er sich voran. Ist das noch Lesen? Buchstabe für Buchstabe. Wort für Wort. Zeile für Zeile. Eine Seite dauert zwei Stunden. Ein Kapitel ist das Leben. Das ganze Buch die Ewigkeit.
Der Mann auf dem Foto. Klein mit einem Schnurrbart. Die Lachfältchen um die Augen.
20 Neben ihm die große, stattliche Frau mit dem strengen Blick. Das soll Großvater sein? Das soll Großmutter sein? Das kann nicht sein. Meine Großeltern sind alt. Der Mann und die Frau auf dem Foto sind jung. Sehen so anders aus. Nein. Das kann nicht sein. Großvater und der Mann auf dem Foto, das sind zwei verschiedene Personen. Und vor der Frau mit dem strengen Blick habe ich Angst. Vor Großmutter fürchte ich mich nicht. Großmutter
25 lacht. Großmutter in ihrem schwarzen Kleid kann wieder lachen. Großmutter erzählt. Was hatte ich für eine Wut, damals, als das Bild geknipst wurde. Es war in der Zeit der großen Krise. Jeder Pfennig musste dreimal umgedreht werden. Da kaufte Großvater einen ganzen Stapel Bücher. Und weil er Gewissensbisse bekam, versteckte er die Bücher, eingeschlagen in Packpapier, im Garten. Unterm Johannisbeerstrauch. Nachts zog ein Gewitter auf.
30 Großvater schlich sich aus dem Schlafzimmer, ging auf Zehenspitzen in den Garten, zog das Buchpaket vorsichtig aus seinem Versteck. Da bricht das Gewitter über Großvater herein. Großmutter steht hinter ihm. Sie ist ihm nachgeschlichen. Großmutter ist das Gewitter.
Großvater sitzt nicht mehr am Tisch beim Schachspiel. Großvater hat kein Buch mehr in
35 der Hand. Großvaters Rollstuhl steht unbenutzt in der Ecke. Großvater ist tot. Vielleicht ist der Mann auf dem Foto doch Großvater. Großmutter erzählt gern. Wir mussten jeden Pfennig dreimal umdrehen, erzählt sie. Großvater war arbeitslos. Lange Jahre arbeitslos während der Nazizeit. Als die Nazis an die Macht kamen, wurde Großvater arbeitslos. Er weigerte sich, Mitglied in der NSDAP zu werden. Im Haus, in dem Großvater wohnte,
40 wohnten auch Nazis. Im Treppenhaus die gleiche Szene. Jeden Tag. Heil Hitler! Der erhobene, ausgestreckte Arm. Grüß Gott, die Antwort. Jeden Tag. Eines Tages wurde Großvater von der Gestapo abgeholt. Vorladung hieß es höflich. Er hat nie etwas darüber erzählt. Großvater redete wenig.
Ich stelle mir die Gespräche in der Küche vor, abends beim Kartenspielen. Denk an deine
45 Familie, sagt Großmutter. Wovon sollen wir leben? Nein, sagt Großvater. Denk an deine Kinder. Tritt ein! Großvater schüttelt den Kopf. Vielleicht war es auch anders. Vielleicht hat Großmutter Großvater in den Arm genommen. Vielleicht hat sie gesagt: Lass dich nicht unterkriegen. Vielleicht hat sie gesagt: Das schaffen wir schon. Vielleicht. Ich weiß es nicht.

50 Großvater ist tot. Als Großvater noch lebte, schwieg ich mit ihm beim Schachspiel. Großvater war für mich ein Buch mit sieben Siegeln. Heute habe ich einige Seiten verstanden. Als Großvater noch lebte, kannte ich ihn kaum. Großvater ist schon lange tot. Heute ist er mir vertraut. Ich habe von Großvater nicht nur das Schachspielen gelernt.

Aufgabenstellung

Lesen Sie den Text sorgfältig durch und bearbeiten Sie dann die folgenden Aufgaben:
1. Fassen Sie den Inhalt des Textes so zusammen, dass der Textaufbau erkennbar wird.
2. Beschreiben Sie auffällige sprachliche Mittel und deren Wirkung.
3. Entwickeln Sie einige Gedanken, die der Text bei Lesern auslösen kann.
4. Legen Sie dar, welche besondere Bedeutung gerade Großeltern für ihre Enkelkinder haben können.

Quelle: Hans Joachim Gelberg (Hrsg.): Augenaufmachen, Weinheim/Basel 1984

Information zum Verfasser:
Walter Landin, geb. 1952 in Dirnstein/Pfalz, lebt als Lehrer und Schriftsteller in Mannheim.

2002/9 „Großvater"

Mögliche Gliederung

A. Der Autor Walter Landin erinnert sich dankbar an seinen Großvater

B. Auseinandersetzung mit dem Text „Grovater" und weiterführende Erörterung

  1 **Inhaltszusammenfassung und innerer Aufbau**
  9 Sinnabschnitte:
   1. Der Großvater beim Schachspiel
   2. Zuversicht des Großvaters trotz Rollstuhl
   3. Leseleidenschaft trotz körperlichen Verfalls
   4. Ein Bild vom Großvater als junger Mensch
   5. Erinnerung der Großmutter an die Bücherleidenschaft des Großvaters
   6. Information über den Tod des Großvaters
   7. Erzählung der Großmutter über die Abneigung Großvaters gegenüber den Nazis
   8. Vorstellungen des Erzählers über Gespräche der Großeltern in der Nazi-Zeit
   9. Erkenntnis der Bedeutung des Großvaters für den Erzähler

  Anmerkung zu 1: Zur besseren Darstellung in der Ausarbeitung wurde hier auf eine Unterteilung in 9 Gliederungsabschnitte verzichtet, da die Sinnabschnitte extrem kurz sind und so in der Ausarbeitung der Schreibfluss und die Darstellung des Zusammenhangs schwerer fallen würden. Natürlich kann man auch in 1.1 bis 1.9 gliedern.

  2 **Sprachliche Mittel und deren Wirkung**
   2.1   Wortwahl
   2.1.1 Einfache Wortwahl zur leichten Verständlichkeit
   2.1.2 Viele Wiederholungen von Schlüsselwörtern zur Verstärkung und Hervorhebung
   2.1.3 Verwendung von Wörtern mit Symbolcharakter
   2.2   Satzbau
   2.2.1 Kurze, gleichförmige Hauptsätze
   2.2.2 Unvollständige Sätze
   2.2.3 Ungekennzeichnete wörtliche Rede

  3 **Eigene Gedanken, die der Text bei Lesern auslösen kann**
   3.1   Nachdenken über das Verhältnis zu den eigenen Großeltern
   3.2   Zusammenleben der verschiedenen Generationen
   3.3   Vorbilder aus dem Alltag

  4 **Weiterführende Erörterung: Welche besondere Bedeutung können Großeltern für ihre Enkel haben?**
   4.1   Emotionale Bedeutung
   4.2   Erzieherische Bedeutung
   4.3   Weitergabe von Lebenserfahrung und Wissen

C. Ich bin dankbar dafür, dass meine Großeltern noch leben und für mich da sein können

Hinweise zu Antworten für die einzelnen Bereiche der Gliederung

Ein Ich-Erzähler erinnert sich an seine Erlebnisse und Erfahrungen mit seinem Großvater. Er denkt in Dankbarkeit und großer Wertschätzung an ihn. Diese Achtung werden an besonders prägenden Ereignissen und dem Verhalten der Hauptperson festgemacht. Der Text greift das Verhältnis zwischen den Generationen, im Besonderen zwischen Großeltern und Enkeln auf und schildert sachlich die große Bedeutung, die ihnen gilt. Der Mannheimer Lehrer und Schriftsteller Walter Landin, Jahrgang 1952, hat die Erzählung 1984 im Buch „Augenaufmachen", herausgegeben von Hans-Joachim Gelberg, veröffentlicht. A.

Inhaltszusammenfassung und innerer Aufbau der neun Sinnabschnitte B. 1

Zusammenfassung der neun Sinnabschnitte: Sinnabschnitt 1 (Z. 1–4): Der Erzähler gibt die Freude des Großvaters wieder, als er als Kind sein Schachspiel gewonnen hat. Sinnabschnitt 2 (Z. 5–10): Der Erzähler gibt ein zweites Erinnerungsbild wieder. Der Großvater ist an den Rollstuhl gefesselt und, obwohl keine Aussicht auf Heilung besteht, verbreitet er Zuversicht und Hoffnung. Sinnabschnitt 3 (Z. 11–18): Die Bücher bleiben die letzte große Leidenschaft für den Großvater, obwohl sich sein gesundheitlicher Zustand laufend verschlechtert und das Lesen zur Qual werden lässt. Sinnabschnitt 4 (Z. 19–25): Ein altes Foto seiner Großeltern bringt den Erzähler zu einem Vergleich zwischen diesem Bild, auf dem er die Großeltern nicht zu erkennen scheint, und seinem eigenen Bild der nun gealterten Menschen. Sinnabschnitt 5 (Z. 25–33): Die Großmutter erinnert sich an ein prägendes Erlebnis mit ihrem Mann, als er in finanziellen Notzeiten heimlich Bücher gekauft und sie im Garten versteckt hat. Sie ist hinter sein Tun gekommen und hat ihn zur Rede gestellt. Sinnabschnitt 6 (Z. 34–36): Ganz beiläufig und ohne Kommentar wird erwähnt, dass der, über den sie sich unterhalten, tot ist. Sinnabschnitt 7 (Z. 36–43): Die Großmutter des Erzählers gibt die Erlebnisse während der Nazizeit wieder. Sie erzählt über die Abneigung gegenüber den Nationalsozialisten, die den Großvater in die Arbeitslosigkeit getrieben haben. Er ist sogar wegen seiner Weigerung den vorgeschriebenen Hitlergruß zu sprechen von der Geheimen Staatspolizei verhaftet worden. Sinnabschnitt 8 (Z. 44–49): Der Verfasser stellt sich die finanzielle Notsituation und die Gespräche zwischen beiden Ehepartnern während der Bedrohung durch die Nazidiktatur vor. Sinnabschnitt 9 (Z. 50–53): Der Erzähler erkennt die Bedeutung des Großvaters für ihn selbst, erst recht jetzt nach seinem Tod und nicht mehr nur beim gemeinsamen Schachspiel. 1.1

Sprachliche Mittel und deren Wirkung 2
Wortwahl 2.1

Eine insgesamt einfache und klare Wortwahl mit nur ganz wenigen Fachbegriffen (etwa im 7. Sinnabschnitt „Nazizeit", „Gestapo", „NSDAP") dient der leichten Verständlichkeit und ist Hinweis auf eine ganz alltägliche Situation, sich an den eigenen verstorbenen Großvater zu erinnern. 2.1.1

Viele Wörter, am häufigsten natürlich „Großvater", werden als Schlüsselwörter laufend wiederholt. Sie veranschaulichen die Bedeutung dieses Menschen für den Erzähler und verstärken sich in ihrer Wiederholung mit immer neuen Inhalten, Erinnerungen und Charaktermerkmalen. Weitere Schlüsselwörter sind „Großmutter", mit der der Erzähler noch über den Verstorbenen reden kann, und auch die „Bücher", die für den Großvater von so herausragender Bedeutung waren, dass er sie bis in den Tod liebte und in Notzeiten heimlich Bücher kaufte und versteckte, obwohl die Familie große wirtschaftliche Probleme hatte. 2.1.2

Einige Wörter besitzen über ihre Rolle als Schlüsselwörter auch noch Symbolcharakter. So steht das Schachspiel für die liebevolle und von gegenseitiger Achtung geprägte Verhältnis zwischen Großvater und Enkel. Die Bücher und die Liebe zum Buch können als Symbol für Wissen und Bildung gelten, die ihren Gegensatz in den Nazis finden. 2.1.3

Der Rollstuhl ist eher als Zeichen für die Gebrechlichkeit und die Vergänglichkeit zu sehen, die auch Bestandteil jedes menschlichen Lebens ist.
Satzbau 2.2
Die Verwendung oft sehr kurzer und nach gleichem Muster gebildeter Hauptsätze ist 2.2.1 typisch für die Wiedergabe von Gedanken. Außerdem gelingt es dem Autor damit, leichte Verständlichkeit zu erreichen und die Aussagen und Erinnerungen über den Großvater klar und einprägsam wiederzugeben. Gleichzeitig scheinen sie ein Hinweis auf die Unbeugsamkeit und Geradlinigkeit der Hauptperson zu sein, etwa im Zusammenhang mit seinem Verhalten gegenüber den Nationalsozialisten oder seiner Liebe zu Büchern. Außerdem schreibt der Autor selbst über seinen Großvater, er habe nie viel gesprochen. In diesem Zusammenhang machen die kurzen und recht gleichförmigen Sätze Sinn und wirken glaubwürdig.
Die unvollständigen Sätze (z. B. Z. 1, 5, 11) verdichten den Eindruck einer fotografi- 2.2.2 schen Kurzwiedergabe von Eindrücken, Erinnerungen, wie sie sich im Gedächtnis des Erzählers niedergeschlagen haben. Außerdem erhöhen diese unvollständigen Sätze die Ausdruckskraft der Beschreibung. Sie wirken echt und unmittelbar.
Mit der Verwendung nicht gekennzeichneter wörtlicher Rede (Z. 2/3, 6/7) verstärkt sich 2.2.3 die Echtheit und das unmittelbare Erleben der Gedanken und Gespräche des Verfassers für den Leser. Die Gedanken werden unmittelbar nachvollziehbar und regen den Leser dazu an, eigene Überlegungen über sein Verhältnis zur älteren Generation oder erst recht zu seinen Großeltern anzustellen.

Eigene Gedanken, die der Text bei Lesern auslösen kann 3
Hier könnte man über sein eigenes Verhältnis zu den Großeltern nachdenken, wodurch 3.1 es bestimmt, belastet ist, wie man das Leben, die Einstellung der Großeltern bewertet und wie man ihre Bedeutung für einen selbst sieht.
Ebenfalls nachdenken kann man über das Verhältnis zwischen junger und älterer Gene- 3.2 ration, weshalb dieses Verhältnis oft von Missverständnissen und Vorurteilen geprägt ist.
Der Großvater als aufrechter Mensch, von dem man viel lernen kann, ist auch Gegen- 3.3 stand für Überlegungen, welche Vorbilder man im Alltagsleben hat und welche Werte oder Leitbilder man bei ihnen findet bzw. wie diese auf die eigene Lebensgestaltung übertragbar werden.

Der **Erörterungsteil** ist natürlich inhaltlich sehr individuell lösbar. 4
Hier kämen Bereiche wie Wärme, Zuneigung, Liebe, Verständnis infrage. 4.1
Die erzieherische Leistung der Großeltern besteht oft in einer umfassenden Betreuung 4.2 mit vielen erzieherischen Aufgaben, die gerade Berufstätige oder allein Erziehende nicht leisten können.
Vorbilder können für uns und unsere Lebensgestaltung neben den Großeltern viele 4.3 Menschen sein. Hier ist die Frage zu stellen, welche Eigenschaften Menschen haben müssen, um für dich Vorbild zu sein, bzw. welche Eigenschaften für dich wichtig sind.

Kurze Darstellung der eigenen Erfahrungen mit den Großeltern/Bedeutung der Groß- c. eltern/Eingehen auf die Bedeutung des Todes, da die Erzählung ihren Ausgang nimmt in der Tatsache, dass der Großvater gestorben ist. Möglich ist auch die Darstellung der Erfahrung, dass liebe Menschen aus der nächsten Umgebung sterben, d. h., der Tod zum Leben gehört.

Abschlussprüfung 2003 an Realschulen: Deutsch
Aufgabengruppe A: Erörterung

1. Das Jahr 2003 wurde von der Europäischen Union zum „Europäischen Jahr der Menschen mit Behinderungen" erklärt. Welchen Problemen können behinderte Jugendliche an Schulen ausgesetzt sein? Wie ließe sich ihre Situation im Schulalltag verbessern?

2. Moderne Kinozentren erfreuen sich unter Jugendlichen großer Beliebtheit. Erörtern Sie die Gründe für diesen Trend und zeigen Sie Probleme auf, die damit verbunden sein könnten.

3. An den meisten Schulen werden musische Wahlfächer und Neigungsgruppen wie Schulspiel, Instrumentalgruppe, Chor oder Schulband angeboten. Legen Sie dar, warum sich die Teilnahme an einem solchen Fach für den Einzelnen lohnt und inwiefern die Schulgemeinschaft davon profitiert.

4. In diesem Jahr finden in Bayern Landtagswahlen statt. Warum sollen auch junge Menschen zur Wahl gehen und wie können sie sich darauf vorbereiten?

5. PKW-Führerschein schon mit 17 Jahren – welche Gründe sprechen dafür und mit welchen Problemen muss man rechnen?

6. Urlaub mit der Clique – was halten Sie davon?

2003/1 Das Jahr 2003 wurde von der Europäischen Union zum „Europäischen Jahr der Menschen mit Behinderungen" erklärt.
Welchen Problemen können behinderte Jugendliche an Schulen ausgesetzt sein?
Wie ließe sich ihre Situation im Schulalltag verbessern?

Hinweise zur Erschließung des Themas

Der Vorspann nimmt wie recht häufig bei einem Prüfungsthema Bezug auf ein aktuelles Jahresmotto, in diesem Fall das von der EU ausgerufene „Europäische Jahr der Menschen mit Behinderungen". Im ersten Erörterungsauftrag findet sich der Themabegriff **„behinderte Jugendliche"**. Als Einschränkung muss **„an Schulen"** und **„Schulalltag"** beachtet werden. Schließlich finden sich die beiden Präzisierungen des Erörterungsauftrags **„Probleme"** und **„Situationsverbesserung im Schulalltag"** in den beiden Erörterungsaufträgen.
Es geht in dieser Erörterung also um die Probleme behinderter Jugendlicher an Schulen und die möglichen Hilfen, mit denen ihre Situation im Schulalltag verbessert werden kann.
Wichtig ist zu Beginn der Bearbeitung dieser Erörterungsaufgabe, dass du dir im Klaren darüber bist, dass hierzu Kenntnisse notwendig sind, die normalerweise nicht den Alltagserfahrungen entsprechen. Eine Quelle hierfür stellt u. a. der Unterricht dar, nicht nur im Fach Deutsch, sondern beispielsweise auch in Sozialwesen oder Sozialkunde. Noch besser wären natürlich eigene Erfahrungen im Umgang mit Behinderten, z. B. in der eigenen Klasse. Eine erste Grundlage für deine Vorüberlegungen kann auch eine **Definition** des Begriffes Behinderung sein, die hier wiedergegeben ist:
Eine Behinderung liegt vor, wenn eine Person durch eine Krankheit, ein angeborenes Leiden oder eine äußere Schädigung in körperlichen, geistigen oder seelischen Funktionen eingeschränkt und deshalb in ihrer persönlichen, familiären, beruflichen oder sozialen Entfaltung beeinträchtigt ist.

Vorspann	Aktuelles Jahresmotto: Europäisches Jahr der Menschen mit Behinderungen
Themabegriff	Behinderte Jugendliche
Einschränkung	an Schulen, im Schulalltag
Präzisierung	Probleme behinderter Jugendlicher an Schulen/Verbesserung ihrer Situation im Schulalltag
Erörterungsauftrag zweigliedrig	1. Welchen Problemen können behinderte Jugendliche an Schulen ausgesetzt sein? 2. Mit welchen Möglichkeiten ließe sich ihre Situation im Schulalltag verbessern?

Stoffsammlung und Strukturierung

Das Thema dieser zweigliedrigen Erörterung ist klar eingeschränkt. Deine Überlegungen müssen sich nur um den Bereich Schule, Schulleben, Schulalltag drehen. Zunächst sollte man sich darüber klar werden, welche Arten von Behinderungen es gibt, denn daraus kannst du auf Probleme der Betroffenen und Hilfsmöglichkeiten schließen. Sicher wirst du dabei zunächst an die unterschiedlichen Formen der Körperbehinderungen denken und deren Folgen, wie z. B. eine eingeschränkte Bewegungsfähigkeit. Dazu gehören nicht nur Querschnittslähmungen, sondern auch Funktionseinschränkungen zum Beispiel der Arme oder Beine. Weiter solltest du an so genannte Sinnesbehinderungen denken (Hören und Sehen), an Sprachbehinderungen und vielleicht auch noch an psychische Behinderungen (Störungen der seelischen und geistigen Gesundheit, z. B. Depressionen). Geistige Behinderungen kommen bei diesem

Thema eher nicht in Betracht, weil es auf den Schulalltag an Regelschulen zugeschnitten ist, also auf Schulen, an denen behinderte und gesunde Schüler gemeinsam lernen und unterrichtet werden.

Auf der Basis dieser Formen von Behinderungen kannst du nun über die Folgen und die daraus resultierenden Probleme für den Einzelnen nachdenken. Frage dich dann, in welche den Menschen betreffende Bereiche sich diese Probleme einteilen lassen. Zum einen ergeben sich durch eine Behinderung **physische (körperliche) Probleme**, zum anderen **psychische (seelische)**. Außerdem sind Unterricht und Schule stark auf ein Miteinander ausgerichtet, wodurch auch **soziale (gemeinschaftliche) Probleme** entstehen. Schließlich geht es an einer Schule in erster Linie um den Unterricht und den Lernerfolg. **Unterrichtliche Probleme** sind ein weiterer Sammelbegriff, unter den du Ergebnisse deiner Stoffsammlung zusammenfassen kannst. Deine Auseinandersetzung mit den verschiedenen Arten von Behinderungen ermöglicht dir nebenbei auch, deine Argumentationen später mit unterschiedlichen Beispielen und entsprechenden Folgen zu veranschaulichen.

Im ersten Teil hast du dich schon intensiv mit den Problemen, die ein behinderter Schüler an einer Regelschule hat, auseinandergesetzt. Daraus lassen sich unterschiedlichste **Maßnahmen zur Verbesserung seiner Situation, kurz Hilfen**, ableiten. Hier solltest du daran denken, dass man Hilfsmöglichkeiten oft nach den betroffenen Personengruppen einteilen kann. Den Schulalltag bestimmen demnach in erster Linie **Schüler, Lehrer** und auch **Schulleitung und Schulträger** (finanzielle Ausstattung der Schule).

Damit ergibt sich eine sinnvolle Gliederung des zweiten Bereichs deiner Erörterung.

Leitfragen zur Stoffsammlung

1. Welche Arten von Behinderungen gibt es?
2. Welche Probleme können sich daraus für Betroffene ergeben?
3. In welchen schulischen Situationen treten Probleme auf?
4. Welche Hilfen erleichtern behinderten Mitschülern den Schulalltag?
5. Wer kann im Bereich Schule Hilfe anbieten?

Mögliche Gliederung

A. In der Bundesrepublik leben mehr als 8 Millionen behinderte Menschen

B. Welchen Problemen können behinderte Jugendliche an Schulen ausgesetzt sein, und mit welchen Maßnahmen ließe sich ihre Situation im Schulalltag verbessern?

   1 Probleme behinderter Jugendlicher an Schulen

     1.1   Physische Probleme
     1.1.1 Schwierigkeiten bei der Bewältigung des Schulwegs
     1.1.2 Eingeschränkte Bewegungsmöglichkeiten im Schulgebäude
     1.1.3 Fehlende behindertengerechte Ausstattung
     1.1.4 Leben mit Schmerzen

     1.2   Psychische Probleme
     1.2.1 Abhängigkeit von der Hilfe anderer
     1.2.2 Geringes Selbstwertgefühl
     1.2.3 Angst vor Kontakten
     1.2.4 Leben mit Vorurteilen

1.3 Soziale Probleme
1.3.1 Mobbing und Hänseleien
1.3.2 Ausschluss aus der Klassengemeinschaft
1.3.3 Isolation und Vereinsamung
1.4 Unterrichtliche Probleme
1.4.1 Vermindertes Arbeitstempo
1.4.2 Seh- und Hörprobleme
1.4.3 Eingeschränkte Teilnahmemöglichkeit am Sport oder anderen Aktivitäten
1.4.4 Bevorzugung oder unbewusste Benachteiligung durch Lehrer
1.4.5 Gefahr der Überforderung

2 Möglichkeiten zur Verbesserung der Situation für behinderte Jugendliche im Schulalltag

2.1 Durch Schüler
2.1.1 Abbau von Berührungsängsten und Vorurteilen
2.1.2 Hilfsbereitschaft im Schulalltag
2.1.3 Eingliederung in die Klassengemeinschaft statt Ausgrenzung
2.1.4 Unterrichtliche Hilfestellungen
2.1.5 Bildung von Lerngemeinschaften auch zum Aufbau von Kontakten
2.1.6 Aufbau von Freundschaften

2.2 Durch Lehrer
2.2.1 Geduld und Rücksichtnahme im Unterricht
2.2.2 Behinderungen und Behinderte als Unterrichtsthema
2.2.3 Abbau von Vorurteilen als Unterrichtsthema
2.2.4 Zusätzliche Lern- und Übungsangebote bei Bedarf
2.2.5 Gleichbehandlung der behinderten Schüler
2.2.6 Teilnahme an Fortbildungen zur Förderung Behinderter im Unterricht

2.3 Durch Schulleitung und Schulträger
2.3.1 Behindertengerechtes Schulgebäude
2.3.2 Rücksichtnahme bei Unterrichtsplanung und Raumverteilung
2.3.3 Zusammenarbeit mit Fachleuten

C. Auch in der Arbeitswelt haben behinderte Mitmenschen mit vielen Schwierigkeiten zu kämpfen

2003/2 Moderne Kinozentren erfreuen sich unter Jugendlichen großer Beliebtheit. Erörtern Sie die Gründe für diesen Trend und zeigen Sie Probleme auf, die damit verbunden sein könnten.

Hinweise zur Erschließung des Themas

Im Vorspann findest du den Themabegriff „moderne Kinozentren", womit so genannte Multiplex-Kinos mit oft mehr als fünf Kinosälen und zusätzlichen Einrichtungen, z. B. Bars und Restaurants, gemeint sind. Eingeschränkt wird dieser Themabegriff durch den Aspekt „großer Beliebtheit" bei Jugendlichen. Der Erörterungsauftrag wird präzisiert durch die „Gründe für diesen Trend" und die „Probleme, die damit verbunden sein können". Hier ist wichtig zu erkennen, dass die Probleme wohl ausschließlich die Kinobesucher selbst betreffen und nicht etwa die Folgen für kleinere Kinos, denn die Verbreitung großer Kinos hat zweifellos dazu geführt, dass man davon sprechen kann, dass das Kino allgemein gerade bei Jugendlichen überall wieder „in" ist. Andere „Probleme", wie zum Beispiel die Pleite mancher Betreibergesellschaften oder bauliche Aspekte gehören wohl nicht zum Erfahrungsbereich des Jugendlichen, der ein solches Thema bearbeitet.

Vorspann	**Themabegriff:** Moderne Kinozentren
	Einschränkung: Große Beliebtheit bei Jugendlichen
Präzisierung	Gründe für diesen Trend und Probleme, die sich ergeben könnten
Erörterungsauftrag zweigliedrig	1. Warum sind moderne Kinozentren bei Jugendlichen so beliebt?
	2. Welche Probleme könnten sich für Jugendliche daraus ergeben?

Stoffsammlung und Strukturierung

Bei der Stoffsammlung solltest du zuerst an die **Möglichkeiten** denken, die so ein **Multiplex-Kino** eröffnet. Zunächst ist hier das Filmangebot zu berücksichtigen. Es laufen nicht nur viele Filme auf einmal, sondern auch zu verschiedenen Zeiten, oft schon ab dem Nachmittag. Außerdem besteht in den großen Kinozentren die Möglichkeit, bei einem Filmneustart dabei zu sein, der oft von spektakulären Aktionen begleitet wird. Überhaupt werden diese Kinos bei den aktuellen Filmen wegen der hohen Zuschauerzahlen besser berücksichtigt. Diese Punkte kann man unter dem Aspekt **Unterhaltung** zusammenfassen. Weiter solltest du dir die Frage stellen, wozu du sonst noch ein solches Kinocenter nutzen kannst. Oft sind neben den Kinosälen auch Cafés, Bars und Restaurants angegliedert, also weitere Möglichkeiten der **Freizeitgestaltung**. Auch ist das Kino bei jungen Menschen wieder „in" geworden und zu einem **Treffpunkt**, an dem man das abendliche Ausgehen beginnt.

Wenn man sich bei der Suche nach den Problemen auf die jugendlichen Kinobesucher beschränkt, dann solltest du an die möglichen Folgen häufiger Kinobesuche denken. Damit ist ein **hoher Zeitaufwand** verbunden, der möglicherweise dazu führt, dass man für andere Dinge keine Zeit mehr hat. Außerdem kosten Kino und das weitere Angebot eine Menge **Geld** und man sollte auch an die **Qualität des Filmangebots** denken. Ferner solltest du noch daran denken, dass solche Großkinos nur in größeren Städten vorhanden sind, was für Jugendliche aus dem ländlichen Raum bedeutet, dass sie abends und nachts weite Strecken zurücklegen müssen mit den gleichen **Verkehrsgefahren** wie bei Diskobesuchen.

Leitfragen zur Stoffsammlung

1. Welche Möglichkeiten bietet ein derartiges Kino?
2. Gibt es noch andere attraktive Möglichkeiten außer den Filmen?
3. Welche Unterschiede bestehen hinsichtlich des Filmangebots im Vergleich zu kleineren Kinos?
4. Welche Folgen hat eine überzogene Nutzung des Angebots von Multiplex-Kinos?
5. Wie steht es mit der Erreichbarkeit großer Kinozentren?

Mögliche Gliederung

A. **Trotz harter Konkurrenz durch andere Unterhaltungsmedien feierte das Kino in letzter Zeit ein großes Comeback**

B. **Warum sind moderne Kinozentren bei Jugendlichen so beliebt? Welche Probleme könnten sich für Jugendliche daraus ergeben?**

   1 Gründe für die Beliebtheit

      1.1   Vielseitiges Unterhaltungsangebot
      1.1.1 Aktuelle Filme
      1.1.2 Umfangreiches Filmangebot für jeden Geschmack
      1.1.3 Mehrere tägliche Vorstellungen pro Film
      1.1.4 Besondere Premierenereignisse
      1.1.5 Modernste Projektions- und Tonsysteme
      1.2   Ort der Freizeitgestaltung
      1.2.1 Bars und Restaurants
      1.2.2 Abendlicher Treffpunkt
      1.2.3 Anziehende moderne Architektur

   2 Mögliche Problemursachen

      2.1   Zeitmangel für andere Verpflichtungen
      2.2   Hohe Kosten
      2.3   Negativer Einfluss durch schlechte Filme
      2.4   Gefahren wegen langer Anfahrtswege

C. **Auch ohne die Attraktivität eines Multiplex-Kinos ist ein guter Film ein besonderer Genuss**

2003/3 An den meisten Schulen werden musische Wahlfächer und Neigungsgruppen wie Schulspiel, Instrumentalgruppe, Chor oder Schulband angeboten. Legen Sie dar, warum sich die Teilnahme an einem solchen Fach für den Einzelnen lohnt und inwiefern die Schulgemeinschaft davon profitiert.

Hinweise zur Erschließung des Themas

Diese recht lange Themenstellung erfordert eine besonders sorgfältige Themaanalyse, damit du dich genau an die gestellte Aufgabe halten kannst. Im Vorspann erscheint der Themabegriff und dieser ist bereits klar eingegrenzt. Es geht um musische Wahlfächer und Neigungsgruppen. Danach kommen zur Verdeutlichung, um welchen Wahlfachbereich es sich handelt, einige Beispiele, die dir auch helfen sollen Argumente zu finden. Präzisiert wird der Themabegriff mit den beiden Erörterungsaufträgen. Es geht also um den Nutzen der Teilnahme an musischen Wahlfächern und Neigungsgruppen für den Einzelnen und für die Schulgemeinschaft. Worauf musst du bei der Analyse besonders achten?

Vorspann	**Themabegriff:** Wahlfächer und Neigungsgruppen **Einschränkung:** musische (mit konkreten Beispielen)
Präzisierung	Nutzen der Teilnahme für den Einzelnen und die Schulgemeinschaft
Erörterungsauftrag zweigliedrig	Warum lohnt sich die Teilnahme an musischen Wahlfächern und Neigungsgruppen für den Einzelnen und inwiefern profitiert die Schulgemeinschaft davon?

Stoffsammlung und Strukturierung

Bei der Stoffsammlung kannst du zunächst einmal von der Frage ausgehen, wo der **Nutzen für einen persönlich** liegt, wenn man sich für ein musisches Wahlfachangebot entscheidet. Du solltest dabei von konkreten Beispielen ausgehen, wie sie bereits in der Themenstellung angedeutet sind, oder vor allem auf eigene positive Erfahrungen auf diesem Gebiet zurückgreifen. Wahlfächer erfordern einen zusätzlichen Einsatz, man ist auf die Gemeinschaft der anderen angewiesen bzw. die anderen, zum Beispiel in der Schulspielgruppe sind auf dich und deinen Einsatz angewiesen. Somit hilft ein solches Engagement, **Verantwortung und Teamfähigkeit** einzuüben. Frage dich dann, warum du (man) musische Wahlfächer wählst (wählt) bzw. welche Voraussetzungen gegeben sein müssen. Natürlich sind hier **Neigungen und Fähigkeiten** eine Voraussetzung und gerade diese werden durch ein derartiges Fach gefördert. Frage dich außerdem, wodurch du neben der Förderung deiner Neigungen noch profitierst. Denke dabei immer an konkrete Fächer. So lernt man beim Schulspiel auch Körperbeherrschung und schult Stimme und Aussprache oder gewinnt bei Auftritten mit dem Schulorchester an Selbstsicherheit usw. Schließlich erlebt man in einem derartigen musischen Wahlfach ein ganz neues und intensives Gemeinschaftsgefühl, es werden neue Kontakte zu Schülern aus anderen Klassen geknüpft und selbst der Kontakt zu den Lehrern verläuft in solchen Wahlfächern und Neigungsgruppen entspannter als im Pflichtunterricht. Dieser Aspekt ließe sich unter dem Oberbegriff „sozial" zusammenfassen. Dazu kommen noch die Erfolgserlebnisse in der Gemeinschaft mit anderen.

Frage dich nun, wie die Schulgemeinschaft von Schulchor, Schulspielgruppe, Orchester, Schulband etc. profitieren kann. Zuallererst wird klar, dass solche Gruppen einen erheblichen **positiven Einfluss auf das Schulleben** besitzen, etwa durch die Gestaltung von Feiern, das Abhalten von Festen, Konzerten, Theateraufführungen. Dies hat zunächst eine Wirkung nach innen, die **Schulgemeinschaft wird gestärkt**, ist stolz auf ihre Schule und identifiziert sich mit ihr. Außerdem stärken musische Wahlfächer mit ihren Aktivitäten auch die **Kontakte untereinander**, die sonst im Unterrichtsbetrieb zu kurz kommen. Die Kontakte zwischen einzelnen Klassen, zu anderen Jahrgangsstufen und zu den Lehrern werden gestärkt, je mehr solche Fächer und Neigungsgruppen innerhalb der Schulgemeinschaft aktiv sind und zusammen arbeiten. Schließlich wirkt eine aktive Schulgemeinschaft mit vielen musischen Aktivitäten auf die Öffentlichkeit, die **Darstellung der Schule nach außen** wird verbessert, das Image gestärkt, die Attraktivität der Schule gesteigert.

Leitfragen zur Stoffsammlung

1. Worin liegt der Nutzen für den Einzelnen?
2. Welche Erfahrungen habe ich bzw. haben meine Freunde mit musischen Wahlfächern?
3. Welche Bereiche der Persönlichkeit werden gefördert?
4. Wie wirkt sich ein solches Wahlfach auf Neigungen und Fähigkeiten aus?
5. Wie wirken sich musische Wahlfächer auf die Schulgemeinschaft aus und wie wirken solche Aktivitäten nach außen?

Mögliche Gliederung

A. Aufgrund von Lehrermangel und Finanznot wird das Wahlfachangebot an Realschulen immer geringer

B. Warum lohnt sich die Teilnahme an musischen Wahlfächern und Neigungsgruppen für den Einzelnen und welchen Nutzen hat die Schulgemeinschaft davon?

1 Nutzen für den Einzelnen

    1.1 Übernahme von Verantwortung und Persönlichkeitsbildung
    1.1.1 Erfüllen von Verpflichtungen
    1.1.2 Erlernen von Selbstdisziplin
    1.1.3 Erlernen von Teamfähigkeit
    1.1.4 Stärkung der Zuverlässigkeit
    1.1.5 Erfahrung von Erfolgserlebnissen

    1.2 Stärkung von Neigungen und Fähigkeiten
    1.2.1 Erlernen von Instrumenten
    1.2.2 Vertiefung vorhandener Fähigkeiten
    1.2.3 Verbesserung der Sprechfertigkeit
    1.2.4 Training der Körpersprache
    1.2.5 Stärkung des Selbstbewusstseins

    1.3 Stärkung der sozialen Beziehungen
    1.3.1 Erleben von intensiver Gemeinschaft
    1.3.2 Knüpfen neuer Kontakte
    1.3.3 Entspannteres Kennenlernen von Lehrern

2 Nutzen für die Schulgemeinschaft

    2.1 Bereicherung des Schullebens
    2.1.1 Feste und Feiern
    2.1.2 Konzerte und Theateraufführungen

    2.2 Stärkung der Schulgemeinschaft
    2.2.1 Steigerung des Wir-Gefühls
    2.2.2 Intensivierung der Identifikation mit der eigenen Schule

2.3 Verbesserung der Schuldarstellung nach außen
2.3.1 Stärkung des Images
2.3.2 Steigerung der Attraktivität für Eltern und zukünftige Schüler
2.4 Intensivierung der Kontakte untereinander
2.4.1 Kontakte zu anderen Klassen
2.4.2 Kontakte zu anderen Jahrgangsstufen
2.4.3 Kontakte zu den Lehrern

C. Viel mehr Schüler sollten sich in musischen Wahlfächern engagieren

2003/4 In diesem Jahr finden in Bayern Landtagswahlen statt. Warum sollen auch junge Menschen zur Wahl gehen und wie können sie sich darauf vorbereiten?

Hinweise zur Erschließung des Themas

Im Vorspann findest du einen aktuellen Bezug, nämlich die heuer am 21. September stattfindenden Landtagswahlen in Bayern. Der Themabegriff findet sich jedoch erst im ersten Erörterungsauftrag und bezieht sich auf das allgemeine Wahlrecht in der Demokratie, das eine Reihe von Wahlen kennt – von den Gemeinderatswahlen über Wahlen zum Europäischen Parlament bis hin zu den in Bayern möglichen Bürgerentscheiden. Es geht also um alle Wahlen und das Thema ist eingeschränkt durch den Begriff „junge Menschen". Präzisiert wird das Thema durch die beiden Erörterungsaufgaben, die nach den Gründen fragen und nach den Möglichkeiten der Vorbereitung für eine Wahl für junge Menschen.

Vorspann	aktueller Bezug; Landtagswahlen 2003
Themabegriff	Teilnahme an Wahlen
Einschränkung	junge Menschen
Präzisierung	Gründe für junge Menschen, an Wahlen teilzunehmen, Möglichkeiten der Vorbereitung für sie
Erörterungsauftrag zweigliedrig	1. Warum sollen auch junge Menschen zur Wahl gehen? 2. Wie können sie sich darauf vorbereiten?

Stoffsammlung und Strukturierung

Eine Auseinandersetzung mit diesem Thema erfordert eine gute Kenntnis der Grundlagen unseres demokratischen Systems und die Bedeutung der Wahrnehmung des Wahlrechts. Diese Grundlagen wurden dir im Sozialkundeunterricht vermittelt. Vor dem Hintergrund der Bedeutung des Wahlrechts und dessen Wahrnehmung von möglichst vielen Bürgern wird dir ein Teil der Gründe für die Teilnahme klar. Außerdem steht und fällt die Lebendigkeit einer Demokratie mit der Wahlbeteiligung ihrer Bürger. Darüber hinaus bestimmt die Wahlbeteiligung oft auch den Wahlausgang, wie entsprechende Analysen zeigen. Gründe genug also, zu überlegen, warum auch junge Menschen zur Wahl gehen sollen. Einteilen ließen sich die **Motive in persönliche** (Warum gehe ich zur Wahl?) **und politische** (Was möchte ich damit erreichen, was kann meine Wahl bewirken?). Die Antworten darauf können sehr individuell ausfallen. Daher stellt die Gliederung nur einen Ansatz von mehreren dar.
Bei den Möglichkeiten, sich auf Wahlen vorzubereiten bieten, sich zwei Wege an, nämlich die **aktive Beteiligung**, sich mit den Spielregeln der Demokratie vertraut zu machen, Inhalte und Positionen der Parteien kennen zu lernen, aktiv in Parteien mitzuarbeiten bzw. für Ver-

änderungen zu arbeiten. Außerdem ist der Weg der **Aufgeschlossenheit für Informationen und der Auseinandersetzung mit Inhalten** der Parteiprogramme und Stellungnahmen der Politiker auf allen Ebenen, von der eigenen Gemeinde bis hin zum Bundestag, zu nennen. Denn nur mit einer gesicherten Meinung kann man die „richtige Wahl" treffen.

Leitfragen für die Stoffsammlung und Strukturierung

1. Worin liegt die Bedeutung von Wahlen in einer Demokratie?
2. Warum gehe ich zu einer Wahl?
3. Was möchte ich damit erreichen?
4. Was kann meine Wahl bewirken?
5. Wie kann ich mich aktiv auf Wahlen vorbereiten?
6. Welche Voraussetzungen benötigt eine richtige Wahlentscheidung?

Mögliche Gliederung

A. **Viele junge Erwachsene können am 21. September bei den Wahlen zum Bayerischen Landtag zum ersten Mal von ihrem Wahlrecht Gebrauch machen**

B. **Warum sollen auch junge Menschen zur Wahl gehen und wie können sie sich darauf vorbereiten?**

  1 Motive für junge Menschen an Wahlen teilzunehmen

    1.1   Persönliche Motive
    1.1.1 Vorbildfunktion für jüngere Nichtwähler
    1.1.2 Wahrnehmung demokratischer Rechte
    1.1.3 Staatsbürgerliche Verantwortung

    1.2   Politische Motive
    1.2.1 Mitbestimmung des politischen Lebens am Wohnort, in Land und Bund
    1.2.2 Unterstützung junger Kandidaten
    1.2.3 Möglichkeit der Kritik bestehender Verhältnisse
    1.2.4 Aktive Unterstützung von Parteien oder Zielen

  2 Möglichkeiten der Vorbereitung, um an Wahlen teilzunehmen

    2.1   Durch aktive Beteiligung
    2.1.1 Übernahme von Ämtern in der Schule
    2.1.2 Teilnahme an politischen Veranstaltungen
    2.1.3 Mitgliedschaft in einer politischen Partei
    2.1.4 Übernahme von Verantwortung in Parteien
    2.1.5 Aktive Mitwirkung in Bürgerinitiativen

    2.2   Aufgeschlossenheit für Politik und Auseinandersetzung mit Politik
    2.2.1 Interesse für Schulfächer wie Sozialkunde, Geschichte, Erdkunde
    2.2.2 Information über das politische Geschehen aus den Medien
    2.2.3 Aneignung von Allgemeinwissen und Zusammenhängen
    2.2.4 Einübung von demokratischen Grundregeln im Alltagsgeschehen

C. **Auch junge Menschen sollten die Möglichkeit der Mitbestimmung nutzen**

2003/5 PKW-Führerschein schon mit 17 Jahren – welche Gründe sprechen dafür und mit welchen Problemen muss man rechnen?

Hinweise zur Erschließung des Themas

Das sehr klar aufgebaute Thema beinhaltet im vorangestellten schlagzeilenartigen Stichwort bereits den Themabegriff „PKW-Führerschein" und die Einschränkung „mit 17 Jahren". Nach dem Gedankenstrich wird der Erörterungsauftrag präzisiert durch die Gründe, die für den Autoführerschein ab 17 Jahren sprechen und die Frage nach den Problemen, mit denen man bei seiner Einführung rechnen muss.

Themabegriff	PKW-Führerschein
Einschränkung	mit 17 Jahren
Präzisierung	Gründe, die für den Führerschein ab 17 sprechen; Probleme, mit denen man dabei rechnen muss
Erörterungsauftrag zweigliedrig	1. Welche Gründe sprechen für die Einführung des PKW-Führerscheins mit 17 Jahren? 2. Mit welchen Problemen **muss man dabei rechnen?**

Stoffsammlung und Strukturierung

Wenn nach Gründen gefragt wird, die für eine Sache sprechen sollen, geht es oft um Vorteile. Also solltest du zunächst überlegen, welche Vorteile der Führerschein ab 17 bringt, z. B. eine Verlängerung des Fahrens mit Anleitung über die Fahrstunden hinaus, Einübung von Verantwortungsgefühl, mehr Erfahrung mit schwierigen Verkehrssituationen usw. Diese und weitere Beispiele betreffen **den einzelnen Führerscheininhaber**. Nun solltest du dir die Frage stellen, ob noch bei anderen Personengruppen Gründe gefunden werden können, die für den vorgezogenen Führerschein sprechen. Eine längere Anleitungsphase, mehr Erfahrung, höheres Verantwortungsbewusstsein wirken sich natürlich auch auf die Verkehrssicherheit aus, wodurch die **Allgemeinheit** profitiert, auch wegen möglicherweise sinkender Unfallzahlen und einer niedrigeren Zahl von Personenschäden und Sachschäden. Erste Erfahrungen in Schweden lassen diesen Schluss zu.

Schließlich kann man noch anführen, dass der um ein Jahr vorgezogene Führerschein auch Auswirkungen auf den Umsatz der Fahrschulen hat und möglicherweise den Autoabsatz ankurbelt. Dies wären dann **wirtschaftliche Gründe**, die aber nur als nahe liegende Vermutung benutzt werden sollten, weil es hierzu natürlich noch keine Beweise geben kann.

Überhaupt ist es bei diesem Thema ganz wichtig, dass du einen fundierten Informationshintergrund etwa aus dem Unterricht, aus dem Internet, von Automobilclubs etc. besitzt, denn wenn du ohne grundlegende Sachinformationen nur aus deinem eigenen Blickwinkel an dieses Thema herangehst, dann ist die Gefahr groß, dass du wesentliche Aspekte übersiehst oder die vorhandenen sehr allgemein und oberflächlich werden bzw. die Erörterung aus vielen Mutmaßungen besteht.

Bei den Problemen, die sich aus dem PKW-Führerschein ab 17 ergeben können, ist zu bedenken, dass der Jugendliche nur mit einem Begleiter Auto fahren darf. Hierbei sind eine Reihe von Bedingungen zu erwarten. Dazu gehören absolutes Alkoholverbot, ein gewisses Alter (25) und eine längere Zeit unfallfreies Fahren (3 oder 5 Jahre) beim Begleiter.

Folglich kann man die Probleme, die zu erwarten sind, einteilen in **Probleme, die den jugendlichen Führerscheininhaber betreffen** bzw. die dieser auslöst und in **Probleme seitens des Begleiters**. Eine erweiterte Aufgliederung nach Oberpunkten (wie im Vergleich unter Punkt 1) erscheint nicht sinnvoll, zumal viele Problembereiche noch nicht geklärt sind und es außerdem keine Erfahrungen in Deutschland gibt. Auch lassen sich Erfahrungen aus Schweden oder den USA nicht unbedingt auf unser Land übertragen, schon alleine wegen der viel höheren Verkehrsdichte bei uns.

Mögliche Gliederung

A. In Schweden und Österreich gibt es den Führerschein ab 17 schon seit mehreren Jahren

B. Welche Gründe sprechen für den PKW-Führerschein mit 17 Jahren und mit welchen Problemen muss man rechnen?

1 Gründe für den Führerschein mit 17

    1.1   Gründe, die den Einzelnen betreffen
    1.1.1 Verlängerung des Fahrens unter Anleitung über die Fahrschule hinaus
    1.1.2 Mehr Fahrpraxis
    1.1.3 Mehr Erfahrung mit schwierigen Verkehrssituationen
    1.1.4 Stärkung des Verantwortungsgefühls
    1.1.5 Weniger Risikobereitschaft
    1.1.6 Höheres Ansehen
    1.1.7 Führerscheinerfahrung durch Roller oder Mofa

    1.2   Gründe, die die Allgemeinheit betreffen
    1.2.1 Zunahme der Verkehrssicherheit
    1.2.2 Sinkende Unfallzahlen durch junge Autofahrer
    1.2.3 Verringerung der Unfall- und Personenschäden

    1.3   Wirtschaftliche Gründe
    1.3.1 Steigender Umsatz bei Fahrschulen
    1.3.2 Mögliche Ankurbelung des Autoabsatzes

2 Probleme durch den Führerschein mit 17

    2.1   Probleme auf Seiten des Führerscheininhabers
    2.1.1 Überforderung aufgrund der Verkehrsdichte
    2.1.2 Überforderung bei kritischen Verkehrssituationen
    2.1.3 Abhängigkeit vom Begleiter
    2.1.4 Ignorieren der Führerscheinbedingungen
    2.1.5 Hohe finanzielle Belastung durch PKW-Fixkosten
    2.1.6 Schwer finanzierbarer Autokauf

    2.2   Probleme auf Seiten des Begleiters
    2.2.1 Geringe Möglichkeiten in Gefahrensituationen einzugreifen
    2.2.2 Mangelhafte Zuverlässigkeit
    2.2.3 Eingeschränkte Verfügbarkeit

C. Die Diskussion um den Führerschein ab 17 scheint zurzeit wieder eingeschlafen zu sein

2003/6 Urlaub mit der Clique – was halten Sie davon?

Hinweise zur Erschließung des Themas

Der Themabegriff „Urlaub" mit der Einschränkung „mit der Clique" ist stichpunktartig als Schlagwort formuliert. Die Formulierung „was halten Sie davon" verweist eindeutig auf eine Stellung nehmende (kontroverse) Erörterung, die auch deine **eigene begründete Meinung** erfordert, nachdem du **Vorteile** und **Nachteile** dargestellt hast.

Themabegriff	Urlaub
Einschränkung	mit der Clique
Präzisierung	Was halten Sie davon?
	= Vorteile, Nachteile, eigene begründete Meinung
Erörterungsauftrag	Welche Vorteile besitzt der Urlaub mit der Clique?
kontrovers	Welche Nachteile besitzt der Urlaub mit der Clique?
	Welche Meinung vertrete ich?

Stoffsammlung und Strukturierung

Auf den ersten Blick handelt es sich hier um ein sehr schülergerechtes Thema, da viele in deinem Alter von einem derartigen Urlaub träumen oder bereits Erfahrungen damit gemacht haben. Somit fällt es vielleicht nicht schwer, einige Vorteile aufzuzählen und sie anschaulich darzustellen. Die **Vorteile** kannst du mit den Leitfragen **„Was erwarte ich von einem gelungenen Urlaub?"** und **„Was bringt mir die Clique für Vorteile, was schätze ich an ihr?"** erschließen. Man erlebt sicherlich viel Spaß, ist mit Gleichgesinnten und Vertrauten unterwegs, kann sich die Arbeit bei der Vorbereitung und Gestaltung teilen und hat ein größeres Sicherheitsgefühl, wenn man mit mehreren Bekannten in einem fremden Land unterwegs ist.

Schwieriger dürfte es jedoch bei der Erschließung von Nachteilen werden. Der Begriff „Urlaub mit der Clique" ist bei vielen Schülern positiv belegt, d. h. fast ausschließlich mit Vorteilen verbunden. Eine kontroverse Erörterung sollte aber auf zwei einigermaßen gleichwertigen Beinen stehen, bevor man die eigene Meinung darstellt. Um auf Nachteile zu kommen, ist eine vertiefte Auseinandersetzung mit den Begriffen „Urlaub" und „Clique" notwendig. Du solltest dich nach dem **Zweck eines Urlaubs** fragen. Es geht dabei sicher nicht nur um Spaß, sondern auch um Entspannung, Erholung, neue Eindrücke, Zeit für sich und Abwechslung vom Alltag. Außerdem solltest du dir die **Nachteile einer Clique** in Erinnerung rufen bzw. eigene negative Erfahrungen. Nun kannst du überlegen, ob es nicht Nachteile in einer Clique gibt, die den Zielen eines gelungenen Urlaubs möglicherweise entgegenstehen: Es kann Reibereien und Streit geben, intensives Nachtleben verhindert den Erholungszweck, es besteht die Gefahr leichtsinnig mit Alkohol oder Drogen umzugehen, man ist dem Willen der Mehrheit bei der Gestaltung unterworfen, verbringt den Urlaub oft ohne Neues kennen gelernt zu haben usw.

Schließlich geht es in einem dritten Teil deiner Erörterung um die begründete Darstellung deiner eigenen Meinung zum Thema. Vor- und Nachteile hast du nun dargestellt. Diese Meinung solltest du mit etwa drei Argumenten belegen.

Leitfragen zur Stoffsammlung

1. Was erwarte ich von einem gelungenen Urlaub?
2. Welche Vorteile bringt mir die Clique, was schätze ich an ihr?
3. Welchen Zweck hat ein Urlaub?
4. Welche Nachteile sind mit einer Clique verbunden?
5. Inwieweit beeinträchtigen negative Einflüsse einer Clique die Urlaubsgestaltung?

Mögliche Gliederung

A. Bald beginnt die Ferien- und Urlaubszeit

B. Welche Vor- und Nachteile bringt der Urlaub mit der Clique und welche Meinung habe ich dazu?

   1 Vorteile des Urlaubs mit der Clique
      1.1 Garantie für viel Spaß
      1.2 Urlaubsgestaltung und Urlaubsziel nach dem Geschmack der Jugendlichen
      1.3 Unterwegs mit Gleichgesinnten
      1.4 Große Vertrautheit
      1.5 Arbeitsteilung bei der Vorbereitung und Urlaubsgestaltung
      1.6 Größeres Sicherheitsgefühl in fremder Umgebung

   2 Nachteile des Urlaubs mit der Clique
      2.1 Unterordnung dem Willen der Mehrheit
      2.2 Streit und Reibereien wegen der Urlaubsgestaltung
      2.3 Mangelhafte Erholung durch intensives Ausgehen
      2.4 Leichtsinn im Umgang mit Alkohol und Drogen
      2.5 Gleiches soziales Umfeld wie im Alltag
      2.6 Verhinderung neuer Bekanntschaften

   3 Bevorzugung des Urlaubs zu zweit
      3.1 Mehr Zeit für einander
      3.2 Abwechslung zum Alltag
      3.3 Individuelle Urlaubsgestaltung

C. Der Urlaub soll die schönste Zeit des Jahres sein

Abschlussprüfung 2003 an Realschulen: Deutsch
Aufgabengruppe B: Textgebundener Aufsatz

Aufgabe 7

Standpunkt

Warum die gute alte Zeitung nicht zu schlagen ist

Berichten und deuten

Beginnen wir mit Selbstkritik: Auch die Zeitung, wir geben es zu, ist kein ganz perfektes Medium. Sie kommt manchmal zu spät zu den Lesern, schwärzt die Finger-
5 spitzen, ist nicht frei von Druckfehlern und oftmals ein wenig besserwisserisch. Kurzum: Die Zeitung ist fehlerhaft wie alles Menschenwerk.
Aber sie ist auch das Medium, das stärker
10 als alle anderen die grauen Zellen herausfordert. Natürlich muss auch die Zeitung passen, wenn es um die Frage geht, was die Welt im Innersten zusammenhält; dafür gibt es berufenere Institutionen. Aber sie
15 hilft doch dabei, die Welt ein bisschen besser zu verstehen. Die Zeitung beschränkt sich nicht auf die lapidare Mitteilung, dass dies passiert und jenes verhindert worden sei. Und sie schüttet ihre Leser auch nicht,
20 wie im Internet üblich, mit einer Masse ungeordneter Daten zu. Sie bietet mehr und schürft tiefer, als es die Erzeuger von elektronischem Fastfood je tun könnten.
Ganz egal, ob es um die Untiefen der Steu-
25 erreform, die Defizite im Schulwesen oder um das Zuwanderungsproblem geht: Dank der Zeitung gibt es allmorgendlich Faktenwissen statt: Daten, Zahlen, Hintergründe, Interviews.
30 Dazu, als prononciertester[1] Beitrag zur Meinungsbildung, der Leitartikel – mal Ärgernis, mal Auslöser allgemeinen Kopfnickens und nur dann wirklich schlecht, wenn er lediglich gleichgültiges Achsel-
35 zucken hervorruft.
Aber die Zeitung hat ja noch andere, gewissermaßen sekundäre Tugenden, so etwa ihre Verfügbarkeit zu jeder Tages- und Nachtzeit. Sie ist zur Hand, wann immer
40 sie gebraucht wird, morgens im Bett oder am Frühstückstisch, im Bus oder in der Bahn auf der Fahrt zur Arbeit, im Wartezimmer oder beim Haareschneiden.
Die Zeitung ordnet sich unter und respek-
45 tiert den Willen ihres Benutzers. Terminzwänge wie im Fernsehen gibt es nicht; kein Programmschema zerhackt den Tag in Informations-, Bildungs- und Unterhaltungsblöcke. Der Leser kann die Lektüre
50 nach Belieben unterbrechen und wieder aufnehmen. Mit der ausgelesenen Zeitung kann er Papierschwalben bauen oder Fliegen erschlagen.
Alles in Butter also mit dem guten alten
55 Printmedium? Leider nicht. Die Wirtschaft kriselt, und mit ihr kriseln die Einnahmen der Druckhäuser. Das Anzeigengeschäft, seit jeher Haupteinnahmequelle der Zeitungsverlage, ist im letzten Jahr regelrecht
60 eingebrochen, und auch in diesem Jahr ist keine Besserung in Sicht.
Selbst Erfolgsblätter schreiben rote Zahlen, entlassen Redakteure, streichen Sonderseiten und Beilagen; in der bislang von
65 steten Zuwächsen verwöhnten Branche macht sich Krisenstimmung breit. Zeitungshäuser, die ihr Geld nicht mit unsinnigen Prestigeprojekten verplempert haben, werden freilich auch diese Krise über-
70 stehen, zumal fürs nächste Jahr eine Erholung des Arbeitsmarktes zu erwarten ist. Das Internet wird als Konkurrent freilich bleiben – hellwach und geldhungrig, wie sie sind, werden die Herren der Daten-
75 meere den Wettbewerb eher noch verschärfen.
Nun, die Zeitungen werden auch diese Herausforderung bewältigen. Und dabei frisch und munter bleiben.

RAINER HAJECK

1 prononciert: deutlich ausgeprägt

[nach: Nürnberger Zeitung, 02-09-28]

Aufgabenstellung

Lesen Sie den Text **„Berichten und deuten"** sorgfältig durch und bearbeiten Sie dann die folgenden Aufgaben. Bei Nummer 5 können Sie a oder b wählen.
1. Fassen Sie den Inhalt so zusammen, dass der Textaufbau erkennbar wird.
2. Beschreiben Sie die sprachlichen Mittel.
3. Weisen Sie nach, um welche Textsorte es sich handelt. Gehen Sie dabei auch auf die Funktion der Überschriften ein.
4. Wie steht der Verfasser zur Thematik? Welche Absichten verfolgt er Ihrer Meinung nach mit dem Text?
5. a) Welche Möglichkeiten können Sie sich vorstellen, die Zeitung sinnvoll für den Unterricht zu verwenden?
    oder
    b) Schreiben Sie einen Aufruf für die Schülerzeitung, in dem Sie Ihre Mitschüler und Mitschülerinnen zum regelmäßigen Lesen einer Tageszeitung anregen wollen.

2003/7 „Berichten und deuten"

Mögliche Gliederung

A. Der Text von Rainer Hajeck setzt sich mit der heutigen Bedeutung der Tageszeitung auseinander, stellt die Vorteile gegenüber anderen Informationsmedien heraus und verweist auf die Umsatzkrise der großen Zeitungsverlage

B. Auseinandersetzung mit dem Text „Berichten und deuten" und weiterführende Erörterung bzw. Aufruf für die Schülerzeitung (je nach Wahl)

1 Inhaltszusammenfassung und Textaufbau

    1.1 Einführung in die Thematik: Mängel der Tageszeitung
    1.2 Hauptteil 1: Vorteile der Zeitung für den Leser in Hinblick auf die Inhalte
    1.3 Hauptteil 2: Vorteile der Zeitung hinsichtlich der flexiblen Nutzbarkeit
    1.4 Hauptteil 3: Probleme der Tageszeitungen aufgrund der schlechten Wirtschaftslage
    1.5 Schlussresümee: Zuversichtlicher Blick in die Zukunft der Zeitungen

2 Beschreibung der sprachlichen Mittel

    2.1   Wortwahl und Sprachstil
    2.1.1 Fremdwörter und Fachausdrücke auch aus der Journalistensprache
    2.1.2 Verwendung häufiger Metaphern
    2.1.3 Insgesamt gehobener Sprachstil
    2.1.4 Verwendung von Selbstironie
    2.2   Satzbau
    2.2.1 Stellenweise Häufung von Reihungen
    2.2.2 Einschübe und Ellipsen
    2.2.3 Schlüsselwort „Zeitung" als handelndes Subjekt

Anmerkung: Die Auseinandersetzung mit den sprachlichen Merkmalen beschränkt sich auf solche, die häufiger auftreten und nicht nur ganz vereinzelt belegbar sind oder einmal vorkommen.

3 **Bestimmung der Textsorte: Kommentar**
   3.1 Merkmale des Lay-out
   3.2 Deutlich erkennbare Meinung des Verfassers
   3.3 Merkmale des Aufbaus

4 **Einstellung des Verfassers und seine Absichten**
   4.1 Einstellung zur Thematik: Herausstellung der positiven Bedeutung der Zeitung und optimistische Zukunftsperspektive
   4.2 Absichten: Betonung der Rolle und Bedeutung, Abgrenzung zu den elektronischen Medien, Information über wirtschaftliche Schwierigkeiten, Werbung für die Zeitung

5 **Weiterführende Erörterung:**
   Möglichkeiten, die Zeitung sinnvoll für den Unterricht zu verwenden
   5.1 Projekt „Zeitung in der Schule"
   5.2 Als Hintergrundinformation für Unterrichtsinhalte in verschiedenen Fächern
   5.3 Vergleich der Darstellung von Ereignissen in verschiedenen Medien
   5.4 Ausländische Zeitungsartikel im Fremdsprachenunterricht
   5.5 Kommentare und Glossen als Grundlage für Diskussionen
   5.6 Reportagen über Land und Leute im Erdkundeunterricht

oder:

5 **Aufruf in der Schülerzeitung zum regelmäßigen Lesen der Tageszeitung**
   5.1 Die Zeitung unterhält
   5.2 Die Zeitung informiert
   5.3 Die Zeitung verbessert die sprachlichen Fähigkeiten
   5.4 Die Zeitung bildet
   5.5 Informiert sein ist die Voraussetzung zur Meinungsbildung und um mitreden zu können

C. **Die Zeitung ist ein wichtiges Hilfsmittel im so genannten Informationszeitalter**

Hinweise zu Antworten für die einzelnen Bereiche der Gliederung

Thematik des Kommentars: Bedeutung der Tageszeitung, Vorteile gegenüber anderen Informationsmedien, Problematik der Wirtschaftslage für die Zeitungsverlage, positive Zukunft der Zeitung, Autor, Textquelle A.

Inhaltszusammenfassung und Textaufbau B. 1
1. Sinnabschnitt (Z. 1–8) als Einleitung bzw. Hinführung zur Thematik: Aufzählung von Schwachpunkten und Mängeln der Zeitung 1.1
2. Sinnabschnitt (Z. 9–35) als erster Teil des Hauptteils: Vorteile der Zeitung aufgrund ihres Inhaltes; die Zeitung als grundlegendes Informationsmedium, die Zeitung regt zum Denken an, die Zeitung als Meinungsbildner. 1.2
3. Sinnabschnitt (Z. 36–53) als zweiter Teil des Hauptteils: Vorteile der Zeitung hinsichtlich ihrer flexiblen Nutzbarkeit; ständig verfügbar, nutzbar unabhängig von Ort und Zeit, flexibel verwendbar 1.3
4. Sinnabschnitt (Z. 54–66) als dritter Teil des Hauptteils: Probleme der Zeitungen aufgrund der schlechten Wirtschaftslage; Finanzschwierigkeiten und deren Folgen (Beschäftigtenabbau, Verringerung der Inhalte) 1.4

5. Sinnabschnitt (Z. 66 – Ende) als Schlussgedanke oder Resümee: Zuversichtlicher 1.5
Blick in die Zukunft der Tageszeitungen; Probleme werden bewältigt, Bedeutung der
Zeitung bleibt trotz Internet unumstritten hoch.

Beschreibung der sprachlichen Mittel 2

Wortwahl und Sprachstil 2.1
Fremdwörter und Fachausdrücke auch aus der Journalistensprache: „perfektes Medium" 2.1.1
(Z. 2/3), „lapidar" (Z. 17), „prononciert" (Z. 30), „sekundäre" (Z. 37), „Programm-
schema" (Z. 47), „Informations-, Bildungs- und Unterhaltungsblöcke" (Z. 48/49) „
Printmedium" (Z. 55), „Prestigeprojekt" (Z. 68) – Zeichen für hohe Bildung, guten
Informationsstand und sprachliche Kompetenz des Kommentators
Verwendung häufiger Metaphern (bildhafte Ausdrücke): „schüttet ihre Leser zu" 2.1.2
(Z. 19 – 21), „schürft" (Z. 22), „elektronisches Fastfood" (Z. 23), „Untiefen" (Z. 24),
„zerhackt den Tag" (Z. 47), „kriseln" (Z. 56), „geldhungrig" (Z. 73), „Herren der
Datenmeere" (Z. 74/75) – Bildhaftigkeit der Sprache verstärkt Anschaulichkeit und
Lebendigkeit vor dem Hintergrund eines eher „trockenen" Themas; ebenfalls ein Hin-
weis auf die sprachlichen Fähigkeiten des Autors.
Insgesamt gehobener Sprachstil: Weitere Beispiele dazu sind: „wie alles Menschen- 2.1.3
werk" (Z. 7/8), „ Auslöser allgemeinen Kopfnickens" (Z. 32/33), Zitat aus Goethes
Faust „was die Welt in ihrem Innersten zusammenhält" (Z. 12/13) – Wirkung und
Absicht siehe oben.
Verwendung von Selbstironie: „Beginnen wir mit Selbstkritik" (Z. 1), „wir geben es 2.1.4
zu" (Z. 2), „schwärzt die Fingerspitzen" (Z. 4/5), „ein wenig besserwisserisch" (Z. 6),
„Papierschwalben bauen" (Z. 52), „Fliegen erschlagen" (Z. 52/53) – Versuch der
humorvollen Selbstdarstellung, Eingeständnis von Schwachpunkten der Zeitung, gleich-
zeitig verharmlosende Wirkung dieser Fehler

Satzbau 2.2
Stellenweise Häufung von Reihungen: Z. 3 – 6, 24 – 29, 30 – 34, 62 – 66 – Verstärkung 2.2.1
des Aussagegehaltes durch Verdichtung
Einschübe und Ellipsen: Z. 2, 20, 31 – 35, 37, 55, 72 – 76, 78/79 – Besondere Betonung 2.2.2
der jeweiligen Aussage bei den Einschüben und Steigerung der Eindringlichkeit bei den
unvollständigen Sätzen (Ellipsen), die auch an den mündlichen Sprachgebrauch erinnern.
Schlüsselwort „Zeitung" als handelndes Subjekt der Hauptsätze, z. B. Z. 44/45 oder 2.2.3
77/78 usw.: Diese Hervorhebung der Zeitung als handelndes (aktives) Subjekt trägt der
Betonung der bedeutenden Rolle dieses Mediums Rechnung, soll von dieser „Haupt-
rolle" überzeugen.

Bestimmung der Textsorte: Kommentar 3
Merkmale des Layout: Kennzeichnung eines festen Platzes in der Zeitung (Rubrik) 3.1
durch den Verfassernamen und den Namen der Rubrik „Standpunkt"; außerdem Her-
vorhebung und Abgrenzung durch Rahmen
Deutlich erkennbare Meinung des Verfassers: Der Autor nimmt eine eindeutig positive 3.2
Haltung zu „seiner" Zeitung ein, er greift die selbst aufgeworfene Frage in der Dach-
zeile auf, betrachtet sie aus verschiedenen Blickwinkeln und beantwortet sie schließlich
positiv.
Merkmale des Aufbaus: Neben dem festen Namen für die Rubrik findet sich in der 3.3
Dachzeile ein knapper Verweis auf den Inhalt des Kommentars in Form einer Aussage.
Die Hauptüberschrift gibt darauf in Form zweier Schlagwörter die Antwort aus der
Sicht des Autors.

Einstellung des Verfassers und seine Absichten 4
Einstellung zur Thematik: Herausstellung der positiven Bedeutung der Zeitung und 4.1
optimistische Zukunftsperspektive (Z. 9–35, 77–79): Für den Autor ist die Tageszeitung aufgrund ihrer Eigenschaften und flexiblen Verwendbarkeit unschlagbar und hat damit auch in der Zukunft beste Chancen gegen die Konkurrenz zu bestehen (Z. 36–53). Die vorhandenen Schwächen der Zeitung hingegen werden verharmlost (1. Absatz), die Finanzkrise aufgrund stark gesunkener Anzeigeneinnahmen hält der Kommentator für überwindbar (vorletzter Absatz).
Absichten des Verfassers: Betonung der Rolle und Bedeutung bei der Meinungsbildung 4.2
und Information (Z. 9–35), Abgrenzung zu den elektronischen Medien (Z. 19–23, 72–76), Information über wirtschaftliche Schwierigkeiten der Zeitungsverlage (Z. 54–68), Werbung für die Zeitung als anspruchsvolleres Medium (Z. 9–35)

Weiterführende Erörterung: 5
Möglichkeiten, die Zeitung sinnvoll für den Unterricht zu verwenden
In der Gliederung vorliegende oder zusätzlich eigene Argumente sind mit Begründun- 5.1 ff.
gen und Beispielen zu vollständigen Argumentationen auszubauen. Denke dabei an eigene positive Erfahrungen aus dem Unterricht. In der Regel sollten **drei ausführliche und anschauliche** Argumentationen den Anforderungen genügen.

oder:

Aufruf in der Schülerzeitung zum regelmäßigen Lesen der Tageszeitung 5
Ein Aufruf gehört zu den so genannten appellativen Texten, wie auch zum Beispiel der Werbetext. Aufrufe versuchen zu überzeugen, appellieren an den Leser, in einer gewünschten Art zu handeln. Dies geschieht im Gegensatz zur Werbung allerdings nicht mit Manipulation, sondern mit begründeten und sachlich richtigen Argumenten. Diese können natürlich so gestaltet sein, dass sie Aufmerksamkeit hervorrufen. Außerdem bist du in der sprachlichen Gestaltung innerhalb einer angemessenen Sprache nicht so eng an einen sachlichen Stil wie in der Erörterung gebunden. Denke dabei an die Zielgruppe deines Aufrufs.
Zur Gestaltung kannst du dich der Thesen (Behauptungen) aus der Gliederung als hervorgehobener Zwischenüberschriften bedienen. Die einzelnen Thesen können aufsteigend angeordnet werden (vom weniger Bedeutenden zum Wichtigen) und sollten in ein Schlussresümee münden (5.5). Siehe dazu auch das ausgeführte Beispiel.

Aufgabe 8

FAMILY LIFE

DIE FAMILIEN-KOLUMNE IN BRIGITTE

Außerirdische in der Wohnung

Von Vera Sandberg

Wer sind diese fremden Wesen in meiner Wohnung? Ein junger Mann von 1,94 Meter mit Mick-Jagger-Lippen, der immerzu Kleingeld sucht und Computern seltsame Töne entlockt. Eine junge Dame mit Claudia-Schiffer-verdächtigen Kurven, die nach meinem Parfüm riecht und am Klavier improvisiert wie eine Kreuzung aus Mozart und Clayderman. Ohne Zweifel sind es dieselben beiden, die ich vor 19 respektive 16 Jahren als niedliche Bündel aus dem Krankenhaus nach Hause getragen habe. Ich habe ihnen Laufen und Sprechen beigebracht sowie einige Grundregeln des menschlichen Zusammenlebens. Aller Wahrscheinlichkeit nach sind sie mein eigen Fleisch und Blut. Mit einem Teil meiner Gene und dazu noch einem Teil meines nicht unbeträchtlichen Einflusses. Aber davon ist in letzter Zeit überhaupt nichts mehr zu spüren! Immer öfter kommt mir der Verdacht: Das können doch nicht meine sein!

Beide eint beispielsweise die Zuversicht, dass ihre Wünsche sich erfüllen werden, auch ohne dass sie sich sonderlich mühen müssten. Bis die Zukunft anfängt, gehen sie auf Partys.

Von mir haben sie diese Nonchalance¹ nicht! Wenn sie nach mir kämen, würden sie für Klassenarbeiten büffeln. Sie würden sich Gedanken über die Welt machen. Und ihre Zimmer entrümpeln, ehe ich explodiere. Sie würden sich sogar ab und zu kleine Überraschungen für mich ausdenken und meinen Ratschlägen folgen. Aber sie machen alles ganz anders. Freiwillig gehen sie keinem Problem aus dem Weg. Ich könnte sie für ihren unerschütterlichen Eigensinn bewundern. Wenn es nicht meine wären. Sind sie es wirklich? Man hört ja immer wieder diese Geschichten von vertauschten Babys.

Der junge Mann, der einmal mein Kind war, ruft zum Beispiel um drei Uhr nachmittags aus seiner Tür: „Das kann ich gar nicht leiden, wenn es frühmorgens schon so penetrant nach Essen riecht!" Ich habe nie bis drei geschlafen. Nach durchtanzten Nächten habe ich mich möglichst unauffällig an den Frühstückstisch geklemmt und Frische vorgetäuscht. Das haben die jungen Menschen an meiner Seite nicht nötig. Außer ihrem Mut, sich Schwierigkeiten zu machen, haben sie auch den Mut zur Ehrlichkeit.

Einmal rief meine Tochter mit tränenerstickter Stimme: „Wie komme ich nur zu dieser Mutter? Du bist so ganz anders als wir." Es ging darum, dass ich einen Tick in puncto Ordnung habe, sie hingegen völlig normal im Chaos lebt. Ich wollte ihr nicht mit der These von den vertauschten Babys

---

¹ Lässigkeit, formlose Ungezwungenheit

kommen. Das würde sie nur noch mehr verwirren. Sie können mir glauben: Ich liebe diese Kinder wie meine eigenen! Und ich würde ihnen wirklich gern eine gute Mutter sein. Aber ich mache alles falsch. Sie nennen es so: Du hast ja keinen Plan. Pläne für sie hätte ich zwar genug – aber das meinen sie nicht. Ahnung meinen sie. Ich habe keine Ahnung. Frage ich, wie die Party war, ist das allerdings Aushorchen. Und wenn ich einen ihrer Kumpel frage, der aus reiner Höflichkeit natürlich antworten würde, ist das Nachspionieren. Ich habe nicht nur keinen Plan, sondern auch keine Chance, mir einen zu verschaffen.

Und dann lese ich über Pubertät und Jugend: Das muss so sein. Sie müssen sich quasi möglichst kräftig vom Beckenrand (respektive Mutterschoß) abstoßen, um möglichst weit zu schwimmen.

Ein schöner Trost. Auch für die kategorische Unabhängigkeitserklärung, die mir der junge Mann, der mein Sohn sein soll, eines Tages hinknallt. „Ich weiß selber, was gut für mich ist. Und wenn ich Lust habe, irgendwas mit dir zu bereden, lasse ich es dich wissen. Okay?"

Okay. Für meine Sentimentalität habe ich ja das Fotoalbum mit den Babybildern. Ich gebe ihm wieder das nötige Kleingeld. Und ich teile mein Parfüm mit seiner kleinen Schwester. Ich bin schließlich ihre Mutter. Wenn sie nicht doch vertauscht worden sind.

Vera Sandberg, 44, ist Autorin und lebt in Hamburg.

Aufgabenstellung

Lesen Sie den Text „**Außerirdische in der Wohnung**" sorgfältig durch und bearbeiten Sie dann die folgenden Aufgaben. Bei Nummer 5 können Sie a <u>oder</u> b wählen.
1. Fassen Sie den Inhalt des Textes so zusammen, dass der Textaufbau erkennbar wird.
2. Beschreiben Sie das Textäußere sowie die sprachlichen Mittel und gehen Sie auf die jeweils beabsichtigte Wirkung ein.
3. Weisen Sie nach, um welche Textsorte es sich handelt, und gehen Sie kurz auf die Absicht der Autorin ein.
4. Erläutern Sie, wie die Mutter zu ihren Kindern steht.
5. a) Erörtern Sie Möglichkeiten, wie Gegensätze zwischen den Generationen in den Familien überbrückt werden können.
   <u>oder</u>
   b) Schreiben Sie einen ausführlichen Brief des Sohnes/der Tochter an die Mutter, in dem er/sie sich mit den im Text genannten Themen ernsthaft auseinander setzt.

Quelle: Brigitte, Heft 20/1997, S. 262

Information zur Verfasserin:
Vera Sandberg, 44, ist Autorin und lebt in Hamburg.

Mögliche Gliederung

A. Eine Mutter beklagt sich ironisch und ziemlich ratlos über die sehr unterschiedliche Lebenseinstellung ihrer beiden Kinder

B. Auseinandersetzung mit dem Text „Außerirdische in der Wohnung" und weiterführende Erörterung bzw. Brief des Sohnes bzw. der Tochter an die Mutter (je nach Wahl)

1 Zusammenfassung des Inhalts und innerer Aufbau

1.1 Einleitung: Wer sind die „fremden Wesen" in meiner Wohnung?
1.2 Hauptteil 1: Beantwortung der Frage: Eigene, ihr fremd gewordenen Kinder
1.3 Hauptteil 2: Beispiele für die weit auseinander liegenden Lebensauffassungen und Verhaltensweisen von Mutter und Kindern
1.4 Hauptteil 3: Bekenntnis zum Festhalten an der Mutterrolle und gleichzeitig Ratlosigkeit im Umgang mit den Kindern
1.5 Hauptteil 4: Abschließendes Beispiel für den Willen nach Selbstständigkeit der Kinder
1.6 Pointierter Schluss: Akzeptieren der etwas veränderten Mutterrolle

2 Textäußeres, sprachliche Mittel, Wirkung der Merkmale

2.1 Textäußeres
2.1.1 Umfang: Mehr als eine DIN-A5-Seite, drei Spalten, vier große Absätze
2.1.2 Grafische Gestaltung: Initialen am Beginn der Absätze, zwei Rubrikenüberschriften, Hauptüberschrift, zwei Rahmenlinien, Autorinnenname
2.1.3 Karikatur: Verdichtete Umsetzung des Textinhalts

2.2 Wortwahl
2.2.1 Ausdrücke der Umgangssprache
2.2.2 Beispiele aus der Jugendsprache
2.2.3 Verwendung von Fremdwörtern
2.2.4 Anschauliche und bildhafte Ausdrücke

2.3 Satzbau und Stil
2.3.1 Ausrufesätze und wörtliche Reden
2.3.2 Rhetorische Fragen
2.3.3 Häufung kurzer Hauptsätze
2.3.4 Gegenüberstellung von sachlichem und ironischem Stil

Anmerkung: Die Auseinandersetzung mit den sprachlichen Merkmalen beschränkt sich auf solche, die häufiger und nicht nur ganz vereinzelt belegbar sind oder einmal vorkommen.

3 Textsorte und Absicht der Verfasserin

3.1 Bestimmung der Textsorte: Glosse
3.1.1 Aktuelle Zeiterscheinung
3.1.2 Abschluss mit einer Pointe
3.1.3 Wichtige Stilmittel der Ironie und Übertreibung
3.1.4 Feste Rubrik, einheitliche Gestaltung, Autorenname

    3.2   Absicht der Verfasserin
    3.2.1 Thematisierung des Generationenkonflikts
    3.2.2 Darstellung der Hilflosigkeit, um die Kinder zu verstehen
    3.2.4 Ansprechen von Leserinnen, die ähnliche Probleme haben
    3.2.5 Unterhaltung durch witzigen Schreibstil

4   Verhältnis der Mutter zu ihren Kindern
    4.1   Wachsendes Unverständnis und Entfremdung
    4.2   Befürchtung, „alles falsch zu machen"
    4.3   Intakte Mutterliebe und Stolz auf die Eigenschaften der Kinder

5   Weiterführende Erörterung: Wie können Gegensätze zwischen den Generationen in den Familien überbrückt werden?
    5.1   Zeit für Gespräche
    5.2   Respektieren der Privatsphäre des Anderen
    5.3   Gemeinsames Aushandeln von Rechten und Pflichten
    5.4   Kompromiss statt Konflikt

C. Die Gegensätze zwischen den Generationen wachsen auch deswegen, weil die Familienmitglieder immer weniger gemeinsam unternehmen

<u>oder:</u>

5   Brief des Sohnes bzw. der Tochter an die Mutter

Anmerkung zur Gliederung und Ausführung: Wenn als weiterführende Aufgabe der Brief gewählt wird, kann man bei der Erörterung auf einen Schlussgedanken durchaus verzichten, da du bereits hier eine begründete Darstellung deiner Meinung/deiner Gedanken zum Thema bringst und die Zeit besser für den Brief zu verwenden ist.

Hinweise zu Antworten für die einzelnen Bereiche der Gliederung

Thematik der Glosse: Eine Mutter beklagt sich ironisch und ziemlich ratlos über die sehr unterschiedliche Lebenseinstellung ihrer beiden Kinder, Thematik des Generationenkonflikts; Textquelle, Name der Autorin, evtl. biografische Daten.   A.

Zusammenfassung des Inhalts und innerer Aufbau   B. 1

Einleitung (Z. 1–14): Wer sind die „fremden Wesen" in meiner Wohnung? Eine Mutter beschreibt Verhalten und Aussehen eines 19-Jährigen und einer 16-Jährigen.   1.1

Hauptteil 1 (Z. 14–34): Beantwortung der Frage: Es sind die eigenen, ihr fremd gewordenen Kinder, die sie aufgezogen hat. Doch davon kann sie heute nichts mehr spüren. Sie zweifelt, ob es überhaupt ihre eigenen sind.   1.2

Hauptteil 2 (Z. 35–95): Beispiele für die weit auseinander liegenden Lebensauffassungen und Verhaltensweisen von Mutter und Kindern. Die Mutter stellt ihre Erwartungen und das Verhalten von Tochter und Sohn gegenüber.   1.3

Hauptteil 3 (Z. 96–122): Bekenntnis zum Festhalten an der Mutterrolle und gleichzeitig Ratlosigkeit im Umgang mit den Kindern. Einerseits liebt sie ihre Kinder nach wie vor, andererseits ist sie völlig ratlos, wie sie diese noch verstehen soll. Sie hat das Gefühl alles falsch zu machen, gerade auch, wenn in der Pubertät der Nachwuchs auf Distanz zu den Eltern geht.   1.4

Hauptteil 4 (Z. 123–132): Abschließendes Beispiel für den Willen nach Selbstständigkeit der Kinder. Der Sohn betont seine Fähigkeit zu wissen, dass er immer das Richtige tut.   1.5

Pointierter Schluss (Z. 133 – Ende): Die Mutter akzeptiert ihre „etwas" veränderte Rolle und endet mit der ironischen Bemerkung, dass die Kinder eben doch vertauscht worden sein könnten. 1.6

Textäußeres, sprachliche Mittel, Wirkung der Merkmale 2

Textäußeres 2.1
Umfang: Mehr als eine DIN-A5-Seite; drei Spalten, vier große Absätze erhöhen die Übersichtlichkeit und Lesefreundlichkeit. 2.1.1
Grafische Gestaltung: Initialen am Beginn der Absätze Übersichtlichkeit, Hervorhebung); zwei Rubrikenüberschriften, Hauptüberschrift (Informationsfunktion, Leseanreiz); zwei Rahmenlinien; Autorinnenname zweimal, davon einmal mit biografischen Daten in einem grauen Kasten am Ende (Bezug zum Leser) 2.1.2
Karikatur: Verdichtete Umsetzung des Textinhalts: Kinder sind schwer beschäftigt und größer als die Mutter mit Fotoalbum und Teddybär dargestellt; im Hintergrund Ausblick auf die Erde (Bezug zum Titel). Da die Karikatur als zeichnerische Umsetzung einer Glosse gelten kann, dient sie zur Veranschaulichung und Verstärkung, indem sie die Ironie und Überzeichnung des Textes aufnimmt. 2.1.3

Wortwahl 2.2
Ausdrücke der Umgangssprache: „Kurven" (Z. 10), „explodieren" (Z. 50), „büffeln" (Z. 46), „Kumpel" (Z. 109), „ irgendwas" (Z. 130) – Dadurch wird die Ausdrucksweise der Jugendlichen wiedergegeben. 2.2.1
Beispiele aus der Jugendsprache: „dass ich einen Tick habe" (Z. 88 – /90), „keinen Plan" (Z. 102), „Okay" (Z. 132) – Die Mutter versucht die Jugendsprache nachzumachen; ironische Wirkung im Zusammenhang mit ihren Vorstellungen. 2.2.2
Verwendung von Fremdwörtern: Diese sind zum Teil durch die inhaltliche Aussage begründet, z. B. „Chaos" (Z. 91), „in puncto" (Z. 89), „Pubertät" (Z. 116), „Sentimentalität" (Z. 133). Im anderen Fall werden sie bewusst eingesetzt, um durch eine nicht notwendige anspruchsvolle Wortwahl einen ironischen Unterton zu erzeugen, zum Beispiel „improvisiert" (Z. 12), „respektive" (Z. 16), „Nonchalance" (Z. 43), „penetrant" (Z. 71), „These" (Z. 92), „respektive" (Z. 120), „kategorische" (Z. 124). 2.2.3
Anschauliche und bildhafte Ausdrücke: „niedliche Bündel" (Z. 17), „an den Frühstückstisch geklemmt" (Z. 75/76), „Frische vorgetäuscht" (Z. 77), „tränenerstickter Stimme" (Z. 85), „kräftig vom ... abstoßen" (Z. 119 – 121) – Lebendigkeit der Sprache, Erzeugung von Ironie 2.2.4

Satzbau und Stil 2.3
Ausrufesätze und wörtliche Reden: „Das können doch nicht meine sein!" (Z. 33 f.), „Von mir haben sie diese Nonchalance nicht!" (Z. 42/43) – Steigerung der Lebendigkeit, Verstärkung der Aussage; wörtliche Reden, z. B. Z. 69 ff., Z. 85, Z. 128 ff. erhöhen ebenso die Lebendigkeit, sorgen für Anschaulichkeit und haben ironische Wirkung. 2.3.1
Rhetorische Fragen: z. B. „Sind sie es wirklich?" (Z. 61/62) – Abwechslung im Satzbau, erhöhen die Aufmerksamkeit beim Leser. 2.3.2
Häufung kurzer Hauptsätze: z. B. Z. 55 – 58, Z. 94/95, Z. 100 – 101, 105 – 106, Z. 116 – 118, Z. 136 – 140 – Verdichtung der Inhalte, Betonung der Aussagen, erinnern an mündlichen Sprachgebrauch. 2.3.3
Gegenüberstellung von sachlichem und ironischem Stil: Sachlicher Stil zum Beispiel von Z. 42 – 64, ironischer Stil von Z. 65 – 95 – Einerseits ist das Anliegen der Autorin, die Thematik durchaus ernst zu nehmen, andererseits handelt es sich um eine Glosse, die vom Stilmittel der Ironie lebt. 2.3.4

Textsorte und Absicht der Verfasserin	3
Bestimmung der Textsorte: Glosse	3.1

Aktuelle Zeiterscheinung: Scheinbar unüberwindbarer Konflikt zwischen den Generationen wird witzig und ironisch aus der Sicht einer Mutter dargestellt, die zu ihrer Ratlosigkeit steht. — 3.1.1

Abschluss mit einer Pointe: Positiv gestimmter Schluss endet mit einer Pointe, die noch mal auf den Verdacht eingeht, die Kinder seien als Babys vertauscht worden. — 3.1.2

Wichtige Stilmittel der Ironie und Übertreibung: z. B. „Außerirdische", „fremde Wesen"; Wortspiele „Plan" (Z. 101/102), „Ahnung" (Z. 105/106), Wortwitz „Wie komme ich nur zu dieser Mutter?" (Z. 85 ff.) — 3.1.3

Feste Rubrik, einheitliche Gestaltung, Autorenname, Absetzung vom übrigen Inhalt der Zeitschrift als weitere wichtige äußere Merkmale der Glosse — 3.1.4

Absicht der Verfasserin — 3.2

Thematisierung und Beschreibung des Generationenkonflikts: Beginnende und sich im Laufe der Pubertät und danach verstärkende Entfernung der Kinder von den Eltern durch eigene Lebenseinstellung, Vorstellung, individuelle Verhaltensweisen; gleichzeitig besitzen die wenigsten Eltern das Verständnis für die Eigenständigkeit der Kinder und deren Verhalten. — 3.2.1

Darstellung der Hilflosigkeit, um auch die Kinder zu verstehen: Es gibt zahlreiche Verständnisprobleme, beide Seiten gehen von ganz unterschiedlichen Voraussetzungen und Erwartungen aus; es gibt immer wieder Missverständnisse, z. B. wird das mütterliche Interesse an einer Party als Nachspionieren gedeutet. — 3.2.2

Ansprechen von Leserinnen, die ähnliche Probleme haben: Die Leserinnen werden direkt angesprochen (Z. 96 ff.), die Autorin möchte ihnen Mut machen, wenn sie die gleichen Probleme mit ihren Kindern haben und sie ermuntern, ihnen weiterhin liebevoll zu begegnen. — 3.2.3

Unterhaltung durch witzigen Schreibstil: Wortwitz, Ironie und Übertreibung sind wesentliche Elemente der unterhaltenden Wirkung. Selbstironie (Z. 133 – Ende) nimmt den angesprochenen Schwierigkeiten mit den Kindern die große Tragweite, die immer wieder anklingt. — 3.2.4

Verhältnis der Mutter zu ihren Kindern — 4

Wachsendes Unverständnis und Entfremdung im Verhältnis zueinander: Dies wird vor allem deutlich in den Zeilen 1–14, 60–64 und 140– Ende. — 4.1

Befürchtung, „alles falsch zu machen" im Umgang miteinander: Das Verhalten der Kinder entspricht den Erwartungen der Mutter nicht mehr (Z. 44 ff.), es stellt sich das Gefühl ein, alles falsch zu machen (Z. 100–115). — 4.2

Intakte Mutterliebe und Stolz auf die Eigenschaften der Kinder: Dennoch erscheint die Liebe der Mutter zu ihren Kindern ungebrochen (Z. 96–100, 133– 140) und immer wieder ist zwischen den Zeilen zu lesen, dass sie auf sie aufgrund des Aussehens, ihrer Fähigkeiten und ihrem Verhalten bzw. ihrer Einstellungen stolz ist (Z. 5–14, Z. 35–39, Z. 58–60, Z. 80–83). — 4.3

Weiterführende Erörterung: Wie können Gegensätze zwischen den Generationen in den Familien überbrückt werden? — 5

In der Gliederung vorgeschlagene oder eigene Argumente sind mit Begründungen und Beispielen zu vollständigen Argumentationen auszubauen. Denke dabei an eigene positive Erfahrungen in deiner Familie. In der Regel sollten drei ausführliche und anschauliche Argumentationen den Anforderungen genügen. — 5.1 ff.

oder:
Brief des Sohnes bzw. der Tochter an die Mutter
Anmerkung zur Anfertigung des Briefes:
Je nach deiner eigenen Ausgangssituation schlüpfst du hier in die Rolle des Sohnes oder der Tochter und musst dich mit den im Text vorkommenden Aspekten, die die Mutter erwähnt und die sie zum Teil nerven oder hilflos machen, auseinandersetzen. In der Hauptsache findest du diese in den Zeilen 35–115 und 123–132. Es geht darum, dass die Jugendlichen glauben, alle Wünsche erfüllten sich von selbst, man sich nicht sonderlich für die Schule anstrengen müsse, man selber wisse, was für einen gut ist usw. Die Mutter erwartet Fleiß, Ordnung im Zimmer, kleine Überraschungen, Folgsamkeit und versteht nicht, dass das Interesse an den Erlebnissen ihrer Kinder von denen als Aushorchen verstanden wird. Das sind viele der Themen, die hier angesprochen werden. Deine Aufgabe liegt darin, der Mutter deinen Standpunkt zu den Aspekten begründet darzulegen. Dabei ist es dir selbst überlassen, welchen Standpunkt du einnimmst. Du kannst versuchen zu erklären, abzulehnen, Einsicht zu zeigen, abzuwägen etc. Niemals solltest du dabei die entsprechenden **Begründungen** vergessen und, auch wenn es ein persönlicher Brief ist, immer an den Aufbau von Argumenten denken.

Vom Zeitrahmen her ist sicherlich nicht erwartet, dass du auf alle Aspekte in dieser Glosse eingehen kannst. Benutze jene, mit denen du dich am besten identifizieren kannst. Siehe dazu auch abgedrucktes Briefbeispiel.

Aufgabe 9

Goethe hat 'ne Fünf in Deutsch VON ANNA OTTO

Eine Fünf. Eine glatte Fünf. Mangelhaft. M-a-n-g-e-l-h-a-f-t.
Es war wie ein Tritt in den Bauch, diese Fünf hat ihn wie aus dem Hinterhalt getroffen, mitten in den Magen. Alles zog sich zusammen, er bekam keine Luft mehr. Alles verschwamm um ihn herum.
5 „Zu Montag macht ihr bitte die Berichtigung! Schönes Wochenende – und denkt an die Elternsprechtagszettel, ja?!"
Johann packte seine Sachen. Die Arbeit schob er hastig zwischen die Bücher. Bettina hatte eine Zwei plus. Er hätte sie erwürgen können. Sie war nie schlechter als eine Zwei plus. Wie sie sich freute, sie konnte es nicht gut verbergen. Hatte sie doch allen gesagt, wie
10 schlecht sie an diesem Tag drauf gewesen sei, als sie die Arbeit geschrieben haben. Und der PC, er ist ihr ja dauernd abgestürzt.
Er wusste, dass es wieder Ärger gab. Aber nicht den normalen Ärger, wie bei den üblichen Dreien. Eine Fünf war das Todesurteil. Johann Wolfgang von Goethe, in Deutsch eine Fünf – jämmerlich.
15 „Jämmerlich, mein Gott wie jämmerlich!" Sein Vater schaute ihn mit durchdringenden Augen an. Seine Mutter weinte. Er schluckte.
„Ich begreif es nicht', Johann, woran liegt es? Sag es mir, ich verstehe es nicht! Ich verstehe es einfach nicht!" Fast flehend bat sie um eine Antwort. Er schwieg. Er wusste es ja selbst nicht. Deutsch, er mochte dieses Fach nie besonders.
20 Biologie, das war interessant. Die Kontinente, die sich seit zehn Jahren wieder spürbar aus- und aneinander schoben, das Eingreifen des Menschen in die Natur, Ökologie.
Er zweifelte. War er nicht immerhin mal ein großer Dichter? Oder sollte er es erst werden? Oder …? Er hatte es nie verstanden.
„Anita, ich sehe das nicht mehr ein! Wir haben fünf Millionen Weltmark bezahlt, um seine
25 DNS zu bekommen, da muss was schief gelaufen sein. Nein, da ist was schief gelaufen, die haben uns da irgendwas untergejubelt …"
„Ich weiß. ICH WEISS!! Oh, es ist so peinlich. Aber du hast Recht. Morgen rufe ich bei Ge-nie-burt an! Zum Glück hab' ich die Quittung noch! Ach Anton, dabei habe ich ihn mir doch so sehr gewünscht!"
30 Johann stieg ins Auto. Es war ein normaler Samstag. Das Wetter war gut und die Straßen Richtung Zentrum voll. Er saß hinter seiner Mutter. Sie las seine Deutsch-Arbeit. Immer und immer wieder durchblätterte sie sein Arbeitsheft, schluchzte auf, schluckte und blätterte von neuem.
Sein Vater fuhr ruhig. Er wusste genau, wo's langging. Das Radio lief. Der Klassik-Sen-
35 der. Wie immer.
Das Gebäude von Ge-nie-burt sah freundlich aus. Wie ein Kinderkrankenhaus. Ein Park, viele Fenster und lauter Mütter mit ihren Kindern. Mütter?
Er hat diese Sache mit der DNS, Infrarotkasten, Reagenzglas und künstlicher Gebärmutter nie durchschaut. Der Arzt war kühl.
40 „Haben Sie die Unterlagen? Ich brauche Geburtsurkunde, Computerergebnisse der Tragzeit und vor allem die Quittung!"
Johann saß auf einem Stuhl vor dem Büro des Arztes. Seine Eltern waren auch dort drin. Er hörte fast jedes Wort. Der Flur war leer. Die Fenster waren auf, es roch nach Herbst.
„Also, wir haben für Goethe bezahlt! Und ich will auch das haben, für das ich mein Geld
45 hergegeben habe! Meine Frau und ich haben uns entschlossen ihn umzutauschen!"
„Das wird nicht so einfach sein, die Bestimmungen …"
„Das interessiert uns nicht! Haben Sie die Arbeit gelesen?! IST DAS EIN GOETHE-WERK? Außerdem haben wir volles Rückgaberecht die ersten 13 Jahre! Er ist erst 12!"
An seinem 13. Geburtstag schickten seine Eltern eine Karte. Zu einem Brief war leider
50 keine Zeit, die Vorbereitungen auf das Baby, er müsse es versehen!
Er verstand es nicht. Hat es alles nie verstanden. Wegen einer Fünf in Deutsch!

Aufgabenstellung

Lesen Sie den Text „Goethe hat 'ne Fünf in Deutsch" sorgfältig durch und bearbeiten Sie dann die folgenden Aufgaben. Bei Nummer 5 können Sie a <u>oder</u> b wählen.
1. Fassen Sie den Inhalt des Textes so zusammen, dass der Textaufbau erkennbar wird.
2. Charakterisieren Sie den Sohn und die Eltern. Gehen Sie auch kurz auf das Verhalten des Arztes ein.
3. Weisen Sie nach, um welche Textsorte es sich handelt, und beschreiben Sie die sprachlichen Besonderheiten.
4. Welche Absichten könnte die Verfasserin mit diesem Text verfolgen?
5. a) In unserer Gesellschaft werden Menschen vielfach nur nach ihrer Leistung beurteilt. Welche Werte sind für sie bei der Einschätzung eines Menschen wichtig?
<u>oder</u>
b) Manche Eltern stellen an ihre Kinder überzogene Ansprüche. Welche Probleme können dadurch entstehen?

Quelle: Monatszeitung „vorwärts" 3/2001, S. 36

Information zur Verfasserin:
Anna Otto ist zum Zeitpunkt dieser ihrer ersten literarischen Veröffentlichung 20 Jahre alt, Schülerin der 13. Klasse eines Düsseldorfer Gymnasiums. Teilnahme am Wettbewerb des „vorwärts", bei dem junge Leute zwischen 18 und 28 Jahren über das Leben des Jahres 2050 schreiben sollten.

2003/9 „Goethe hat 'ne Fünf in Deutsch"

Mögliche Gliederung

A. Mangelhafte Leistungen eines genmanipulierten Kindes im Jahre 2050 in Deutsch führen zu dessen Umtausch

B. Auseinandersetzung mit dem Text „Goethe hat 'ne Fünf in Deutsch" und weiterführende Erörterung

  1 Zusammenfassung des Inhalts und Textaufbau
    1.1 Einleitung: Herausgabe einer mangelhaften Deutscharbeit an Goethe
    1.2 Überleitung zum Hauptteil: Schülerreaktion Angst und Verzweiflung
    1.3 Hauptteil 1: Unzufriedenheit und Verärgerung bei den Eltern, ratloses Kind
    1.4 Hauptteil 2: Umtausch des Kindes in der Genklinik als Konsequenz des Versagens
    1.5 Offener Schluss: Grußkarte an das zurückgegebene Kind

  2 Charakterisierung des Sohnes, der Eltern, des Arztes
    2.1 Sohn: Klon mit DNS von Goethe, durchschnittlicher Schüler mit Interesse an Naturwissenschaften
    2.2 Eltern insgesamt: ohne Gefühle, Kind als Verwirklichung eigener Wünsche
    2.3 Vater: behandelt Kind als Ware
    2.4 Mutter: verhält sich etwas emotionaler
    2.5 Arzt: geschäftsmäßige Reaktion

3 **Textsorte und Sprache**
   3.1   Bestimmung der Textsorte: Kurzgeschichte, die in der Zukunft spielt
   3.1.1 Gattungsmerkmale: ohne Einleitung, kurze Zeitspanne, aktuelles Thema, offener Schluss
   3.1.2 Typische Elemente für Science-Fiction: Zukunftsvision der Welt in 50 Jahren in Sachen genetisches Klonen
   3.2   Sprache des Textes
   3.2.1 Satzbau
       – Kurze und teilweise unvollständige Sätze
       – Wörtliche Reden
   3.2.2 Wortwahl
       – Wiederholungen von Schlüsselwörtern
       – Fachsprache aus dem Bereich der Gentechnik
       – Umgangssprache in den wörtlichen Reden
       – Vermischung von zwei Wörtern im Kliniknamen

4 **Mögliche Absichten der Verfasserin**
   4.1   Kritik am gefühllosen Erziehungsstil der Eltern
   4.2   Kritik an den Möglichkeiten der Wissenschaft
   4.3   Anregung zur Diskussion der Gefahren der Gentechnik

5 **Weiterführende Erörterung:**
Welche Werte sind für mich bei der Einschätzung eines Menschen wichtig?
   5.1   Zuverlässigkeit und Gewissenhaftigkeit
   5.2   Ehrlichkeit und Offenheit
   5.3   Toleranz und Aufgeschlossenheit
   5.4   Freiheit und Unabhängigkeit
   5.5   Mut und Entschlossenheit

C. **Der Wert eines Menschen ist nicht durch Geld oder Erfolg bestimmt**

<u>oder:</u>

5 **Weiterführende Erörterung: Welche Probleme können durch überzogene Ansprüche der Eltern bei ihren Kindern auftreten?**
   5.1   Schul- und Versagensangst
   5.2   Aggression und Gewaltbereitschaft
   5.3   Seelische Krankheiten
   5.4   Gefahr des Drogenmissbrauchs
   5.5   Neigung zu Kriminalität
   5.6   Anfälligkeit für Selbstmord

C. **Die Eltern sollten ihren Kindern immer mit Liebe und Achtung begegnen**

Anmerkung zum weiterführenden Erörterungsteil: In der Regel sollten aufgrund des Umfangs drei ausführliche und gut strukturierte Argumentationen genügen.

Hinweise zu Antworten für die einzelnen Bereiche der Gliederung

Thematik des Textes: Mangelhafte Leistungen eines genmanipulierten Kindes im Jahre 2050 in Deutsch führen zu dessen Umtausch durch die Eltern, die das Kind wie eine Ware behandeln, die den Erwartungen nicht entspricht; Textquelle, Autorin, Entstehungshintergrund.   A.

Zusammenfassung des Inhalts und Textaufbau: B. 1
Einleitung (Z. 1–7): Herausgabe einer mangelhaften Deutscharbeit an Goethe, der mit schierer Panik reagiert   1.1
Überleitung zum Hauptteil (Z. 7–14): Angst des Schülers vor den Eltern, Verzweiflung und Neid auf eine wesentlich bessere Mitschülerin   1.2
Hauptteil 1 (Z. 15–23): Unzufriedenheit und Verärgerung bei den Eltern über die miserable Note. Das Kind ist ratlos, mag Deutsch nicht und zweifelt daran, dass seine Gene die eines großen Dichters sind.   1.3
Hauptteil 2 (Z. 24–48): Schneller und gefühlloser Beschluss der Eltern zum Umtausch des Kindes in der Genklinik als Konsequenz des Versagens, ruhige Fahrt dorthin, geschäftsmäßige Abwicklung des Umtausches, weil der Sohn nicht dem genetischen Vorbild des Dichters Goethe entspricht.   1.4
Offener Schluss (Z. 49– Ende): Grußkarte an das zurückgegebene Kind zum Geburtstag als einzige elterliche Reaktion. Johann versteht nicht, dass dies alles wegen einer Fünf in Deutsch geschehen kann.   1.5

Charakterisierung des Sohnes, der Eltern, des Arztes   2
Sohn: Klon mit DNS von Goethe (Z. 22), durchschnittlicher Schüler mit Interesse an Naturwissenschaften (Z. 13, 20, 21), zweifelt an sich und versteht die Vorgänge um ihn nicht und schweigt (Z. 18–19, 22–23, 51).   2.1
Eltern insgesamt: ohne Gefühle, Kind ist Verwirklichung eigener Wünsche, ein Genie zu besitzen, das sie wie einen Gegenstand behandeln (Z. 24 ff.). Sie reden mit ihrem Kind nicht (Z. 30–33), höchstens in Form von Vorwürfen (Z. 15, 24). Die einzige ihnen wichtige Eigenschaft des Sohnes scheint das Versagen in Deutsch zu sein (Z. 12–18, 27, 31–33, 47).   2.2
Vater: behandelt Kind als Ware (Z. 24 ff., 44 f., 47 f.) und scheint völlig ohne Gefühle zu sein (Z. 15, 26, 34, 44, 47).   2.3
Mutter: verhält sich etwas emotionaler als der Vater (Z. 16, 28 f., 32 f.), verhindert jedoch den Umtausch nicht.   2.4
Arzt: zeigt eine völlig geschäftsmäßige Reaktion bei der Abwicklung des Umtausches (Z. 40 f., 46).   2.5

Textsorte und Sprache   3
Bestimmung der Textsorte: Kurzgeschichte, die in der Zukunft spielt.   3.1
Gattungsmerkmale: ohne Einleitung, kurze Zeitspanne im Leben des Jungen, aktuelles Thema der Genmanipulation und des Klonens, offener Schluss ohne Antwort auf das Schicksal des Jungen oder der Eltern. Der Leser muss sich selbst Gedanken über den Ausgang machen.   3.1.1
Typische Elemente für Science-Fiction: Zukunftsvision der Welt in 50 Jahren in Sachen Klonen; Vorgehensweise mit Umtauschgarantie und entsprechende Kliniken gelten als Selbstverständlichkeit.   3.1.2
Hinweis: Das völlig überzogene Verhalten der Eltern ist auch als Element der Satire zu sehen.

Sprache des Textes 3.2
Satzbau 3.2.1
Kurze (fast durchgehend) und teilweise unvollständige Sätze (Z. 1, 16, 34–35, 51): Besondere Betonung und Hervorhebung, mündlicher Sprachgebrauch, Betonung der Ausweglosigkeit (Deutschnote) und Ungeheuerlichkeit (Umtausch wie eine Ware) der Situation
Wörtliche Reden (Z. 5f., 15, 17f., 24ff. usw.): Mittel der Lebendigkeit und Abwechslung zum Erzählstil, Schlüsselstellen (Konfrontation der Eltern mit der Fünf, Beschluss des Umtauschs, Durchführung) werden damit gestaltet.
Wortwahl 3.2.2
Wiederholungen von Schlüsselwörtern „Fünf" (Überschrift, Z. 1, 13, 14, 24 (Preis!), 51), „verstehen" (Z. 17, 23, 51), „Goethe" (Überschrift, Z. 13, 44, 47): Betonung der Schicksalhaftigkeit der Note, Verstärkung der Hilflosigkeit und des Unverständnisses des Sohns gegenüber seinem Schicksal, Hervorhebung, dass es den Eltern nicht um ein Kind, das man liebt, sondern um ein Genie ging
Fachsprache aus dem Bereich der Gentechnik (Z. 25, 38ff.): Geburt, Zeugung und Mensch werden als planbarer und sachlicher Vorgang dargestellt.
Umgangssprache in den wörtlichen Reden nehmen zunächst Bezug auf alltägliche Reaktionen auf schlechte Noten. Diese „Alltäglichkeit" im Umgang wird dadurch verschärft, weil auch der Umtausch eines Menschen auf gleiche sprachliche Weise beschlossen und durchgeführt wird.
Vermischung von zwei Wörtern im Klinikkamen: Genie und Geburt (Z. 28, 36): Kern der Thematik des Textes, die Eltern wollten ein Genie, kein Kind.

Mögliche Absichten der Verfasserin 4
Kritik am gefühllosen Erziehungsstil der Eltern: keine Gefühle, überzogene Erwartungen, kein Verständnis, keine Kommunikation, kein Eingehen auf die Interessen des Kindes 4.1
Kritik an den Möglichkeiten der Wissenschaft: Genmanipulation, Klonen von Menschen, Wunscheigenschaften für Kinder 4.2
Anregung zur Diskussion der Gefahren der Gentechnik: Der Mensch mit Wunscheigenschaften als Sache mit vollem Umtauschrecht, massiver Eingriff in die Natur des Menschen; darf der Mensch alles, was technisch möglich ist? 4.3

Weiterführende Erörterung: 5
Welche Werte sind für mich bei der Einschätzung eines Menschen wichtig? 5.1 ff.

oder:

Weiterführende Erörterung: Welche Probleme können durch überzogene Ansprüche 5
der Eltern bei ihren Kindern auftreten? 5.1 ff.

In der Gliederung vorgeschlagene oder eigene Argumente sind mit Begründungen und Beispielen zu vollständigen Argumentationen auszubauen. Denke dabei an deine eigenen Erfahrungen bzw. an dein Wissen über Zusammenhänge zwischen Überforderung und die Reaktion darauf. In der Regel sollten drei ausführliche und anschauliche Argumentationen den Anforderungen genügen.

Abschlussprüfung 2004 an Realschulen: Deutsch
Aufgabengruppe A: Erörterung

1. Beruf und Familie unter einen Hut zu bringen ist in unserer Gesellschaft nicht immer leicht. Zeigen Sie auf, welche Probleme dabei entstehen und wie diese gelöst werden können.

2. Die Olympischen Spiele haben für die Aktiven, die Zuschauer und das ausrichtende Land eine hohe Bedeutung. Erörtern Sie die Gründe.

3. Immer mehr junge Menschen tappen in die so genannte „Schulden-Falle". Erörtern Sie die Gründe. Wie könnte man dem Problem begegnen?

4. „Popstars", „Star Search", „Deutschland sucht den Superstar"! Erörtern Sie, warum sich viele Jugendliche für „Castingshows" bewerben. Welche Risiken gehen sie dabei ein?

5. Zeigen Sie auf, warum unkritischer Fernsehkonsum für Jugendliche problematisch sein kann und wie Sie selbst das Fernsehen sinnvoll nutzen können.

6. Einkaufen „rund um die Uhr" ist in manchen Ländern üblich. Sollte das auch bei uns allgemein möglich sein?

2004/1 Beruf und Familie unter einen Hut zu bringen ist in unserer Gesellschaft nicht immer leicht. Zeigen Sie auf, welche Probleme dabei entstehen und wie diese gelöst werden können.

Hinweise zur Erschließung des Thema

Das Thema besteht aus einem Vorspann, der als Aussagesatz verfasst ist, und aus einem zweiteiligen Erörterungsauftrag. Besonderes Augenmerk ist auf die genaue Analyse dieses Satzes zu legen. Nicht nur, dass du hier wesentliche Bausteine des Themas findest, die für eine richtige und umfassende Behandlung nötig sind, hier gibt es bereits wichtige Anhaltspunkte zur Gewinnung von Material in deinen Überlegungen zur Stoffsammlung. Der Vorspann enthält den **Themabegriff „Beruf und Familie"**, die **Einschränkung „unter einen Hut zu bringen"** (d. h. Beruf und Familie miteinander zu vereinbaren) und die **Präzisierungen „in unserer Gesellschaft"** (d. h. in der heutigen modernen Industriegesellschaft) und **„nicht immer leicht"** (Hinweis auf **mögliche Belastung durch die doppelte Anforderung**). Die letzte Aussage verweist schon auf den **ersten Erörterungsauftrag**, bei dem es um die Probleme geht, die entstehen können, wenn Berufstätigkeit und Familie miteinander zu vereinbaren sind. Der **zweite Teil** des **zweigliedrigen Themas** verweist auf Lösungsmöglichkeiten, mit denen die Verbindung von Beruf und Familie gut bewältigt werden kann.

Wichtig bei diesem Thema ist es, zu erkennen, dass damit ausgesagt wird, dass aus der Vereinbarung von Beruf und Familie für die berufstätigen Elternteile eine doppelte Anforderung entsteht. Thema der Erörterung sind die Probleme, die sich daraus ergeben, und Lösungsmöglichkeiten dafür.

Vorspann	Aussagesatz mit Themabegriff, Einschränkung und Präzisierungen
Themabegriff	Beruf und Familie
Einschränkung	Vereinbarkeit von Beruf und Familie
Präzisierung	in unserer Gesellschaft, nicht immer leicht
Erörterungsauftrag zweigliedrig	1. Welche Probleme können durch die Verbindung von Beruf und Familie entstehen? 2. Welche Lösungsmöglichkeiten gibt es für diese Probleme?

Stoffsammlung und Strukturierung

Mit der Feststellung, dass mit der Vereinbarung von Familie und Beruf auch Schwierigkeiten verbunden sind, beginnst du in einem ersten Schritt nach der **Art der Probleme** zu fragen, die sich daraus ergeben können. Sinnvoll ist es auch, sich zu fragen, **wer von diesen Problemen betroffen ist**.

Die Verbindung von Familie und Beruf erfordert sicher einen größeren Zeitaufwand, kostet somit mehr Kraft und kann durch eine mögliche Überforderung das Gefühl von Hilflosigkeit, Stress und vielleicht sogar gesundheitliche Probleme auslösen. Nun stellt sich weiter die Frage, welche **Folgen** sich **aus dem Zeitmangel** bzw. aus dem erhöhten Kraftaufwand noch ergeben können. Hierbei ist es wichtig, daran zu denken, **wer außer den berufstätigen Elternteilen noch von den Folgen dieser doppelten Anforderung betroffen ist**. Es ist dies zum einen der jeweilige Ehepartner, zum anderen die Kinder, eventuell Freunde und sonstige soziale Kontakte, aber diese doppelte Anforderung kann auch Auswirkungen auf das berufliche Engagement und die beruflichen Chancen haben.

Somit ergibt sich jetzt die Möglichkeit, die **Probleme nach den betroffenen Personen bzw. Bereichen einzuteilen**: berufstätiges Elternteil selbst, Ehepartner, Kinder (Familie), Freunde/ soziales Umfeld und der Arbeitsplatz. Oder du strukturierst die Probleme nach ihrer Art,

indem du hinterfragst, welche verschiedenen Arten von Schwierigkeiten auftreten können: z. B. Zeitprobleme, Gesundheitsprobleme, Partnerschaftsprobleme, Erziehungsprobleme, berufliche Probleme. Eine Unterteilung nach den betroffenen Personen/Bereichen erscheint für eine anschauliche Behandlung der wesentlichen Aspekte der Themenstellung vielleicht geeigneter, da sich einzelne Unterpunkte leichter zuordnen lassen.
Auch die Erarbeitung von **möglichen Maßnahmen, diese Probleme zu lösen**, lässt sich sinnvoll über konkrete „Betroffene" angehen. Hingegen könnte die Alternative, nach der Art der Maßnahmen zu gliedern, eine gewisse Gefahr der Wiederholung oder Schwierigkeiten in der Zuordnung mit sich bringen. Es geht also um die Frage, **wer/was kann zur Entlastung beitragen?** Dabei ist zunächst an **die Betroffenen** selbst zu denken, etwa in Form eines genauen Zeitmanagements oder der partnerschaftlichen Aufteilung der Hausarbeit. Genauso stellt die ganze **Familie** einen Bereich dar, der zur Entlastung beitragen kann. Schließlich geben **Arbeitgeber** und auch der **„Staat"** (also Städte, Länder und die Gesetzgebung des Bundes) Hilfestellungen. Abschließend solltest du noch überprüfen, welche Möglichkeiten der Hilfe durch die **Gesellschaft** bzw. das außerfamiliäre **soziale Umfeld** erfolgen können.
Grundsätzlich verlangt dieses Thema Wissen über die Situation von berufstätigen Elternteilen, vor allem von Müttern. Darüber hinaus benötigst du auch Kenntnisse über bereits vorhandene Lösungsmaßnahmen bzw. Mängel auf diesem Gebiet.

Leitfragen zur Stoffsammlung

1. Welche Auswirkungen hat die Verbindung von Familie und Beruf?
2. Welche Probleme ergeben sich daraus?
3. Wer oder was ist davon betroffen?
4. Wer kann zur Entlastung beitragen?
5. Wie sehen Möglichkeiten zur Entlastung aus?

Mögliche Gliederung (nach betroffenen Personen(-gruppen)/Bereichen)

A. Im Zuge der Gleichberechtigung ist es längst üblich geworden, dass beide Ehepartner einen Beruf ausüben

B. Welche Probleme können entstehen, wenn man Beruf und Familie miteinander verbinden muss, wie können diese Probleme gelöst werden?

    1   Mögliche Probleme aus der Vereinbarung von Beruf und Familie

        1.1   Probleme für das berufstätige Elternteil
        1.1.1 Mangel an Zeit und persönlichen Freiräumen
        1.1.2 Überforderung und Hilflosigkeit
        1.1.3 Entstehung von Stress
        1.1.4 Auftreten gesundheitlicher Probleme

        1.2   Probleme für die Familie
        1.2.1 Schlechte Laune und Reizbarkeit
        1.2.2 Zeitmangel für gemeinsame Freizeitaktivitäten
        1.2.3 Mangel an Zuwendung und Zuneigung für die Kinder
        1.2.4 Vernachlässigung der Erziehung
        1.2.5 Vernachlässigung des Partners
        1.2.6 Auftreten offener Konflikte mit dem Partner

1.3 Probleme für das soziale Umfeld
1.3.1 Vernachlässigung von Freunden
1.3.2 Rückzug aus gesellschaftlichen Verpflichtungen
1.4 Probleme am Arbeitsplatz
1.4.1 Sinkende Leistungsfähigkeit und erhöhte Fehltage
1.4.2 Konflikte mit den Kollegen
1.4.3 Auftreten von Unzuverlässigkeit
1.4.4 Verlust von Aufstiegs- und Weiterbildungsmöglichkeiten

2 Lösungsmöglichkeiten für diese Probleme
2.1 Entlastung durch staatliche Maßnahmen
2.1.1 Steuerlich absetzbare Haushaltshilfe
2.1.2 Vollständige Versorgung mit Ganztageskindergartenplätzen
2.1.3 Nachmittagsbetreuung für Schulkinder

2.2 Entlastung durch das soziale Umfeld und die Gesellschaft
2.2.1 Nachbarschaftshilfe in Notfällen
2.2.2 Aufbau von Selbsthilfegruppen zur Kinderbetreuung und Haushaltsorganisation
2.2.3 Mehr Verständnis für die Probleme berufstätiger Elternteile

2.3 Entlastung durch den Arbeitgeber
2.3.1 Entgegenkommen bei Krankheit der Kinder durch Beurlaubung
2.3.2 Ausweitung der Möglichkeit der Teilzeitbeschäftigung
2.3.3 Betriebliche Kinderbetreuung

2.4 Entlastung durch die Familie
2.4.1 Partnerschaftliche Aufteilung der Hausarbeit
2.4.2 Partnerschaftliche Betreuung der Kinder
2.4.3 Unterstützung durch die Großeltern
2.4.4 Mithilfe aller Familienmitglieder im Haushalt
2.4.5 Flexibilisierung der Arbeitszeiten

C. In den letzten Jahrzehnten hat sich die Situation für berufstätige Mütter und Väter wesentlich verbessert.

2004/2 Die Olympischen Spiele haben für die Aktiven, die Zuschauer und das ausrichtende Land eine hohe Bedeutung. Erörtern Sie die Gründe.

Hinweise zur Erschließung des Themas

Das Thema besteht aus einem Aussagesatz und einem Erörterungsauftrag. Die Formulierung des Themas ist klar und eindeutig. Im Aussagesatz findest du den **Themabegriff „Olympische Spiele"**. Dieser ist **eingeschränkt** durch die Begriffe **„die Aktiven"**, **„die Zuschauer"**, und **„das ausrichtende Land"**. **Präzisiert** wird die Themenstellung durch die Aussage „hohe Bedeutung". Der **Erörterungsauftrag** „Erörtern Sie die Gründe" ist einteilig.
Etwas genauer muss man jedoch auf einzelne der verwendeten **Begriffe** achten. So musst du dir zunächst darüber klar werden, was der Begriff **„Aktive"** in der Sprache des Sports bedeutet. Obwohl viele Menschen aktiv an einer Olympiade beteiligt sind – man denke zum Beispiel auch an Wettkampfrichter – bezieht sich der Begriff wohl nur auf die Sportler und Sportlerinnen, die an diesem Ereignis teilnehmen.
Auch der Begriff **„Zuschauer"** erfordert einige Gedanken, da geklärt sein muss, ob nur die Zuschauer vor Ort, die die Sportwettkämpfe live verfolgen, oder alle, die an den Bildschirmen die Olympische Spiele sehen, gemeint sind. Nachdem sowohl die Sportler als auch das Austragungsland die Betrachtung auf „direkt vor Ort" lenken, erscheint es angemessen, sich bei den Zuschauern auch auf diejenigen zu beschränken, die die Spiele an den Austragungsstätten direkt verfolgen.
Aus dem Umgang mit Erörterungsthemen weißt du, dass das Wort „Bedeutung" immer positiv und negativ zu verstehen ist. Hier heißt es **„hohe Bedeutung"**, was wohl im Sinne einer „großen" bzw. positiven Bedeutung zu verstehen ist. Man sollte sich also nicht verleiten lassen, auch noch die mögliche negative Bedeutung der Olympischen Spiele (z. B. Gefahr von Terroranschlägen, Dopingproblematik) zu erörtern.

Vorspann	Aussagesatz mit Themabegriff, Einschränkung und Präzisierung
Themabegriff	Olympische Spiele
Einschränkung	für Aktive, Zuschauer, ausrichtendes Land
Präzisierung	hohe Bedeutung der Olympiade für die genannten Bereiche
Erörterungsauftrag eingliedrig	Welche Gründe machen die Olympischen Spiele für Aktive, Zuschauer und das austragende Land so bedeutend?

Stoffsammlung und Strukturierung

Das eingliedrige Thema ist klar strukturiert, deine Überlegungen zu den Olympischen Spielen müssen sich auf die **Bereiche Aktive, Zuschauer und Austragungsland** konzentrieren. Daraus ergeben sich die drei entsprechenden Oberpunkte und Bereiche für deine Stoffsammlung. Die Vorüberlegungen zur Erschließung des Themas machen dich jedoch darauf aufmerksam, nicht ganz eindeutige Begriffe vorher abzuklären, was vor allem für die „hohe Bedeutung" gelten muss. In deiner Stoffsammlung musst du demnach nur die positive Bedeutung für die drei genannten Bereiche berücksichtigen.
Um diese gründlich hinterfragen zu können, solltest du über **einiges Hintergrundwissen zur Olympischen Idee**, zur Entwicklung der Spiele der Neuzeit und zur aktuellen Bedeutung dieses weltweit größten Sportspektakels verfügen.
Bei der Frage nach der **Bedeutung für die Aktiven** ist zu beachten, dass sich einerseits pro Land nur die Allerbesten qualifizieren können, dass aber andererseits für zahlreiche Aktive aus vielen Ländern nach wie vor der Leitspruch „Dabei sein ist alles" gilt, d. h., dass die über-

wiegende Mehrheit der Sportler gegenüber der Weltelite aus ein paar wenigen Ländern chancenlos antritt.
Zunächst hat eine Teilnahme für den Aktiven eine große **sportliche Bedeutung**, z. B. der Leistungsvergleich mit den Besten, die Anerkennung der sportlichen Leistung, die Erreichung eines sportlichen Lebensziels. Darüber hinaus musst du dich fragen, worin die Bedeutung für den einzelnen Sportler noch liegen kann. Sicher besitzt eine Olympiateilnahme auch eine **persönliche Bedeutung**, etwa die Ehre, ein Land zu vertreten oder die Steigerung des Bekanntheitsgrades. Auch hat die Teilnahme für die Athleten, besonders für die siegreichen, eine nicht unerhebliche finanzielle Bedeutung in Form von Siegprämien oder vor allem Werbeeinnahmen.
Als Nächstes stellt sich die Frage, **was die Spiele für die Zuschauer bedeuten**? Warum reisen viele Menschen an oft weit entfernte Austragungsorte? Hilfreich kann hier sein, dass du an eigene Erfahrungen als Zuschauer bei anderen Sportereignissen (in deiner näheren Umgebung) denkst. Sicherlich fallen dir Gründe ein, wie die Atmosphäre, das Gemeinschaftserlebnis beim Anfeuern und Feiern, der Stolz und die Freude über einen Sieg oder gutes Abschneiden, das Erlebnis beeindruckender Feierlichkeiten, auf internationaler Ebene das friedliche Zusammentreffen vieler Nationen usw. Ein weiterer Aspekt für den Zuschauer kann die Möglichkeit sein, fremde Kulturen kennen zu lernen, oder einfach in einem gewisses touristisches Interesse bestehen.
Bei der Stoffsammlung für den dritten Bereich des Themas muss dir klar sein, dass Austragungsländer und -orte immens hohe Summen in die Vorbereitung stecken, um möglichst „perfekte Spiele" zu liefern, und dass seitens des Olympischen Komitees sehr hohe Hürden für eine erfolgreiche Bewerbung aufgestellt werden. Also muss hierin auch eine **enorm hohe Bedeutung für das jeweilige Land** begründet sein. Worin besteht diese? Die nötigen Investitionen verbessern die **Infrastruktur** (Verkehr, Sportstätten, Städtebau, …), kurbeln die **Wirtschaft**, vor allem die Bauwirtschaft, an, was natürlich auch zu mehr Arbeitsplätzen führt. Auch die erfolgreiche **Gewährleistung der Sicherheit** hat zweifellos eine „hohe" positive Bedeutung, gerade für das Austragungsland im Sinne einer positiven Eigenwerbung. Außerdem wird der **Tourismus** belebt, nicht nur während der Spiele, sondern auch schon davor und danach. Warum wohl? Die Antwort fällt dir sicher nicht schwer. Der **Bekanntheitsgrad des Landes** steigt, die Spiele verbessern den Ruf, steigern die Darstellungsmöglichkeiten auf internationaler Ebene, das Land kann sich in allen Bereichen von seiner besten Seite zeigen, es steht ja nicht nur knapp drei Wochen während der Spiele im Mittelpunkt der Weltberichterstattung, sondern auch schon eine lange Zeit davor. Nachdem die Olympiade nur alle vier Jahre stattfindet, ist sie sicherlich auch das prestigeträchtigste Sportereignis, auf das jedes Land sehr stolz sein kann.
Die Gliederung lässt sich aufgrund der Struktur des Themas in **drei Oberpunkte** unterteilen. Eine Bildung von Unterbegriffen (z. B. sportliche Bedeutung, individuelle Bedeutung usw.) erscheint nicht nötig, da sie die Übersichtlichkeit nicht fördert und nicht überall durchgehalten werden kann.

Leitfragen zur Stoffsammlung

1. Welche Bedeutung hat die Olympiade für die Sportler (sportlich, persönlich)?
2. Was bedeuten die Spiele für den Zuschauer? Was erlebt er bei großen Wettkämpfen?
3. Was hat das ausrichtende Land von einer Olympiade?
4. In welche Bereiche wird investiert? Was bringen die Investitionen?
5. In welchen Bereichen will man sich möglichst von seiner besten Seite zeigen?

Mögliche Gliederung

A. In diesem Jahr kehren die Olympischen Spiele der Neuzeit an ihren Ursprungsort Athen zurück

B. Worin besteht die hohe Bedeutung der Olympiade für Aktive, Zuschauer und das austragende Land?

1 Bedeutung für die Aktiven
  1.1 Ehre, für das Heimatland zu starten
  1.2 Erreichung eines sportlichen Lebensziels
  1.3 Begegnung mit Sportlern aus aller Welt
  1.4 Steigerung des Bekanntheitsgrades
  1.5 Finanzielle Vorteile durch Siegesprämien und Werbung
  1.6 Leistungsmessung unter den Weltbesten
  1.7 Chancen auf eine Medaille oder einen Spitzenplatz

2 Bedeutung für die Zuschauer
  2.1 Friedliches Zusammentreffen der Völker
  2.2 Kennenlernen anderer Länder und Kulturen
  2.3 Erleben spektakulärer Shows
  2.4 Erleben der aufregenden Wettkampfatmosphäre und gemeinsames Feiern von Erfolgen
  2.5 Mitverfolgen sportlicher Bestleistungen

3 Bedeutung für das Austragungsland
  3.1 Steigerung des Ansehens
  3.2 Gewährleistung der Sicherheit aller Beteiligten
  3.3 Erhöhung des Bekanntheitsgrades
  3.4 Belebung des Tourismus
  3.5 Verbesserung der Sportstätten
  3.6 Verbesserung der Infrastruktur
  3.7 Ankurbelung der Wirtschaft und Entstehung neuer Arbeitsplätze

C. **Leider ist die Olympiabewerbung Leipzigs für 2012 gescheitert**

2004/3 Immer mehr junge Menschen tappen in die so genannte „Schulden-Falle".
Erörtern Sie die Gründe. Wie könnte man diesem Problem begegnen?

Hinweise zur Erschließung des Themas

Der Vorspann enthält den **Themabegriff „Schulden-Falle"** und **die Einschränkung „junge Menschen"**. Zudem findest du mit **„immer mehr"** den Hinweis, dass diese Problematik für die angegebene Personengruppe stetig zunimmt. Wichtig für eine themagerechte und umfassende Auseinandersetzung ist es, zum einen den sehr unpräzisen **Begriff „junge Menschen" zu klären**, denn es macht einen bedeutenden Unterschied, ob man damit nur bei den Jugendlichen bis 18 Jahren nach Verschuldungsursachen sucht oder den Bereich auch auf junge Erwachsene ausdehnt. Nachdem sich das Thema anhand eines größeren Bereiches besser veranschaulichen lässt, ist es sinnvoll, den Begriff „junge Menschen" über die Schwelle von 18 Jahren auszudehnen. Du solltest diese Festlegung in deinem Aufsatz auch klar ansprechen.
Zum anderen musst du dich mit dem **Begriff „Schuldenfalle" genauer beschäftigen**. Gemeint scheinen alle Vorgänge zu sein, die letztendlich zu einer Verschuldung führen, also die Bedürfnisse, die geweckt und befriedigt werden, und die Möglichkeiten, die es gibt, den Konsum „auf Pump" zu finanzieren.
In den beiden **nachfolgenden Erörterungsaufträgen** wird der Arbeitsbereich genannt. Es geht um **die Gründe**, warum sich immer mehr junge Menschen verschulden, und um **Maßnahmen**, mit denen dem Problem Verschuldung begegnet werden kann, d. h. Maßnahmen zur Vermeidung von Verschuldung.

Vorspann	Aussagesatz mit Themabegriff und Einschränkung
Themabegriff	Schulden-Falle = Verschuldung
Einschränkung	junge Menschen
Präzisierung	„immer mehr" = stark zunehmendes Problem
Erörterungsauftrag zweigliedrig	Warum verschulden sich immer mehr junge Menschen? Mit welchen Maßnahmen kann das Problem Verschuldung vermieden werden?

Stoffsammlung und Strukturierung

Es geht um die Gründe für die Verschuldung junger Menschen. Also muss man sich zuerst die Frage stellen, **wodurch dieses Problem entsteht**. In erster Linie entsteht es wohl durch das Konsumverhalten (Umgang mit Geld) der Betroffenen: Sie geben weit mehr Geld aus als ihnen zur Verfügung steht. Zur Finanzierung nehmen viele dann entsprechende Kredite auf, durch deren Abzahlung eine neue Ausgabenbelastung entsteht, die sie nicht berücksichtigen oder vor der nicht deutlich genug von den Kreditinstituten (Banken) gewarnt wird. Als Nächstes musst du dir klar darüber werden, **warum viele junge Menschen weit über ihre finanziellen Verhältnisse leben**; zum Beispiel um „in" zu sein, ihr Ansehen zu erhöhen, ihr Selbstbewusstsein zu steigern usw. Schließlich ist noch die Frage zu klären, **wer oder was außerdem noch als Ursache für ein Konsumverhalten infrage kommt**, das zur Verschuldung führt. Dabei muss man die Antwort darauf finden, wer oder was entsprechende Bedürfnisse weckt (z. B. Medien, Werbung, gesellschaftliche Werte, Industrie, ...) und wie und von wem die Finanzierung der Bedürfnisse scheinbar leicht und unkompliziert ermöglicht wird (wie? Raten, Kredite, Kreditkarten, Handyrechnungen im Nachhinein usw.; von wem? Banken, Versandhäuser, Fachgeschäfte, Mobilfunkanbieter, Geschäfte über das Internet, ...).
Die in einer intensiven Stoffsammlung gewonnenen Gründe kann man nach **entsprechenden „Verursachern"** einteilen. Es lassen sich Gründe finden, die beim Einzelnen liegen, bei der

Gesellschaft, im sozialen Umfeld, bei den Medien (Werbung), bei der Familie, bei Banken und Anbietern.
Dieses Schema bewährt sich auch bei der Beantwortung der **Frage nach den Maßnahmen**, mit denen der Verschuldungsproblematik begegnet werden kann. **Zusätzlich** sind hier noch der **Gesetzgeber** und die **Schulen** gefordert.

Leitfragen zur Stoffsammlung

1. Wodurch kann das Problem der Verschuldung junger Menschen entstehen?
2. Welche Folgen hat es, wenn man über seine finanziellen Verhältnisse hinaus lebt?
3. Warum leben viele junge Menschen über ihre finanziellen Verhältnisse?
4. Welche Einflüsse von außen, die zur Verschuldung führen können, gibt es?
5. Welche Maßnahmen können die Verantwortlichen ergreifen, damit Verschuldung vermieden werden kann?
6. Welche Möglichkeiten haben hier Schulen und Gesetzgeber?

Mögliche Gliederung

A. **Kinder und Jugendliche in Deutschland verfügen jährlich über Geldmittel von insgesamt 9 Milliarden Euro**

B. **Warum verschulden sich immer mehr junge Menschen? Mit welchen Maßnahmen kann das Problem Verschuldung vermieden werden?**

   1   Ursachen für die Verschuldung

      1.1   Gesellschaftlich bedingte Ursachen
      1.1.1 Betonung materieller Werte
      1.1.2 Abhängigkeit des Ansehens von Äußerlichkeiten
      1.1.3 Beeinflussung durch Gruppenzwang

      1.2   Familiäre Ursachen
      1.2.1 Negative Vorbildfunktion der Eltern
      1.2.2 Mangelhafte Erziehung im Umgang mit Geld
      1.2.3 Hohes Taschengeld als Ersatz für Zuwendung der Eltern

      1.3   Werbung und Medien als Ursachen
      1.3.1 Schaffung neuer teurer Trends
      1.3.2 Erweckung immer neuer Bedürfnisse
      1.3.3 Stars und Idole als Vorbilder

      1.4   Finanzierungsmöglichkeiten als Ursache
      1.4.1 Bankcard für Jugendliche
      1.4.2 Möglichkeit, jetzt zu kaufen und viel später zu zahlen
      1.4.3 Möglichkeit, unkompliziert Kredite zu erhalten
      1.4.4 Leichte und einfache Möglichkeit der Ratenzahlung

      1.5   Individuelle Ursachen
      1.5.1 Fehlendes Verhältnis zum Geld
      1.5.2 Erlangung von Ansehen
      1.5.3 Steigerung des Selbstbewusstseins
      1.5.4 Abhängigkeit vom „Markenwahn"
      1.5.5 Unkontrollierte Handy- und Internetnutzung
      1.5.6 Verlust des Arbeitsplatzes

2 Maßnahmen, um der Verschuldungsgefahr zu begegnen
2.1 Gesellschaftliche Maßnahmen
2.1.1 Ächtung des „Konsumwahns"
2.1.2 Bewertung eines Menschen nicht nach dem Äußeren

2.2 Familiäre Maßnahmen
2.2.1 Erziehung zum richtigen Umgang mit Geld
2.2.2 Eltern als Vorbild
2.2.3 Kontrolle der Ausgaben durch die Eltern

2.3 Maßnahmen seitens der Werbung und der Medien
2.3.1 Verstärkte Aufklärung über die Gefahren der Verschuldung
2.3.2 Freiwillige Selbstkontrolle bei fragwürdigen Werbekampagnen

2.4 Maßnahmen der Banken und des Handels
2.4.1 Strengere Richtlinien bei der Vergabe von Krediten
2.4.2 Bessere Aufklärung über die finanziellen Folgen von Krediten
2.4.3 Einschränkung der Möglichkeiten der Ratenzahlung
2.4.4 Verzicht auf „Lockvogel-Finanzierungen"

2.5 Maßnahmen des Gesetzgebers
2.5.1 Gesetzliches Verbot unseriöser Internetgeschäfte
2.5.2 Strengere Gesetze für Kredit- und Ratengeschäfte mit jungen Menschen

2.6 Maßnahmen seitens der Schulen
2.6.1 Einbeziehung von Fachleuten in den Unterricht
2.6.2 Praxisnahe Behandlung des Themas „Konsumverhalten und Verschuldung" im Unterricht

2.7 Individuelle Maßnahmen
2.7.1 Führung eines Ausgaben-Einnahmen-Buches
2.7.2 Änderung des Konsumverhaltens
2.7.3 Anpassung der Bedürfnisse an die finanziellen Mittel

C. Die Folgen der Überschuldung in jungen Jahren können die gesamte Zukunftsplanung gefährden

2004/4 „Popstars", „Starsearch", „Deutschland sucht den Superstar"! Erörtern Sie, warum sich viele Jugendliche für „Castingshows" bewerben. Welche Risiken gehen sie dabei ein?

Hinweise zur Erschließung des Themas

Der Vorspann nennt beispielhaft drei beliebte Castingshows. Diese Beispiele können dir helfen, dein Wissen über derartige Sendungen zu aktivieren, wenn du sie selbst gerne verfolgst. Im Erörterungsauftrag steckt der **Themabegriff „Castingshows"** und die **Einschränkung „viele Jugendliche"**. Das Thema verlangt die **Erörterung der Gründe**, warum viele Jugendliche sich **für solche Shows bewerben** und **welche Risiken** sie dabei eingehen, wobei streng genommen das Wort „dabei" nicht ganz klar ist. Geht es nur um das Risiko der Bewerbung oder um das Risiko der Teilnahme, das sich aus einer Bewerbung zwangsläufig ergibt? Nachdem sich aus einer bloßen Bewerbung keine nennenswerten Risiken ableiten lassen, ist davon auszugehen, dass die Risiken vor allem aus der Teilnahme entstehen können.
Beim ersten Teil des zweigliedrigen Themas wirst du sicherlich eine Reihe von Gründen finden, erst recht, wenn du diese Sendungen verfolgst und auch den zum Teil erfolgreichen Weg beobachtest, den solche Castingsieger gehen. Bei den Risiken musst du dich schon tiefer in das Thema hineinversetzen: Denke dabei an die Folgen, die sich sowohl bei Erfolg als auch bei Misserfolg einstellen können und die nicht nur unmittelbar durch das Casting entstehen, sondern sich daraus auch für andere Lebensbereiche ergeben können. Hier geht es also – wie gesagt – nicht nur um ein Risiko, das mit der Bewerbung selbst zu tun hat, sondern auch um die **möglichen Folgen einer erfolgreichen oder erfolglosen Bewerbung und Teilnahme**. Wenn du den Weg mancher Castingteilnehmer kennst, kommst du bestimmt auf einige bedeutsame Risiken mehr, als nur auf die Gefahr, an der Bewerbung zu scheitern oder das Casting zu verlieren.

Vorspann	Beispiele für Castingshows
Themabegriff	Castingshows
Einschränkung	viele Jugendliche
Präzisierung	„immer mehr" = stark zunehmendes Problem
Erörterungsauftrag zweigliedrig	Welche Gründe veranlassen viele Jugendliche, sich für Castingshows zu bewerben? Welche Risiken gehen sie dabei ein?

Stoffsammlung und Strukturierung

Am besten ist es, wenn du **dich selbst in die Lage versetzt** und überlegst, weshalb du dich für eine solche Sendung bewerben würdest. Denke dabei über „Berühmtheit" und „Geld" hinaus auch an das Wissen, das du beim Verfolgen solcher Sendungen über die einzelnen Teilnehmer erhalten hast. So besitzen viele durchaus ein bemerkenswertes Talent oder verfügen über musikalische und gesangliche Fähigkeiten. Außerdem sprechen viele Teilnehmer oft von ihren musikalischen Vorbildern. Überlege auch, welche Folgen Berühmtheit und hohes Einkommen nach sich ziehen. Schließlich solltest du auch über Motive von Teilnehmern nachdenken, die sich im Wettbewerb entsprechend blamiert haben. Da es sich in jedem Fall um persönliche Gründe handelt, ist es nicht notwendig, sie in einzelne Oberpunkte zu gliedern.
Bei den Risiken solltest du nicht nur hinterfragen, was passiert, wenn die Bewerbung oder der Auftritt **misslingen**, sondern auch überlegen, welche **Auswirkungen** ein eventueller **Erfolg** und ein Einstieg in das so genannte Showgeschäft nach sich ziehen. Außerdem ergeben sich auch aus der Vorbereitung **Risiken**, da man seinen gewohnten Verpflichtungen nicht mehr mit voller Kraft nachgehen kann. Auch hier hilft dir dein Wissen über den mehr oder weniger erfolgreichen Weg der Castingsieger bzw. -teilnehmer aus den verschiedenen Sendungen.

Leitfragen zur Stoffsammlung

1. Welche Motive außer Berühmtheit und Geld bringen Jugendliche dazu, sich zu bewerben?
2. Was weißt du über derartige Shows und deren Teilnehmer bzw. die Sieger?
3. Welche Fähigkeiten hatten erfolgreiche Teilnehmer?
4. Wodurch haben sich erfolglose Teilnehmer blamiert?
5. Welche positiven und negativen Folgen haben Berühmtheit, hohes Einkommen und Erfolg?
6. Welche Risiken ergeben sich aus einem Misserfolg?
7. Welcher Aufwand zur Vorbereitung ist notwendig?

Mögliche Gliederung

A. Daniel Küblböck macht momentan nur noch Schlagzeilen vor Gericht und versucht, sich in seinem Kinofilm „Daniel, der Zauberer" als Superstar zu vermarkten

B. Welche Gründe veranlassen viele Jugendliche, sich für Castingshows zu bewerben, und welche Risiken gehen sie dabei ein?

   1   Gründe, sich für eine Castingshow zu bewerben
      1.1   Lust an der Selbstdarstellung
      1.2   Neigung zur Selbstüberschätzung
      1.3   Nacheifern von Vorbildern
      1.4   Interesse am Showgeschäft
      1.5   Erlangung von Berühmtheit
      1.6   Nutzung von Begabungen und Talenten
      1.7   Darstellung und Vertiefung von Fähigkeiten
      1.8   Erwerb von Reichtum
      1.9   Erwerb von öffentlichem Ansehen

   2   Risiken, die sich aus einer Bewerbung ergeben können
      2.1   Allgemeine Risiken bei der Vorbereitung
      2.1.1 Absinkende Leistungen in der Schule oder im Beruf
      2.1.2 Verlust von Freunden
      2.2   Risiken bei Misserfolg
      2.2.1 Öffentlicher Spott in den Medien
      2.2.2 Verletzende Beleidigungen durch die Jury
      2.2.3 Verarbeitung der schmerzlichen Niederlage
      2.3   Risiken bei Erfolg
      2.3.1 Gefahr des „Abhebens"
      2.3.2 Verlust des Privatlebens
      2.3.3 Falsche Freunde und Berater
      2.3.4 Stress und Versagensangst
      2.3.5 Gefährdung schulischer oder beruflicher Ziele

C. In unserer schnelllebigen Zeit haben die Superstars von heute kaum Aussicht auf eine längerfristige Karriere

2004/5 Zeigen Sie auf, warum unkritischer Fernsehkonsum für Jugendliche problematisch sein kann und wie Sie selbst das Fernsehen sinnvoll nutzen können.

Hinweise zur Erschließung des Themas

Der **Themabegriff „Fernsehkonsum"** findet sich im ersten Teil des Erörterungsauftrags. Er wird **eingeschränkt** durch **„für Jugendliche"** und **„unkritisch"**. Präzisiert wird der Erörterungsauftrag durch die Aussage, dass diese Art von Fernsehen **„problematisch sein kann"**, d. h., negative Auswirkungen besitzt bzw. Probleme verursachen kann. Der zweite Teil des Themas wendet sich an dich selbst. Du sollst erörtern, **wie du selbst das Fernsehen sinnvoll nutzen kannst**. „Zeigen Sie auf" heißt nichts anderes als „erörtern Sie".

Wichtig ist die Auseinandersetzung mit der Einschränkung „unkritisch". Hier empfiehlt es sich, genau zu überlegen, was damit alles im Zusammenhang mit Fernsehen gemeint sein kann. Unkritisch bedeutet, ohne darüber nachzudenken. Wie ist das beim Fernsehen zu verstehen? Gemeint ist fernsehen ohne nachzudenken über Inhalte, die Art der Darstellung und der Inhalte, wiedergegebene Meinungen, Sendeformate, die Zeitdauer des Fernsehkonsums usw.

Themabegriff	Fernsehkonsum
Einschränkung	unkritischer, für Jugendliche
Präzisierung	problematisch = kann Probleme verursachen
Erörterungsauftrag zweigliedrig	Welche Probleme verursacht unkritischer Fernsehkonsum bei Jugendlichen? Wie kann <u>ich selbst</u> das Fernsehen sinnvoll nutzen?

Stoffsammlung und Strukturierung

Ausgehend von der Überlegung, was unkritischer Fernsehkonsum eigentlich alles bedeutet (siehe oben), sollte deine Stoffsammlung zunächst **Auswirkungen auf den Jugendlichen** ermitteln. Gehe dabei von möglichst langem Fernsehkonsum, von möglichst fragwürdigen Arten von Sendungen aus, von möglichst miserablen Talkshows, von möglichst Gewalt verherrlichenden Szenen, – **kurzum von einer möglichst negativen Seite des Fernsehens**. Bedenke dabei auch, dass unkritisch fernsehen auch bedeutet, **nicht über das gesehene Programm nachzudenken** und im schlimmsten Fall **alles als tatsächliche Wirklichkeit anzunehmen**.

Welche Auswirkungen hat also diese Art, das Fernsehen zu nutzen, und auf welche Bereiche der Persönlichkeit wirkt sich dies aus? Es erscheint sinnvoll, die strukturierte Stoffsammlung an einer **Begriffsreihe** auszurichten, z. B. **finanzielle** Folgen, **soziale** Folgen, **gesundheitliche** bzw. **physische** Folgen und **psychische** Folgen, womit auch Folgen für die **Persönlichkeit** und die **Meinungsbildung**, also das Denken und Handeln, gemeint sind. Denke dabei auch an die Gefahr, dass Medien manipulieren können oder Vorurteile schüren. Überlege dir, dass in den Hauptnachrichtensendungen, wie etwa „heute" oder „Tagesschau", höchstens zehn oder zwölf Meldungen berichtet werden, an einem betreffenden Tag jedoch tausende Ereignisse stattgefunden haben. Auswahl und Kürzung von Nachrichten verdeutlichen, wie sich die Wirklichkeit im Medium Fernsehen präsentiert.

Auch für den zweiten Teil kann eine Begriffsreihe hilfreich sein. Jetzt geht es darum, die **positiven Seiten des Mediums Fernsehen** zu betonen und zu überlegen, in welchem Zusammenhang der Bildschirm **sinnvoll genutzt** werden kann: **Information, Bildung, Meinungsbildung, Wissen, Unterhaltung** und **Entspannung** sind die Hauptbereiche. Halte dir Fernsehsendungen vor Augen, von denen du in irgendeiner Weise profitiert hast. Überlege dir möglichst viele Begründungen und Beispiele zu diesen Bereichen, damit du jeweils ein anschauliches Argument formulieren kannst. Eine Einteilung in Unterpunkte erscheint nicht sinnvoll, weil die Gefahr groß ist, Beispiele zu Argumenten aufzublähen.

Leitfragen zur Stoffsammlung

1. Was versteht man unter unkritischem Fernsehkonsum?
2. Welche Auswirkungen hat diese Art von Fernsehnutzung?
3. Gibt es auch Auswirkungen auf das Denken und Handeln sowie die Persönlichkeit des Zuschauers?
4. Wie kann ich das Fernsehen sinnvoll nutzen?
5. Welche Art von Fernsehsendung bringt/brachte mir einen Gewinn?
6. Worin besteht der Gewinn (z. B. für Schule, Freizeit/Hobby, Allgemeinbildung)?

Mögliche Gliederung

A. Das Angebot von Fernsehsendungen und -kanälen war noch nie so groß wie heute
B. Welche Probleme verursacht unkritischer Fernsehkonsum bei Jugendlichen? Wie kann ich das Fernsehen sinnvoll nutzen?

1 Probleme durch unkritischen Fernsehkonsum bei Jugendlichen

   1.1 Finanzielle Probleme
   1.1.1 Hohe Telefon- und Handyrechnungen durch Gewinnspiele und neue Klingeltöne, die im Fernsehen angeboten werden
   1.1.2 Hohe Ausgaben durch „Homeshopping"
   1.1.3 Konsumsucht durch Werbung

   1.2 Soziale Probleme
   1.2.1 Vernachlässigung des sozialen Umfelds
   1.2.2 Verlust von Freundschaften

   1.3 Physische Probleme
   1.3.1 Gefahr von Übergewicht durch einseitige Ernährung
   1.3.2 Haltungsschäden durch Mangel an Bewegung
   1.3.3 Sinkende Leistungsfähigkeit in Schule und Beruf durch Schlafmangel

   1.4 Psychische Probleme
   1.4.1 Gefahr des Realitätsverlusts
   1.4.2 Steigende Aggressivität und Gewaltbereitschaft
   1.4.3 Entstehung von Vorurteilen
   1.4.4 Verlust einer eigenen Meinung zu wichtigen Themen
   1.4.5 Gefahr der Manipulation

2 Möglichkeiten, das Fernsehen für mich selbst sinnvoll zu nutzen

   2.1 Fernsehen als umfassende und aktuelle Informationsquelle
   2.2 Fernsehen als vielfältige Bildungsmöglichkeit
   2.3 Fernsehen als Möglichkeit, spezielles Wissen und Allgemeinwissen zu vertiefen
   2.4 Fernsehen als Medium der Meinungsbildung und politischen Bildung
   2.5 Bewusstes Fernsehen zur Unterhaltung und Entspannung

C. Eine kritische und bewusste Nutzung ist auch beim Internet dringend ratsam

2004/6 „Einkaufen rund um die Uhr" ist in manchen Ländern üblich. Sollte das auch bei uns allgemein möglich sein?

Hinweise zur Erschließung des Themas

Im **Vorspann** findest du den **Themabegriff**. Es geht um das „Einkaufen rund um die Uhr". Diese Formulierung sollte möglichst nicht wortwörtlich genommen werden. Sie steht in Anführungszeichen, ist also offenbar als Schlagwort der aktuellen Diskussion um die Freigabe der Ladenöffnungszeiten entnommen. Diese Aussage meint also keineswegs, 24 Stunden an sieben Tagen in der Woche einkaufen zu können, sondern **bedeutet, dass mit einer völligen Freigabe der Ladenöffnungszeiten jedes Geschäft nach eigenen Vorstellungen und je nach Bedarf und Nachfrage öffnen kann.** Dadurch würden sich die Öffnungszeiten vor allem in größeren Städten bis weit in die Nacht und möglicherweise auf den Sonntag ausdehnen. Für den ländlichen Raum und in kleineren Städten würden sich durch eine Freigabe der Öffnungszeiten wohl kaum Änderungen in der heutigen Praxis ergeben. So ist es auch in den Ländern, in denen es kein Ladenschlussgesetz gibt.

Die an den Vorspann anschließende **Entscheidungsfrage** weist dich darauf hin, dass es sich hier um eine **kontroverse Erörterung mit Stellungnahme** handelt. Du musst also die **Vorteile und die Nachteile** einer solchen Freigabe der Ladenöffnungszeiten erörtern und schließlich in einem dritten Oberpunkt **deine Meinung** dazu begründet darstellen. Je nach Praxis im Deutschunterricht kann die eigene begründete Meinung auch ausführlich im Schlussteil C. gebracht werden.

Zwei kleine Anmerkungen noch zur Formulierung des Erörterungsauftrags:
1. „Bei uns" bedeutet wohl in ganz Deutschland.
2. „Allgemein" will wohl darauf verweisen, dass sich durch eine völlige Freigabe der Ladenschlusszeiten nur in den großen Städten echte Veränderungen ergeben würden, kleinere Städte aber durch die begrenzte Nachfrage vermutlich nicht davon betroffen sind (siehe oben). Du kannst dir die durch die Nachfrage begrenzte Wirksamkeit als guten Schlussgedanken merken.

Vorspann	Aussagesatz mit Themabegriff
Themabegriff	„Einkaufen rund um die Uhr" = Wegfall des Ladenschlussgesetzes
Einschränkung	„bei uns" = in Deutschland
Präzisierung	„allgemein möglich" = völlige Freigabe der Ladenöffnungszeiten
Erörterungsauftrag kontrovers mit eigener Stellungnahme	Erörtere die Vor- und Nachteile der völligen Freigabe der Ladenöffnungszeiten und stelle dazu deine eigene Meinung dar.

Stoffsammlung und Strukturierung

Aus der Art des Themas ergibt sich für deine Stoffsammlung und für die Gliederung zunächst eine **Grobunterteilung in Vorteile, Nachteile und die begründete Darstellung deiner Meinung** (Zustimmung oder Ablehnung). Es empfiehlt sich z. B. dein Konzeptblatt in drei Teile zu untergliedern. Als Erstes stellt sich dir die Frage, welche **Vorteile** das „Einkaufen rund um die Uhr" bringt, dann gilt es, die **Nachteile** zu überdenken, und schließlich musst du dir für die **Stellungnahme** die Frage stellen „Welche Vor- und Nachteile hätten rund um die Uhr geöffnete Läden für mich persönlich?"

Zusätzlich ist es sinnvoll, die **Frage nach den Betroffenen** jetzt schon zu stellen und in die Stoffsammlung zu übernehmen, denn damit hast du bereits die Bausteine der Gliederung. Eine nach den betroffenen Bereichen/Personengruppen gegliederte Arbeit besitzt mehr Tiefe,

wirkt übersichtlicher und ist somit überzeugender. Auswirkungen durch einen Wegfall des Ladenschlussgesetzes gibt es für Verbraucher, Ladenbesitzer (Arbeitgeber), Personal (Angestellte), Wirtschaft und Staat sowie möglicherweise für die Gesellschaft als Ganzes.
Für die eigene Stellungnahme solltest du dir überlegen, ob und warum du von einem solchen Angebot überhaupt Gebrauch machen würdest. Würde sich dadurch wirklich viel für dich ändern, wenn jedes Geschäft öffnen könnte, wann es wollte? Wäge abschließend ab, ob für dich die Vor- oder Nachteile überwiegen.
Bedenke dabei auch die Möglichkeit, dass du aufgrund deines Ausbildungsberufes selbst davon betroffen sein könntest.

Leitfragen zur Stoffsammlung

1. Welche Vorteile bringt das „Einkaufen rund um die Uhr" und welche Nachteile?
2. Welche Vor- und Nachteile hätte dies für mich persönlich?
3. Wer ist von dieser Änderung betroffen?
4. Welche Vor- und Nachteile gibt es für die betroffenen Bereiche/Gruppen?
5. Würde ich von einem solchen Angebot Gebrauch machen und in welchen Fällen?
6. Überwiegen Vor- und Nachteile? Würde sich wirklich viel ändern?

Mögliche Gliederung

A. **In kleinen Schritten wird auch in der Bundesrepublik das Ladenschlussgesetz gelockert**

B. **Welche Vor- und Nachteile bringt „Einkaufen rund um die Uhr"? Wie ist meine eigene Meinung dazu?**

   1   **Vorteile des „Einkaufens rund um die Uhr"**

      1.1   Vorteile für den Verbraucher
      1.1.1 Beschäftigung für verregnete Wochenenden
      1.1.2 Möglichkeit, ohne Stress einzukaufen
      1.1.3 Möglichkeit für spontane Einkäufe
      1.1.4 Weniger Gedränge und dadurch besserer Service
      1.1.5 Möglichkeit, Vergessenes jederzeit besorgen können
      1.2   Vorteile für die Ladeninhaber
      1.2.1 Nutzung von „Nachfragenischen"
      1.2.2 Chancen für kleinere Spezialgeschäfte
      1.2.3 Höherer Umsatz und Gewinn
      1.3   Vorteile für das angestellte Personal
      1.3.1 Größere Flexibilität bei der Einteilung der Arbeitszeit
      1.3.2 Mehr Freizeit durch Freizeitausgleich bei Nacht- und Wochenendarbeit
      1.3.3 Attraktivere Freizeitgestaltungsmöglichkeiten
      1.4   Vorteile für Wirtschaft und Staat
      1.4.1 Entstehung neuer Arbeitsplätze
      1.4.2 Ankurbelung der Nachfrage
      1.4.3 Höhere Steuereinnahmen

2 Nachteile des „Einkaufens rund um die Uhr"

2.1 Nachteile für den Verbraucher
2.1.1 Verhinderung sinnvollerer Freizeitbeschäftigungen
2.1.2 Verlockung, mehr Geld auszugeben
2.1.3 Eventueller Anstieg der Preise durch höhere Personalkosten
2.2 Nachteile für den Ladeninhaber
2.2.1 Mehr Arbeitsaufwand
2.2.2 Höhere Personalkosten
2.2.3 Steigende eigene Mehrarbeit
2.2.4 Existenzgefährdung durch Kundenverlust bei kleineren Geschäften
2.3 Nachteile für das angestellte Personal
2.3.1 Weniger Freizeit am Abend und am Wochenende
2.3.2 Weniger Zeit für Familie, Freunde und Hobby
2.3.3 Unattraktive und belastende Arbeitszeiten
2.4 Nachteile für Wirtschaft und Staat
2.4.1 Steigende Privatverschuldung durch mehr Einkäufe auf Kredit
2.4.2 Weitere Konzentration auf wenige große Ladenketten
2.4.3 Anstieg der Lohn- und Arbeitskosten

3 Eigene Stellungnahme: Ein Wegfall des Ladenschlussgesetzes bringt für mich keine entscheidenden Vorteile

3.1 Öffnungszeiten reichen vollkommen aus, meinen Bedarf zu decken
3.2 Im ländlichen Raum würde sich nichts ändern
3.3 Als Betroffener möchte ich nicht nachts arbeiten

C. Eine völlige Freigabe der Ladenöffnungszeiten betont die Bedeutung des Konsums in unserer Gesellschaft noch mehr

Hinweis:
Ein kontroverses Thema mit begründeter eigener Stellungnahme kann diese durchaus auch im Schlussteil C. bringen. Dann entfällt ein zusätzlicher Schluss. Halte dich dabei an die Vorgaben deiner Deutschlehrkraft.
In unserem Beispiel würde dann der Schlussteil C. dem Gliederungspunkt 3 entsprechen, wobei du dann in der Gliederung auf eine Unterteilung in drei Argumente verzichten kannst. Im Aufsatz selbst müssen diese aber ausgeführt werden.

Wichtig für die Bearbeitung **jedes Erörterungsthemas** ist der Grundsatz, dass du lieber die **wesentlichen Gesichtspunkte** eines Themas bringst und diese anschaulich und umfangreich bearbeitest, als dass du vieles nur oberflächlich ansprichst.
Die hier angeführten Gliederungsvorschläge sind in ihrem Umfang nicht der Maßstab für eine „sehr gute" Arbeit, sondern sollen dir als Anregung und Materiallieferung dienen.

Abschlussprüfung 2004 an Realschulen: Deutsch
Aufgabengruppe B: Textgebundener Aufsatz

Aufgabe 7

Rauchzeichen

Die Deutschen lassen es qualmen. Pro Jahr konsumieren sie ca. 142,5 Milliarden Zigaretten. Damit ist Tabak nach Alkohol das am weitesten verbreitete
5 Suchtmittel. Nach Schätzung der Hauptstelle für Suchtfragen in Hamm sind 17 Millionen Bundesbürger Raucher, 5,8 Millionen von ihnen vom Tabak abhängig.
Dass Rauchen gesundheitsschädlich ist,
10 steht außer Zweifel. Neben dem Suchtstoff Nikotin enthält der Tabakrauch mehr als 3 500 Schadstoffe, darunter Hunderte von Krebs auslösenden Substanzen. Aber trotz Aufklärungsmaßnahmen zeige sich gerade bei den Rauchern,
15 so Ministerialrat Dr. Rolf Baumann, langjähriger Drogenbeauftragter der Bayerischen Staatsregierung, „das für alle Suchtkranken typische Phänomen einer mangelnden Einsichtsfähigkeit". Das hat gravierende Folgen: Mehr als
20 110 000 Todesfälle, darunter 43 000 Krebs-, 37 000 Herz- und Kreislauf- sowie rund 30 000 Atemwegserkrankungen gehen pro Jahr auf das Konto des Tabakrauchens.
Besonders schlimm ist es,
25 wenn man schon in jungen Jahren zu rauchen beginnt. Denn je früher dieser Zeitpunkt liegt, desto mehr wird der Körper, der sich noch in
30 der Wachstumsphase befindet, belastet. Darüber hinaus ist dann die Gefahr, vom Nikotin abhängig zu werden, ungleich höher. Nach der Studie „Gesundheits-
35 verhalten von Jugendlichen in Bayern 2000" beginnen inzwischen fast zwei Drittel der jugendlichen Raucher schon vor dem 16. Lebensjahr mit
40 dem Rauchen. Dies ist vor allem auf den sprunghaften Anstieg derjenigen zurückzuführen, die schon mit 12 und 13 Jahren zu Zigarette gegriffen haben – eine
45 bedenkliche Entwicklung.

Viele Raucher greifen schon mit 12–13 Jahren zum ersten Mal zur Zigarette.

Prävention kann nicht früh genug beginnen.

Raucherquote
12- bis 25-Jährige in Deutschland
Ständige oder gelegentliche Raucher

Befragte gesamt	38 %
Männlich	38 %
Weiblich	37 %
12 – 13 Jahre	10 %
14 – 15 Jahre	29 %
16 – 17 Jahre	44 %
18 – 19 Jahre	46 %
20 – 21 Jahre	48 %
22 – 23 Jahre	42 %
23 – 24 Jahre	43 %

0 % 10 % 20 % 30 % 40 % 50 %

Quelle
Bundeszentrale für gesundheitliche Aufklärung
Berlin, Januar 2001

Warum fangen Jugendliche überhaupt mit dem Rauchen an? Was reizt sie, trotz der gesundheitlichen Risiken zu rauchen? Nach der Berliner Studie
50 „Gesundheit im Kindesalter" beginnen junge Leute mit dem Rauchen, weil es, ebenso wie der Alkohol, als „Symbol für Status und Reife" zu Ansehen unter Gleichaltrigen verhilft.
55 Man möchte mit dem Rauchen „dazugehören", vor allem, wenn auch der beste Freund bzw. die beste Freundin oder die Mehrheit der Clique raucht. Zunächst
60 also sei Rauchen, so die Studie, für junge Leute ein Teil des Sozialverhaltens, erst später werde die Gewohnheit zur Sucht.

Um es erst gar nicht so weit kommen
65 zu lassen, ist Prävention bei den Jugendlichen unabdingbar. Und es gibt an unseren Schulen bereits vielfältige Aktivitäten auf diesem Gebiet. Zu erwähnen ist vor allem das Projekt
70 „Klasse 2000", das seit 1991 in den Klassen 1–4 in den bayerischen Grundschulen durchgeführt wird. 80 000 Grundschüler haben bis 2002 daran teilgenommen. Ziel ist es, in besonderen
75 Unterrichtseinheiten bei den Kindern eine positive Einstellung zur Gesundheit zu fördern, ihr Selbstbewusstsein zu stärken und ein kritisches Verhalten gegenüber Genussmitteln und Alltags-
80 drogen aufzubauen.

Für die Klassen 6–8 gibt es in allen Schularten den Wettbewerb „Be smart – don't start". Damit möchte man Schüler motivieren, für ein halbes
85 Jahr nicht zurauchen oder mit dem Rauchen aufzuhören. Der Wettbewerb, an dem sich inzwischen fast alle europäischen Länder beteili-
90 gen, wird in Bayern zum vierten Mal ausgetragen. An der aktuellen Runde nehmen rund 30 000 bayerische Schülerinnen und Schüler teil. Betreut wird der Wett-
95 bewerb von der Landeszentrale für Gesundheit in Bayern.

Für die Eltern kann der Wettbewerb Anlass sein, das Thema „Rauchen" in der Familie zu diskutieren. Dabei gilt
100 es, neben den gesundheitlichen Risiken noch einen wichtigen Aspekt zu bedenken: Jugendliche, die rauchen, so die Feststellung der Landeszentrale für Gesundheit in Bayern, zeigen „eine
105 höhere Anfälligkeit, später auch andere Drogen zu konsumieren".

Jugendliche Raucher sind später auch anfälliger für andere Drogen.

(nach EZ, Die Elternzeitschrift des Bayerischen Kultusministeriums, Nr. 1/03)

Aufgabenstellung

Lesen Sie den Text „**Rauchzeichen**" sorgfältig durch und bearbeiten Sie dann die folgenden Aufgaben. Bei Nummer 4 können Sie a oder b wählen.
1. Fassen Sie den Inhalt des Textes so zusammen, dass der Textaufbau erkennbar wird. Welche Aussage des Diagramms erscheint Ihnen besonders bedeutsam?
2. Beschreiben Sie das Textäußere sowie auffällige sprachliche Mittel. Gehen Sie dabei auch jeweils auf die Wirkung ein.
3. Welche verschiedenen Zielgruppen spricht der Autor mit diesem Text an und welche Absichten verfolgt er Ihrer Meinung nach damit?
4. a) Erörtern Sie weitere, nicht im Text aufgeführte Ursachen für die hohe Zahl jugendlicher Raucher.
   oder
   b) Fordern Sie in einem Artikel einer Jugendzeitschrift mit überzeugenden Argumenten dazu auf, das Rauchen zu unterlassen.

Mögliche Gliederung

A. Der Artikel aus der Elternzeitschrift des Bayerischen Kultusministeriums setzt sich mit den Folgen und Ursachen des Rauchens vor allem bei Jugendlichen auseinander und stellt verschiedene Schulprojekte gegen das Rauchen vor

B. Auseinandersetzung mit dem Text „Rauchzeichen" und weiterführende Erörterung bzw. Artikel für eine Jugendzeitschrift zum Thema (je nach Wahl)

1 **Inhalt mit innerem Aufbau und Aussagen des Diagramms**

   1.1 Inhalt und innerer Aufbau
   - Einleitung: Zigarettenkonsum in Deutschland (statistisches Zahlenmaterial)
   - Hauptteil 1: Informationen zur Gesundheitsgefahr durch Rauchen
   - Hauptteil 2: Informationen zur besonderen Gefährdung jugendlicher Raucher
   - Hauptteil 3: Hintergründe zu den Motiven Jugendlicher zu rauchen
   - Hauptteil 4: Forderung nach früher ansetzenden Vorbeugungsmaßnahmen und Vorstellung erfolgreicher Projekte an bayerischen Schulen
   - Schluss: Rauchen als Einstiegsdroge

   1.2 Wichtige Aussagen des Diagramms
   - Fast zwei Fünftel der 12- bis 25-Jährigen rauchen
   - Keine Unterschiede zwischen den Geschlechtern
   - 10 Prozent der 12- bis 13-Jährigen rauchen

2 **Beschreibung des Textäußeren und der sprachlichen Mittel**

   2.1 Textäußeres und dessen Wirkung
   - Umfang
   - Besonderheiten des Layouts
   - Optische Gestaltungsmittel

   2.2 Sprachliche Mittel und deren Wirkung

   2.2.1 Satzbau
   - Vor allem in der Einleitung kurze Hauptsätze
   - Übersichtliche Satzgefüge
   - Einzelne Einschübe und Fragen

   2.2.2 Wortwahl
   - Häufiger Adjektivgebrauch
   - Fachbegriffe und Fremdwörter
   - Viele Zahlenangaben

   2.2.3 Stilmittel und Sprachstil
   - Direkte oder indirekte Wiedergabe von Aussagen und Untersuchungsergebnissen
   - Sachliche Sprache

3 **Zielgruppen und Absichten des Autors**

   3.1 Zielgruppen: Eltern, Schüler, Lehrer

   3.2 Verfasserabsichten
   - Betonung des Erziehungsauftrags der Eltern
   - Aufklärung der Schüler über Gefahren des Rauchens
   - Information für Lehrer über Präventionsprojekte und Werbung dafür

4 Weiterführende Erörterung: Weitere Motive für Jugendliche zu rauchen
  4.1 Eltern als negative Vorbilder
  4.2 Einflüsse der Werbung
  4.3 Vorbilder und Idole aus den Medien

oder:

4 Artikel für eine Jugendzeitschrift gegen das Rauchen
C. Das Rauchen ist nicht nur gesundheitsschädlich, sondern auch sehr teuer

Hinweise zu Antworten für die einzelnen Bereiche der Gliederung

Thematik des Artikels: Ursachen und Folgen des Rauchens vor allem bei Jugendlichen; Verweis auf die Wichtigkeit von Vorbeugungsmaßnahmen; Verweis auf erfolgreiche Schulprojekte; Quelle und Erscheinungszeitpunkt
oder: Eigenständige Hinführung zur Thematik, z. B. eigener Standpunkt zum Thema, eigene Erfahrungen usw. — A.

Inhaltszusammenfassung mit innerem Aufbau, Diagrammaussagen — B. 1
Inhalt und innerer Aufbau — 1.1
Einleitung (Z. 1–8): statistisches Zahlenmaterial zum Zigarettenkonsum in Deutschland (Einführung in die Thematik)
Hauptteil 1 (Z. 9–23): Gesundheitsrisiken durch das Rauchen, gefährliche Schadstoffe, für über 100 000 Todesfälle im Jahr verantwortlich (Informationsfunktion)
Hauptteil 2 (Z. 24–45): Besondere Gefährdung Jugendlicher durch Belastung des Körpers in der Wachstumsphase, größere Suchtgefahr, immer niedrigeres Einstiegsalter (Informationsfunktion)
Hauptteil 3 (Z. 46–63): Hauptgrund für Jugendliche zu rauchen ist die Erreichung eines entsprechenden Status (Ansehens) unter Gleichaltrigen (Darstellung von Hintergründen).
Hauptteil 4 (Z. 64–96): Forderung nach früher ansetzender Prävention (Vorbeugungsmaßnahmen) und Vorstellung entsprechender erfolgreich verlaufender Projekte an bayerischen Schulen: „Klasse 2000" an den Grundschulen und „Be smart – don't start" in den Klassen 6 bis 8 der anderen Schularten (Folgerung)
Schluss (Z. 97–106): Diskussionsbedarf in der Familie, da die Zigarette auch eine Einstiegsdroge sein kann
Wichtige Aussagen des Diagramms (Entsprechend der Aufgabenstellung sollst du mindestens einen Gesichtspunkt auswählen, der für dich besonders bedeutsam ist.) — 1.2
– Knapp zwei Fünftel in der Altersgruppe zwischen 12 und 25 rauchen.
– Es gibt so gut wie keine Unterschiede zwischen männlichen und weiblichen Betroffenen dieser Altersgruppe.
– Jeder Zehnte der 12- bis 13-Jährigen raucht bereits.

Hinweis:
Der Arbeitsauftrag fordert eine persönliche Begründung der Auswahl des/der betreffenden Punkts/e!

Beschreibung des Textäußeren und der sprachlichen Mittel — 2
Textäußeres und dessen Wirkung — 2.1
– Umfang: eineinhalb DIN-A5-Seiten, sieben Absätze, erste Seite einspaltig, zweite Seite zweispaltig

- Besonderheiten des Layouts: Rubrikname als hochgestelltes, schwarzes Rechteck am linken Rand (Darstellung der Thematik); stark vergrößerte, fett gedruckte Überschrift getrennt nach Sprechsilben (Leseanreiz, Neugier weckend, Auffälligkeit steigernd); fett gedruckte Textzusammenfassung rechts mit unregelmäßigem Zeilenabstand (Betonung der Sinnabschnitte); Textgruppierung um eine Hauptaussage auf der zweiten Seite (Hervorhebung einer zentralen These als Anreiz zum Weiterlesen)
- Optische Gestaltungsmittel: Schaubild mit Erläuterung und Quelle in unterschiedlicher Schriftgröße (graphisch zusammengefasste Information, Erhöhung der Glaubwürdigkeit); Illustration mit Aschenbecher, Zigarette und Rauchwolken, mit der Titel und Text hinterlegt sind (modernes Äußeres, soll ins Auge stechen, Leseanreiz)

Sprachliche Mittel und deren Wirkung 2.2
Satzbau 2.2.1
- vor allem in der Einleitung kurze Hauptsätze: Hervorhebung der Fakten
- übersichtliche Satzgefüge (z. B. Z. 24–40): Verdeutlichung von Zusammenhängen
- Einschübe als Hinweis auf Informationsquelle (z. B. Z. 15, 60, 102–104): Objektivität und Glaubwürdigkeit
- Fragen (Z. 46–49): Überleitung zu einer wichtigen Kernaussage des Textes

Wortwahl 2.2.2
- häufige Verwendung von Adjektiven, die als Attribut verwendet werden – z. B. „langjähriger Drogenbeauftragter" (Z. 15/16), „mangelnde Einsichtsfähigkeit" (Z. 18/19), „gravierende Folgen" (Z. 19), „sprunghaften Anstieg" (Z. 41) usw.: Veranschaulichung und Verstärkung der Aussagen, Präzisierung
- Fachbegriffe und Fremdwörter – z. B. „Suchstoff" (Z. 10), „Schadstoffe" (Z. 12), „Substanzen" (Z. 13), „Raucherquote" (Diagramm), „Symbol für Status" (Z. 52/53), „Sozialverhaltens" (Z. 61/62) usw.: Genauigkeit, Wissenschaftlichkeit, Hinweise auf Informiertheit des Autors
- Zahlenangaben (z. B. Z. 2–8, 11–13, 19–23, 37–39, 70–73, 91–94): Betonung des Wissens und der gründlichen Recherche und Untermauerung der Aussagen durch beeindruckende Zahlen

Stilmittel und Sprachstil 2.2.3
- direkt oder indirekt wiedergegebene Aussagen von Experten oder aus Untersuchungen (z. B. Z. 5 ff., 13 ff., 34 ff., 49 ff., 59 ff. usw.): Betonung der Glaubwürdigkeit und der gründlichen Recherche
- durchgehend sachliche Sprache: gute Verständlichkeit, Ernsthaftigkeit und Anspruch auf Glaubwürdigkeit

Zielgruppen und Absichten des Autors 3
Zielgruppen: Eltern, Schüler, Lehrer 3.1
Eltern: Elternzeitschrift als Textquelle, Schluss (Z. 97 ff.)
Schüler: Wichtiges Thema für die Altersgruppe, Bezug zu Schule und Unterricht
Lehrer: Bezug zum Unterricht, Hinweis auf Projekte gegen das Rauchen

Verfasserabsichten 3.2
- Betonung des Erziehungsauftrags der Eltern, Ratschlag zur Behandlung des Themas (Z. 97 ff.)
- Sachliche Darstellung der Folgen des Rauchens (Z. 9 ff.); Aufruf zum Aufhören bzw. gar nicht erst zu beginnen, Darstellung der Motive von Gelegenheitsrauchern und der Gefahr des Gelegenheitsrauchens (Z. 46 ff.)
- Information der Lehrer zu Gegenmaßnahmen und Werbung für die Teilnahme an entsprechenden Projekten (Z. 66 ff.)

Weiterführende Erörterung: Weitere Motive für Jugendliche zu rauchen 4
Beispiel für den Aufbau eines Arguments: 4.1
Rauchende Eltern, die generell und erst recht vor ihren Kindern rauchen, geben ein denkbar schlechtes Vorbild ab. Zum einen neigen dadurch die Kinder zur Nachahmung eines für sie im Laufe ihres Lebens selbstverständlich gewordenen Verhaltens, das sie als völlig normal ansehen. Zum anderen besitzen Eltern, die selbst rauchen, keine große Überzeugungskraft, wenn sie mit ihren Kindern über das Rauchen diskutieren mit dem Ziel, Sohn oder Tochter von dieser Sucht abzuhalten. Möglicherweise ist bei Eltern, die selbst abhängig vom Nikotin sind, auch die Bereitschaft größer, beim „Nachwuchs" den Griff zur Zigarette zu erlauben und die Folgen zu verharmlosen.
... 4.2 ff.
Hinweis zur weiterführenden Erörterung:
In der Regel sollten drei Argumentationen genügen.

oder: oder

Artikel für eine Jugendzeitschrift gegen das Rauchen 4
Hinweis zur Anfertigung des Artikels:
Beachte den genauen Wortlaut der Aufgabenstellung.
- **„Artikel in einer Jugendzeitschrift"**: Rufe dir die Eigenschaften von Texten in Jugendzeitschriften in Erinnerung. Die Texte sind meist eher kurz und einprägsam, sie verwenden oft die Sprache der Jugendlichen. Dennoch musst du grammatikalisch korrektes Deutsch benutzen. Natürlich kannst du deinen Artikel auch in einer sachlichen Sprache schreiben.
- **„überzeugende Argumente"**: Hier erhältst du den Hinweis, dass du in jedem Fall Argumente bringen musst, die überzeugen, also nicht nur Behauptungen, sondern anschauliche Begründungen und sachlich richtige Beispiele. Material für Begründungen und Beispiele kannst du auch aus dem vorliegenden Text entnehmen. Er enthält gute Argumente, versuche aber trotzdem, zusätzliche Argumente zu finden und zu veranschaulichen.
- **„das Rauchen zu unterlassen"**: Dies bedeutet, gar nicht erst mit dem Rauchen anzufangen. Dies ist gleichsam der „Themabegriff" für deinen Artikel.

Schluss C.
Zusammenfassung und Vertiefung der Thematik durch den Aspekt „Kosten der Nikotinsucht".

Aufgabe 8

Adidas und Co: Der Markenwahn in den Schulen
von Josef Kraus
Präsident des Deutschen Lehrerverbandes (DL)

Manche Urteile über die Jugend sind so alt wie die Menschheit selbst. „Diese Jugend ist verdorben, gottlos und faul. Mit ihr wird es nicht gelingen, unsere Kultur zu erhalten." Allein dieses Lamento hat 5 000 Jahre auf dem Buckel, es ist nämlich eingeritzt in einen babylonischen Tonziegel. Wenn solche Klagen auch heute noch gelten sollen, dann müss-
5 ten sie auf jeden Fall um eine Beschreibung erweitert werden: Diese Jugend ist eitel. Die Zeit der kultivierten Hässlichkeit, der zerrissenen oder geflickten Jeans ist „out". „Prolomäßig" kommen allenfalls die so genannten Skater daher, deren Hosenzwickel gerade eben über den Knöcheln hängt – ein Zustand, der Lehrer bereits dazu veranlasst haben soll, Schülern ein ausrangiertes Paar Hosenträger anzubieten.

10 Ansonsten sind die „Kids" heute eher auf „Schicki-Micki" gestylt. Dass Aldi in seinen Sonderangeboten kaum Hosen, T-Shirts und Schuhe für Kinder zwischen sechs und sechzehn führt, hat seinen Grund. Mit Aldi-Klamotten könnte man in der Schule, beim Jugend-Treff oder in der Disco schlicht und einfach nicht antreten. Das wäre uncool. Kultig ist etwas anderes – kultig ist die Markenware, kultig sind Designer-Klamotten; das
15 Original-Fußballerdress von Bayern München oder von ManU (Manchester United) ist zumindest unter Jungs ohnehin Pflicht. Dementsprechend gehen den Kindern zig Markennamen leichter von den Lippen als so manche Vokabeln aus dem Englischunterricht: Vor kurzem waren es noch C. K. (Calvin Klein), Chiemsee, jetzt sind es Mexx, Tom Taylor.

Die Eltern wissen ein Lied davon zu singen, was das heißt, wenn ihre Kinder die Schule
20 als Laufsteg betrachten. Die Einkleidung der Kinder im Bekleidungsgeschäft oder in der Boutique wird dann zum Kampf und das morgendliche Anziehen zum Drama. „Mit diesen Fetzen kann ich mich nicht sehen lassen, damit steh ich ja da wie ein Aso (Asozialer)." So oder noch viel deftiger fallen dann die Weigerungen aus, ein T-Shirt oder einen Pullover von der Stange anzulegen. Was Wunder, wenn in den Elternhäusern das Wort
25 vom Markenterror die Runde macht!

Da ist es dann keine Seltenheit, wenn die Zehn- oder Zwölfjährigen mit Kleidung im Wert von 500 Euro und mehr am Leib in die Schule marschieren – Handy und Discman nicht mitgerechnet. Vor und zwischen den Stunden, im Schulbus und in den Pausen genießt man dann als solchermaßen gedresster und gestresster Schüler die tatsächlich oder
30 vermeintlich neidvollen Blicke der Mitschüler. Und wenn man sie nicht genießt, dann ist man wenigstens damit glücklich, nicht verspottet zu werden.

Es gibt nicht wenige Schülerinnen und Schüler, die bereit sind für dieses Gefühl alles Erdenkliche anzustellen: Für den Kauf der ersehnten Kleidung an der Tankstelle oder im Supermarkt zu jobben, das ist die legale Methode, wenngleich darunter nicht selten die
35 schulischen Leistungen leiden.

„Durchgefallen, aber overdressed", könnte es dann heißen – oder zutreffender noch: „Durchgefallen, weil overdressed". Gar nicht sonderlich legal sind die anderen Methoden, an die ersehnten Klamotten zu kommen: der Diebstahl im Kaufhaus oder das so genannte „Jackenziehen", also die erpresserische Aneignung der begehrten Kleidung eines Mit-
40 schülers.

Nutznießer des Markenwahns ist die Wirtschaft. Die Heranwachsenden mit ihrer Kaufkraft sind ein nicht zu unterschätzender Wirtschaftsfaktor. Laut „KidsVerbraucherAnalyse" verfügen Kinder und Jugendliche in Deutschland pro Jahr über Geldmittel von rund 9 Milliarden Euro.

⁴⁵ Zurzeit können sich die jungen Deutschen Dinge leisten wie keine Jugendgeneration zuvor. Das sei ihnen gegönnt. Man kann nur hoffen, dass dadurch der Trend dieser unserer Gesellschaft zum Schein und zum Äußerlichen nicht noch mehr verstärkt wird. Immerhin ist es ja die heutige Eltern-Generation der Mittdreißiger und Mittvierziger, die der Jugend vorlebt, wie wichtig Outfit und Body sind. Wie sollen die Jungen da anders
⁵⁰ sein?

Irgendwie ist das alles spießig, weil diese Eitelkeit bei Jung und Alt nichts anderes ist als eine besondere Form von Uniformierung.

(Beitrag im „DeutschlandRadio Berlin" vom 28. 01. 2002,
Textquelle: http://www.lehrerverband.de/dralauf.htm)

Aufgabenstellung

Lesen Sie den Text „**Adidas und Co: Der Markenwahn in den Schulen**" sorgfältig durch und bearbeiten Sie dann die folgenden Aufgaben. Bei Nummer 5 können Sie a oder b wählen.
1. Fassen Sie den Inhalt des Textes so zusammen, dass der Textaufbau erkennbar wird.
2. Beschreiben Sie die sprachlichen Mittel und gehen Sie dabei auf die jeweils beabsichtigte Wirkung ein.
3. Weisen Sie nach, um welche Textsorte es sich handelt. Gehen Sie dabei kurz darauf ein, warum das Textäußere nicht die für die Textsorte typischen Merkmale aufweist.
4. Welche Absichten könnte der Verfasser mit diesem Text verfolgen? Begründen Sie Ihre Meinung.
5. a) In dem Text wird erwähnt, wie gut es derzeit den Jugendlichen finanziell geht. Erörtern Sie, inwiefern sich die heutige Jugend aber andererseits auch häufig mit Problemen auseinander setzen muss.
   oder
   b) Verfassen Sie einen ausführlichen Leserbrief zu dem vorliegenden Text.

2004/8 „Adidas und Co: Der Markenwahn in den Schulen"

Mögliche Gliederung

A. Der Kommentar kritisiert den massiven Trend zur teuren Markenbekleidung bei Jugendlichen und die Auswirkungen dieses Trends

B. Auseinandersetzung mit dem Text „Adidas und Co: Der Markenwahn in den Schulen" und weiterführende Erörterung bzw. Leserbrief zum Text (je nach Wahl)

1 Inhaltszusammenfassung und Textaufbau
- Einleitung: Kritik an der Jugend war auch früher üblich
- Hauptteil 1: Eitelkeit der heutigen Jugend drückt sich im „Markenwahn" aus
- Hauptteil 2: Unterschiedliche Bekleidungsvorstellungen führen zu Konflikten zwischen Eltern und Kindern
- Hauptteil 3: Markenkleidung soll das Ansehen bei Mitschülern erhöhen
- Hauptteil 4: Es gibt legale und illegale Methoden, an Markenkleidung zu kommen
- Hauptteil 5: Die finanziellen Mittel der Jugendlichen nützen der Wirtschaft
- Schluss: Eltern und Kinder betonen die Äußerlichkeiten viel zu sehr

2 Sprachliche Mittel und deren Wirkung

2.1 Wortwahl und Stil
- Fremdwörter, Ironie und Übertreibung als Zeichen gehobener Sprache
- Umgangssprache, Jugendsprache, Anglizismen als Zeichen der Kenntnis der Sprache der Jugendlichen
- Zahlreiche Begriffe in Anführungszeichen
- Häufung von Markennamen
- Wiederholung des Wortes „kultig"

2.2 Satzbau
- im Wesentlichen leicht verständlicher und abwechslungsreicher Satzbau
- einzelne kurze Hauptsätze
- einzelne Einschübe von Satzteilen

Hinweis:
Sprachliche Mittel, die nur einmal vorkommen, wurden nicht berücksichtigt.

3 Bestimmung der Textsorte und Begründung fehlender Merkmale

3.1 Textsorte: Kommentar
- Angabe des Autors
- Darstellung der Meinung zu einer aktuellen Zeiterscheinung
- Darstellung von Hintergründen
- Kritische Meinung zum Thema in der Schlussfolgerung

Hinweis zur Textsorte:
Eine mögliche Antwort ist auch die Bestimmung der Textsorte als Glosse wegen des zum Teil ironischen und witzigen Schreibstils!

3.2 Begründung fehlender Merkmale
- Ursache für fehlende Merkmale des Textäußeren: Internet als Quelle, Radiobeitrag

4 Absichten des Verfassers
  – Kritik an der Betonung von Äußerlichkeiten und an der Eitelkeit
  – Darstellung des finanziellen Wohlstandes der Jugendlichen
  – Aufruf zur Hinterfragung des „Markenwahns"
  – Kritik an den Eltern als Mitschuldige am „Markenwahn"
  – Anregung zum Nachdenken für Jung und Alt

5 Weiterführende Erörterung: Mit welchen Problemen müssen sich Jugendliche heute häufig auseinandersetzen?
  5.1 Leistungsdruck in der Schule
  5.2 Arbeitslosigkeit und Ausbildungsplatzmangel
  5.3 Gefahren durch unkritische Mediennutzung
  5.4 Gefahren durch legale und illegale Drogen

C. Schüler, die Markenkleidung aus Überzeugung ablehnen oder sich diese aus finanzieller Sicht nicht leisten können, werden immer häufiger Mobbing-Opfer

oder:

5 Leserbrief zum Kommentar „Adidas und Co: Der Markenwahn in den Schulen"

Hinweis:
Im Fall der Wahl des Leserbriefs kann der Schlussteil C. durchaus entfallen, da du dort bereits eine eigene Meinung veranschaulichst. Halte dich hierbei an die Empfehlungen deiner Deutschlehrkraft.

Hinweise zu Antworten für die einzelnen Bereiche der Gliederung

Thematik des Kommentars: Kritik am Trend zu teurer Markenkleidung bei Jugendlichen, dessen Auswirkungen und Ursachen; Kritik an der Eitelkeit der Jugendlichen   A.

Inhaltszusammenfassung und Textaufbau   B. 1
Einleitung (Z. 1–4): Gleichlautende Kritik an der Jugend schon in historischer Zeit
Hauptteil 1 (Z. 4–18): Hervorhebung der Eitelkeit der Jugendlichen heute; die Eitelkeit schlägt sich in der massiven Bedeutung so genannter Markenkleidung nieder.
Hauptteil 2 (Z. 19–25): Unterschiedliche Vorstellungen führen häufig zu Konflikten zwischen Eltern und Kinder, wenn es um das Durchsetzen von Wünschen geht.
Hauptteil 3 (Z. 26–31): Wirkung von Markenkleidung: Neid erwecken, steigendes Ansehen oder wenigstens Garantie, nicht verspottet zu werden
Hauptteil 4 (Z. 32–40): Möglichkeiten, um an Markenkleidung zu kommen: Arbeiten in der Freizeit mit der Gefahr absinkender Schulleistungen neben illegalen Methoden wie Diebstahl und Erpressung
Hauptteil 5 (Z. 41–44): Hohe Kaufkraft der Jugendlichen; Wirtschaft als Nutznießer
Schluss (Z. 45–52): Überbetonung von Äußerlichkeiten bei Eltern, Kindern und der ganzen Gesellschaft

Sprachliche Mittel und deren Wirkung   2
Wortwahl und Stil   2.1
– Fremdwörter
  z. B. „Lamento" (Z. 3), „kultivierten" (Z. 6), „legal" (Z. 37), „Uniformierung" (Z. 52)

- Ironie
z.B. „gedresster und gestresster" (Z. 29), „gar nicht sonderlich legal" (Z. 37), „Durchgefallen, aber/weil overdresst" (Z. 36/37), „deren ... Paar Hosenträger anzubieten" (Z. 7 ff.)
- Übertreibungen
z.B. „Markenwahn" (Überschrift), „Kampf" und „Drama" (Z. 21) usw.: Darstellung sprachlicher Fähigkeiten des Autors, teilweise auch witziger Schreibstil
- Umgangssprache
z.B. „auf dem Buckel" (Z. 3), „prolomäßig" (Z. 6/7), „Klamotten" (Z. 12, 14 u. a.), „kultig" (Z. 14), „Fetzen" (Z. 22), „Aso" (Z. 22), „spießig" (Z. 51) usw.
- Jugendsprache und Anglizismen der Jugendsprache
z.B. „out" (Z. 6), „gestylt" (Z. 10), „uncool" (Z. 13), „Outfit" und „Body" (Z. 49): Zeichen der Kenntnis der Entwicklung der Jugendsprache, bewusste Nachahmung dieser Sprachebene, zum Teil auch Wortwitz
- einige Begriffe in Anführungszeichen
(z.B. Z. 6, 10, 36, 37, 39, 42/43): Distanz zur Sprachebene der Zitate
- Häufung von Markennamen
(vor allem Z. 15–18): beste Kenntnisse des Autors zum Thema
- Wiederholung des Wortes „kultig" (Z. 14): Hervorhebung der Aussage

Satzbau 2.2
- leicht verständlicher und abwechslungsreicher Satzbau (z.B. Z. 45–52): Verständlichkeit und leichte Lesbarkeit (für den Radiosprecher) entsprechend des Mediums Radio
- einzelne kurze Hauptsätze (z.B. Z. 5, 13, 41, 45): Verdichtung der Aussagen
- einzelne Einschübe von Satzteilen (z.B. Z. 8, 27/28, 36): Dies erinnert an den mündlichen Sprachgebrauch (Radiokommentar).
Hinweis: Sprachliche Merkmale, die auch herausgearbeitet werden können, aber nur je einmal vorkommen, sind z.B. eine rhetorische Frage (Z. 49/50), eine Alliteration (Z. 24 f.) und je ein echtes bzw. erfundenes Zitat (Z. 1/2, Z. 21 ff.).

Nachweis der Textsorte und Begründung fehlender Merkmale 3
Textsorte: Kommentar 3.1
- Angabe des Autors
- Darstellung der Meinung des Autors zu einer aktuellen Zeiterscheinung (Z. 5, 10, 30/31, 45 ff. usw.)
- Darstellung von Hintergründen des „Markenwahns" (Z. 26–31, Z. 41–44)
- Kritische Meinung zum Thema in der Schlussfolgerung (Z. 48 ff.)

Begründung fehlender Merkmale 3.2
- Ursache für das Fehlen äußerer Gestaltungsmerkmale (Rahmen, Rubrik, Spalten): Textquelle Internet, Abdruck oder gar Manuskript eines Radiokommentars

Absichten des Verfassers 4
- Darstellung des finanziellen Wohlstands der Jugendlichen (Z. 41 ff.)
- Kritik an der Betonung von Äußerlichkeiten (Z. 46/47) und an der Eitelkeit (Z. 5, 10 ff.)
- Aufruf zur Hinterfragung des „Markenwahns" (v. a. Absatz 3 und 4)
- Kritik an den Eltern als Mitschuldige am „Markenwahn" (Z. 48 ff.)
- Anregung zum Nachdenken für Jung und Alt (Z. 49 ff.)

Weiterführende Erörterung: Mit welchen Problemen müssen sich Jugendliche heute häufig auseinander setzen? 5
– Leistungsdruck in der Schule 5.1
– Arbeitslosigkeit und Ausbildungsplatzmangel 5.2
– Gefahren durch unkritische Mediennutzung 5.3
– Gefahren durch legale und illegale Drogen 5.4

Hinweis zur Anfertigung der weiterführenden Erörterung:
Daneben können natürlich auch andere wichtige Gesichtspunkte nach dem üblichen Schema für eine anschauliche Argumentation ausgeführt werden. In der Regel sollten drei Argumente genügen.

Schlussgedanke C.
Gestaltung je nach gewählter Variante. Vollständigkeit, Themabezug und Anschaulichkeit beachten

oder:

Leserbrief zum Kommentar „Adidas und Co: Markenwahn in den Schulen" 5
Hinweis zur Anfertigung des Leserbriefs:
Zunächst beziehst du dich auf den Artikel. Dann wählst du dir Gesichtspunkte aus diesem Artikel aus, die du erörtern möchtest, oder du gehst auf die Kernaussage des Textes ein. Zustimmung oder Ablehnung arbeitest du am besten ähnlich wie in einer Argumentation bei der Erörterung mit Behauptungen, Begründungen und Beispielen (eigene Erfahrungen!) aus. Die Sprache des Leserbriefs ist sachlich. Oft endet der Leserbrief mit einer Schlusspointe. Abgeschlossen wird er mit Namen und Adresse des Schreibers.

Aufgabe 9

Ephraim Kishon: Ein lieber Besuch

Die Gastfreundschaft gilt im Nahen und Mittleren Osten als heiliges Gebot. Ein Beduine würde sie selbst seinem ärgsten Feind nicht versagen und würde ihm sogar eine Wasserpfeife anbieten. Ich meinerseits entrate dieser Tugend. Ich kann die Spiegels, die uns von Zeit zu Zeit besuchen kommen, nicht ausstehen.
5 Im Grund habe ich nichts gegen die beiden. Er ist ein netter, schweigsamer Mann und sie eine charmante, fettgepolsterte Frau. Beide sind aufrechte Bürger, die redlich arbeiten und falsche Zollerklärungen abgeben wie alle anderen auch. Wenn sie uns besuchen, bieten wir ihnen mangels Wasserpfeifen Tee oder Kaffee an, bringen die Weltlage in Ordnung und sitzen plaudernd und gähnend bis 2 Uhr früh beisammen. Nachher habe ich
10 immer das Gefühl, kostbare Zeit verschwendet zu haben.
An diesen ziemlich trostlosen Zustand hätten wir uns längst gewöhnt, wäre er nicht mit einem enervierenden[1] Spannungsmoment verbunden. Das spielt sich etwa folgendermaßen ab:
Ich sitze mit der besten Ehefrau von allen beim Abendessen. Plötzlich treffen unsere
15 Blicke ineinander:
„Die Spiegels!", rufen wir gleichzeitig.
Und in der Tat: Sie kommen. Sie kommen uneingeladen, denn wir laden sie niemals ein, und dass wir niemals uneingeladen zu ihnen kommen, scheinen sie nicht zu merken. Sie besuchen uns ganz formlos, wie man eben gute Freunde besucht, und bleiben bei den
20 guten Freunden bis 2 Uhr früh sitzen, Kaffee oder Tee trinkend, plaudernd oder gähnend.
Eine Zeit lang glaubten wir, das der Zeitpunkt ihrer Besuche etwas mit dem Stand des Mondes zu tun hätte oder mit dem Stand bestimmter Aktien an der Börse, aber das bestätigte sich nur selten. Unser Instinkt erwies sich als wesentlich sicherer.
Zum Beispiel tritt meine Frau ans Fenster und schnuppert hinaus:
25 „Es wird schwül. Das ist ein gutes Wetter für die Spiegels."
Oder mir fällt beim Frühstück etwas ein:
„Der Wasserhahn im Badezimmer hat die ganze Nacht getropft. Die Spiegels kommen."
Es gibt auch noch andere Vorzeichen, auf die man sich verlassen kann. Eines Abends spürte ich plötzlich ein heftiges Stechen im linken Knie, Grund genug, sofort das Haus zu
30 verlassen und ins Kino zu gehen. Dort trafen wir die Spiegels.
Ein anderes Mal begannen unten im Garten fliegende Ameisen zu schwärmen. Ich erbleichte, stopfte Watte in die Nasenlöcher und rief bei den Spiegels an: „Ich wollte Sie nur für alle Fälle verständigen, haptschi, dass wir beide, meine Frau und ich, kuz-kuz, an einer schweren Grippe leiden. Mit Schnupfen und Husten. Haptschi, kuz-kuz."
35 „Das trifft sich gut", kam heiser und nasal[2] Frau Spiegels Stimme aus dem Apparat. „Uns geht es genauso, kuz-kuz, und wir wollten deshalb unseren Besuch bei Ihnen verschieben, haptschi. Aber wenn Sie ohnehin angesteckt sind, kommen wir auf einen Sprung vorbei. Kuz-kuz, haptschi."
Da man gegen die Spiegels mit so primitiven Mitteln nichts ausrichtet, haben wir uns eine
40 raffiniertere Methode zurechtgelegt. Wir stehen abwechselnd Wache am Fenster – wer die Spiegels herannahen sieht, stößt einen Pfiff aus – und auf dieses Signal hin wird das Licht im ganzen Haus abgedreht und die Atmung eingestellt.
Neulich am Abend, als ich Spiegelwache stand, trat unser Plan erstmals in Kraft. Die Spiegels nahten, ich pfiff, alle Lichter erloschen, wir erstarrten in Schweigen.
45 Jetzt waren die Spiegels an unserer Wohnungstür angelangt. Jetzt betätigten sie die Klingel. Wir drückten uns flach an die Wand und verharrten in atemloser Starre. Die Spiegels

---

[1] entnervend; nervtötend
[2] durch die Nase gesprochen

klingelten, machten eine Pause, klingelten, pausierten, klingelten, warteten. Dann gab Frau Spiegel einen lauten Seufzer der Erleichterung von sich, wir hörten ihn durch die Türe; und hörten sie sagen:
50 „Gott sei Dank, sie sind nicht zu Hause!"

(aus: Ephraim Kishon: Paradies neu zu vermieten. München 1979, S. 143–145)

Aufgabenstellung

Lesen Sie den Text „**Ein lieber Besuch**" sorgfältig durch und bearbeiten Sie dann die folgenden Aufgaben. Bei Nummer 5 können Sie a oder b wählen.
1. Fassen Sie den Textinhalt so zusammen, dass der Textaufbau erkennbar wird.
2. Charakterisieren Sie die Einstellungen und das Verhalten des Ich-Erzählers und gehen Sie auf den Namen „Spiegel" ein, den Kishon dem „lieben Besuch" gibt.
3. Bestimmen Sie die Textsorte (mit Begründung) und beschreiben Sie die sprachlichen Auffälligkeiten sowie die Wirkung der jeweiligen Merkmale.
4. Welche möglichen Absichten verfolgt der Verfasser Ihrer Meinung nach mit diesem Text?
5. a) Erläutern Sie, warum Ehrlichkeit und Offenheit den Umgang miteinander erleichtern.
    oder
    b) Schreiben Sie einen Beitrag für eine Jugendzeitschrift, aus dem hervorgeht, woran man aus Ihrer Sicht eine „aufrichtige Freundschaft" erkennt.

2004/9 Ephraim Kishon: Ein lieber Besuch

Mögliche Gliederung

A. Ephraim Kishon greift in seiner Satire Unehrlichkeit und Verstellung im Umgang miteinander auf

B. Auseinandersetzung mit dem Text „Ein lieber Besuch" und weiterführende Erörterung bzw. Beitrag für eine Jugendzeitschrift (je nach Wahl)

1 Inhaltszusammenfassung und Textaufbau
- Hinführung zum Thema: Hoher Wert der Gastfreundschaft im Nahen Osten; distanziertes Verhältnis des Verfassers
- Hauptteil 1: Vorstellung des Ehepaars Spiegel und des üblichen Ablaufs ihrer Besuche
- Hauptteil 2: Besuche der Spiegels ohne Anmeldung und von langer Dauer
- Hauptteil 3: Groteske Überlegungen, wovon der Besuchszeitpunkt abhängen könnte
- Hauptteil 4: Schilderung eines erfolglosen Versuchs, den Besuch zu verhindern
- Hauptteil 5: Völlig übertriebene Vorkehrungen, den unerwünschten Besuch abzuwehren
- Schlusspointe: Erleichterung bei den Spiegels angesichts der scheinbaren Abwesenheit des Erzählers und seiner Frau

2 Charakterisierung des Ich-Erzählers und Deutung des Namens „Spiegel"

2.1 Charakterisierung des Ich-Erzählers
- Vortäuschung des guten Gastgebers trotz Abneigung gegenüber dem Besuch
- Genervtes Ertragen und Erleiden der Besuche
- Unehrlichkeit und Scheinheiligkeit im Verhalten gegenüber dem Besuch
- Unfähigkeit, über die verfahrene Situation zu sprechen

2.2 Deutung des Namens „Spiegel"
- Verhalten des Ich-Erzählers und seiner Frau als spiegelbildliche Entsprechung des Verhaltens des anderen Paares
- Beiderseitiges Leiden unter der Einhaltung von gesellschaftlichen Verhaltenserwartungen
- Unfähigkeit beider Seiten, darüber zu sprechen

3 Textsorte und Sprache

3.1 Textsorte Satire
- Überzogene Darstellung menschlicher Schwächen
- Funktion: Spiegelbild der eigenen Schwächen
- Verspottung des Verhaltens der Figuren
- Offenbarung der wahren Einstellung der Spiegels durch eine überraschende Wendung (Pointe)

3.2 Sprachliche Mittel und deren Wirkung
3.2.1 Wortwahl und Stil
- Wiederholungen des Namens „Spiegel"
- Wiederholungen einzelner Wortgruppen
- Einzelne Fremdwörter
- Ironie und Übertreibungen
- Vereinzelt Lautmalerei

3.2.2 Satzbau
- Überwiegend kurze Sätze und einfache Satzgefüge
- Wörtliche Reden
- Reihungen

4 Absichten des Verfassers
- Kritik an Unehrlichkeit, Verstellung und Scheinheiligkeit
- Kritik am Aufrechthalten von belastenden Verhaltenswartungen
- Darstellung des Unvermögens, Unangenehmes im Gespräch zu lösen
- Anregung zum Nachdenken über menschliche Umgangsformen
- Unterhaltung

5 Weiterführende Erörterung: Warum erleichtern Ehrlichkeit und Offenheit den Umgang miteinander?
  5.1 Grundlage für Vertrauen und Verlässlichkeit
  5.2 Schutz vor Enttäuschungen und Konflikten
  5.3 Basis für Respekt

oder:

5 Beitrag für eine Jugendzeitschrift: Woran erkennt man „aufrichtige Freundschaft" aus meiner Sicht?

C. Ein offenes Gespräch ist oft die beste Möglichkeit, zwischenmenschliche Probleme zu lösen

Hinweise zu Antworten für die einzelnen Bereiche der Gliederung

Thematik der Satire: Darstellung von Unehrlichkeit und Verstellung im Umgang miteinander A.

Inhaltszusammenfassung und Textaufbau 1
- Hinführung zum Thema (Z. 1–4): Gastfreundschaft als hohes Gut im Nahen und Mittleren Osten, distanziertes Verhältnis des Erzählers dazu
- Hauptteil 1 (Z. 4–13): Vorstellung des Ehepaars Spiegel und des üblichen Ablaufs ihrer Besuche beim Erzähler
- Hauptteil 2 (Z. 14–20): Die Besuche des Ehepaars Spiegel sind immer unangekündigt und dauern lange.
- Hauptteil 3 (Z. 21–30): Der Erzähler und seine Frau stellen groteske Überlegungen an, von welchen äußeren Bedingungen der Besuch der Spiegels jeweils abhängen könnte.
- Hauptteil 4 (Z. 31–38): Schilderung eines erfolglosen Versuchs, den Besuch durch die Spiegels durch Simulieren einer Erkältung zu verhindern
- Hauptteil 5 (Z. 39–47): Darstellung völlig übertriebener Vorkehrungen, einen bevorstehenden Besuch erfolgreich abzuwehren
- Schlusspointe (Z. 47–50): Erleichterung bei den Spiegels, weil scheinbar niemand zuhause ist

Charakterisierung des Ich-Erzählers und Deutung des Namens „Spiegel" 2
Charakterisierung des Ich-Erzählers 2.1
Er täuscht den guten Gastgeber vor (Z. 8/9), mag die Spiegels aber nicht (Z. 3/4) und redet schlecht über sie (Z. 6). Außerdem leidet er unter den Besuchen, ist genervt (Z. 11/12) und ganz und gar unehrlich (z. B. Z. 32 ff.) zu den Spiegels. Anstelle die

„Besuchsproblematik" offen anzusprechen, verhält er sich lieber „scheinheilig" und erduldet die ihm gar nicht „lieben Besuche", die offensichtlich auch nur aus falsch verstandener Höflichkeit geschehen.

Deutung des Namens „Spiegel" 2.2
Das Verhalten des Ich-Erzählers und seiner Frau spiegelt sich im anderen Paar wider (Name!). Beide Seiten leiden unter den Folgen der Einhaltung irgendwelcher gesellschaftlicher Verhaltenserwartungen. Sie sind aber nicht in der Lage, das Problem, nämlich dass beide Paare (Z. 50) unter den Besuchen leiden, in einem Gespräch zu lösen, wohl aus falsch verstandener Höflichkeit.
Der Name „Spiegel" kann auch noch in Richtung auf ein Ziel der Satire interpretiert werden. Sie hält dem Leser „den Spiegel" vor, indem sie menschliche Verhaltensweisen ironisch, witzig und auch überzogen darstellt.

Textsorte und Sprache 3
Textsorte Satire 3.1
– Überzogene Darstellung menschlicher Schwächen (Unehrlichkeit, mangelnde Offenheit, Unfähigkeit zum offenen Gespräch)
– Eigenen Schwächen wird durch die Satire der Spiegel vorgehalten (z. B. falsche Höflichkeit, aus Angst unbeliebt zu werden oder Streit zu bekommen, über jemanden schlecht reden).
– Verspottung des Verhaltens der handelnden Personen, z. B. durch Übertreibungen (z. B. Z. 40 ff. oder Z. 27 ff.)
– Überraschende Wendung (Schlusspointe) offenbart die tatsächliche Einstellung der Spiegels zu den Besuchen: Sie empfinden sie ebenfalls als Belastung und Zeitverschwendung.

Sprachliche Mittel und deren Wirkung 3.2
Wortwahl und Stil 3.2.1
– Wiederholung des Namens „Spiegel" (z. B. Z. 16, 25, 30, 32, 35 usw.) und in Verbindung mit „Spiegelwache" (Z. 43): Die Spiegels erhalten den Charakter einer Bedrohung auch im Zusammenhang mit dem Wort „kommen" (Z. 17 ff. und Z. 27).
– Wiederholung einzelner Wortgruppen (z. B. „plaudernd ... gähnend", „bis 2 Uhr früh" (Z. 9, 20)): Ausdruck der Langeweile, Belastung und Zeitverschwendung
– Ironie (z. B. „lieber Besuch" (Überschrift), „aufrechte Bürger" (Z. 6), „gute Freunde" (Z. 19), aber auch „charmante, fettgepolsterte Frau" (Z. 6) und „netter, schweigsamer Mann" (Z. 5)): Kritik am unehrlichen, unaufrichtigen Umgang der Menschen miteinander
– Übertreibung (z. B. Z. 21 ff., 31 ff., 40 ff.): Besuche als lebensbestimmendes Schicksal
– Vereinzelte Lautmalerei („Kuz-kuz" und „Haptschi", u. a. Z. 34) soll zum Schmunzeln anregen.

Satzbau 3.3.2
– Vorherrschen kurzer Sätze (z. B. Z. 12 ff.), einfacher Satzreihen (z. B. Z. 31/32) und einfacher Satzgefüge (z. B. Z. 39/40): gute Lesbarkeit, einfach zu verstehen, spannungserzeugend
– wörtliche Reden (z. B. Z. 25, 27, 32 ff., 50): Mittel der Lebendigkeit und Anschaulichkeit
– Reihungen (z. B. Z. 44, 47): Spannungssteigerung, Dramatik

Absichten des Verfassers 4
– Kritik an Unehrlichkeit, Verstellung und Scheinheiligkeit
– Kritik am Aufrechterhalten von belastenden gesellschaftlichen Verhaltenserwartungen
– Darstellung des Unvermögens, Unangenehmes im Gespräch zu lösen
– Anregung, über menschliche Umgangsformen und das Miteinander nachzudenken
– Unterhaltung des Lesers als weitere Hauptabsicht

Weiterführende Erörterung: Warum erleichtern Ehrlichkeit und Offenheit den Umgang miteinander?

Beispiel für ein Argument (Grundlage für Vertrauen und Verlässlichkeit): 5.1
Ehrlichkeit und Offenheit stellen zwei besonders wichtige Werte im Umgang miteinander dar. Auf dieser Grundlage können Vertrauen und Verlässlichkeit entstehen. Beide bestimmen die Qualität des menschlichen Miteinanders und erleichtern ein harmonisches Zusammenleben, das dann auch frei sein kann von Streit und Verletzungen. Beispielsweise innerhalb einer Partnerschaft sind Vertrauen und Verlässlichkeit eine entscheidende Grundlage. Wer nicht offen und ehrlich gegenüber seinem Partner ist, riskiert, dass sich Misstrauen einschleichen kann. Wer nicht offen über seine Bedürfnisse spricht und dafür beispielsweise berufliche Verpflichtungen vorschiebt, wenn er lieber mit Freunden in die Kneipe geht, muss davon ausgehen, dass ein solches Verhalten dem Partner nicht verborgen bleibt. Jede Unehrlichkeit schwächt so die Vertrauensbasis und letztendlich den Zusammenhalt innerhalb einer Beziehung. Doch auch unter Freunden oder erst recht im beruflichen Umfeld sind Ehrlichkeit und Offenheit eine wichtige Grundlage für Vertrauen und Verlässlichkeit. Wer sich bei eigenen Fehlern mit Ausflüchten und Schuldzuweisungen an andere durchschwindelt oder Konflikte mit Kollegen nicht direkt, sondern etwa über Vorgesetzte zu lösen versucht, genießt unter den Kollegen in letzter Konsequenz immer weniger Vertrauen und man verlässt sich immer weniger auf ihn.

Als weitere Argumente könnten folgende Punkte ausgearbeitet werden:
– Schutz vor Enttäuschungen und Konflikten 5.2
– Basis für Respekt 5.3

oder:

Beitrag für eine Jugendzeitschrift: 5
Woran erkennt man „aufrichtige Freundschaft"?

Hinweis zur Anfertigung des Beitrages:
Es geht bei dieser Aufgabenstellung um Verhaltensbeispiele bzw. Werte, die als Kennzeichen für eine „aufrichtige Freundschaft" dienen. Wichtig für deine Überlegungen ist es, vorher zu klären, was unter „aufrichtig" zu verstehen ist. Auch hier dreht sich alles um die Bereiche Ehrlichkeit, Offenheit und gegenseitige Wertschätzung.
Baue deinen Artikel auch nach dem Muster Einleitung – Hauptteil – Schluss auf. In der Einleitung kannst du mit der Klärung der Bedeutung von „aufrichtiger Freundschaft" in die Thematik einführen. Der Hauptteil sollte dann einige für dich sehr wichtige Gesichtspunkte erörtern, d. h., du gehst nach dem Schema „Behauptung – Begründung – Beispiele und eventuell Folgen/Wirkung" vor. Als Schluss des Artikels bietet sich beispielsweise ein Ausblick auf eigene Erfahrungen an oder du gehst hier vom Gegenteil aus und verweist auf negative Folgen von Unaufrichtigkeit im Zusammenleben der Menschen.

Hinweis für den Schluss: C.
An dieser Stelle ist auch eine begründete persönliche Meinung zum Text selbst oder zu den Verfasserabsichten gut möglich.

Abschlussprüfung 2005 an Realschulen: Deutsch
Aufgabengruppe A: Erörterung

1. Viele Kinder und Jugendliche haben Übergewicht. Was sind die Ursachen und wie kann diesem Problem begegnet werden?

2. Als Schüler oder Schülerin einen Nebenjob ausüben – was halten Sie davon?

3. Gewaltdarstellung in Film, Fernsehen und Computerspielen – erörtern Sie mögliche negative Auswirkungen auf Kinder und Jugendliche. Wie können Schule und Eltern dem entgegenwirken?

4. Immer wieder kommt es nach Diskothekenbesuchen zu schweren PKW-Unfällen. Warum ist die Fahrt mit dem Auto gerade hier so gefährlich, warum wollen viele junge Menschen trotzdem nicht darauf verzichten und welche Gegenmaßnahmen sind möglich?

5. Viele Schulen unterstützen Projekte in armen Ländern oder Katastrophengebieten. Welche Ziele verfolgen sie damit für die Betroffenen, welche positiven Auswirkungen hat dieses Engagement auch für Schüler und Schule?

6. Wie trägt sportliche Betätigung positiv zur körperlichen und charakterlichen Entwicklung junger Menschen bei?

2005/1 Viele Kinder und Jugendliche haben Übergewicht. Was sind die Ursachen und wie kann diesem Problem begegnet werden?

Hinweise zur Erschließung des Thema

Der Themabegriff findet sich bereits im Vorspann der Aufgabenstellung. Es geht um Übergewicht und zwar bei Kindern und Jugendlichen. Der Erörterungsauftrag ist zweigliedrig und fragt nach den Ursachen und nach Maßnahmen, wie man das Problem des Übergewichts bei Kindern und Jugendlichen vermeiden kann.

Themabegriff	Übergewicht
Einschränkung	bei Kindern und Jugendlichen
Präzisierung	– Ursachen für Übergewicht bei den Betroffenen – Gegenmaßnahmen zur Vermeidung
Erörterungsauftrag zweigliedrig	1. Welche Ursachen sind für Übergewicht bei Kindern und Jugendlichen verantwortlich? 2. Welche Maßnahmen können helfen, Übergewicht zu vermeiden bzw. das Gewicht zu normalisieren?

Stoffsammlung und Strukturierung

In jeder Klasse gibt es Mitschüler, die zu viel Gewicht auf die Waage bringen, möglicherweise bist du auch selbst betroffen. Dies ist ein erster Anhaltspunkt, um herauszufinden, welche Ursachen für Übergewicht in der Regel verantwortlich sind. Du kannst dabei beispielsweise an die Gewohnheiten deiner Mitschüler denken oder von eigenen Erfahrungen ausgehen. Wichtig für die Auseinandersetzung mit dem Thema ist, dass „Übergewicht" kein Anlass ist, andere bzw. sich selbst zu diskriminieren, und dass es in der Regel Wege gibt, damit fertig zu werden. „In der Regel" bedeutet, dass es auch stoffwechselbedingte oder organische Ursachen gibt. Solltest du darüber nicht viel wissen, kannst du diesen Bereich auch weglassen.
Damit sind bereits die **Ursachen** angesprochen. Stelle dir die Frage: **„Wieso nimmt man zu?"**
Die Antwort ist ganz einfach: Wenn die Menge der aufgenommenen „Kalorien" (Kilojoule) andauernd die der täglich benötigten übertrifft. Dann bildet der Körper Fettdepots. Dafür sind zwei Hauptursachen verantwortlich, nämlich falsche **Ernährung** und **Bewegungsmangel**. Hinterfrage nun, welche Faktoren hierbei jeweils eine Rolle spielen. Beide Bereiche hängen in der Regel eng zusammen: Durch die falsche Ernährung wird dem Körper zu viel Energie zugeführt und durch die mangelnde Bewegung zu wenig Energie verbraucht. Wenn du nun überlegst, warum isst man zu viel bzw. warum bewegt man sich zu wenig, kommst du auf eine dritte Ursache für Übergewicht: **psychische Probleme**. Ihre Auswirkungen stehen mit den beiden Hauptursachen in Zusammenhang: Wenn jemand aus „Frust" zu viel isst bzw. Süßigkeiten in größeren Mengen zu sich nimmt, dann fällt dies in den Bereich Ernährung; wenn jemand aus Unsicherheit, Kontaktmangel, fehlenden Freundschaften am liebsten zu Hause vor dem Fernseher sitzt, gehört dieses Verhalten zu den Gründen für Bewegungsmangel.
Bei der Teilfrage „Wie kann man diesem Problem begegnen?" sollst du darüber nachdenken, welche **Maßnahmen** helfen, **Übergewicht zu vermeiden** bzw. auch Übergewicht **abzubauen?**
Am besten orientierst du dich auch hier an den beiden Hauptursachen. Wie kann man seine **Essgewohnheiten verbessern** und dem **Bewegungsmangel vorbeugen?** Das Thema lässt offen, wer dem „Problem Übergewicht" begegnen soll. Es liegt jedoch auf der Hand, dass vor allem der Einzelne selbst einen großen Anteil daran hat. Jedoch ist es auch nötig, dass man sich Hilfe, Rat und Wissen von außen holt. Also ist die Frage zu stellen, **wer oder was kann hilfreich sein?** Als Antworten sind denkbar: Schule, Medien, Familie (Erziehung), Gesellschaft oder auch die Nahrungsmittelindustrie, falls du hier über zusätzliches Wissen verfügst.

Leitfragen für die Stoffsammlung und Strukturierung
1. Wie entsteht Übergewicht?
2. Welche Faktoren sind für falsche Ernährungsgewohnheiten verantwortlich?
3. Wieso kommt es bei Kindern und Jugendlichen zu Bewegungsmangel?
4. Welche Maßnahmen können zur Vermeidung bzw. zum Abbau von Übergewicht beitragen?
5. Was kann der Einzelne tun?
6. Wer kann von außen Hilfe, Unterstützung, Wissen geben?
7. Was können Schule, Medien, Erziehung, Gesellschaft tun?

Mögliche Gliederung

A. **Nahezu jedes dritte Kind liegt über seinem Normalgewicht**

B. **Welche Ursachen führen bei Kindern und Jugendlichen zu Übergewicht? Welche Maßnahmen kann man dagegen ergreifen?**

  1 **Ursachen für Übergewicht bei Kindern und Jugendlichen**

    1.1 Essgewohnheiten als Auslöser
    1.1.1 Fettreiches Fastfood und Fertiggerichte
    1.1.2 Kohlenhydratreiche Süßigkeiten und Snacks
    1.1.3 Kalorienreiche Getränke und Alkohol
    1.1.4 Essen aus Frust

    1.2 Bewegungsmangel als Auslöser
    1.2.1 Unzureichender Sportunterricht
    1.2.2 Zu wenig sportliche Freizeitbeschäftigung
    1.2.3 Dominanz von Fernsehen, Computer und PC-Spielen
    1.2.4 Fehlende soziale Kontakte

  2 **Mögliche Gegenmaßnahmen**

    2.1 Durch den Einzelnen
    2.1.1 Maßvoller Umgang mit kalorienreicher Nahrung
    2.1.2 Aktive Mitgliedschaft in einem Sportverein
    2.1.3 Maßvolle Nutzung von Computern und Unterhaltungsmedien
    2.1.4 Pflege sozialer Kontakte

    2.2 Durch die Familie
    2.2.1 Eltern als Vorbild
    2.2.2 Anregung zu Freizeitaktivitäten im Freien
    2.2.3 Motivation zu sportlicher Betätigung

    2.3 Durch die Schulen
    2.3.1 Attraktiver Sportunterricht
    2.3.2 Projekte zum Thema Ernährung
    2.3.3 „Gesunder" Pausenverkauf

    2.4 Durch die Medien
    2.4.1 Verstärkung der Aufklärungsmaßnahmen
    2.4.2 Beschränkung der Werbung für Fastfood und Süßigkeiten

C. **Eine bewusste Ernährung darf nicht dazu führen, dass man dem „Schlankheitswahn" verfällt und sich „krank hungert"**

Hinweis: Dieser Gliederungsvorschlag umfasst sehr viele einzelne Aspekte, unter denen du das Thema bearbeiten kannst. Es genügt auch, wenn du weniger Unterpunkte anführst, zusammenfasst oder einzelne Oberpunkte im Bereich 2 weglässt.
Darüber hinaus kannst du hier bei den Maßnahmen auch auf den Gesetzgeber und die Nahrungsmittelindustrie eingehen, wenn es um den Verzicht auf Geschmacksverstärker, künstliche Aromen, fettreduzierte Fertignahrungsmittel mit hohem Zuckergehalt etc. geht.
Solches Wissen wird jedoch nicht von dir erwartet, denn du sollst das Thema auf der Grundlage deines eigenen Wissens und deiner Erfahrungen bearbeiten.
Grundsätzlich kannst du **dreistellige Unterpunkte** zur Vereinfachung und aus Gründen der Übersichtlichkeit auch **durch Spiegelstriche ersetzen**.

2005/2 Als Schüler oder Schülerin einen Nebenjob ausüben – was halten Sie davon?

Hinweise zur Erschließung des Thema

Der Themabegriff „Nebenjob" mit der Einschränkung „Schüler oder Schülerin" ist stichpunktartig formuliert. Die Formulierung „was halten Sie davon?" weist eindeutig auf eine Stellung nehmende (kontroverse) Erörterung hin. Deine **eigene begründete Meinung** ist also gefordert, nachdem du **Vor- und Nachteile** dargestellt hast.

Themabegriff	Nebenjob
Einschränkung	als Schüler oder Schülerin
Präzisierung	„was halten Sie davon?" – Vorteile, Nachteile und eigene begründete Meinung
Erörterungsauftrag kontrovers	1. Welche Vorteile besitzt ein Nebenjob für Schüler/Schülerinnen? 2. Welche Nachteile sind damit verbunden? 3. Welche Meinung vertrete ich?

Stoffsammlung und Strukturierung

Zunächst musst du den **Begriff „Nebenjob" definieren** und erkennen, dass es sich nicht nur um einen „Ferienjob" handelt, sondern dass ein Nebenjob regelmäßig auch während der Schulzeit ausgeübt wird. Dies hat meist auch Auswirkungen auf die Art der Tätigkeit. Deshalb solltest du dich auch fragen, welche Tätigkeiten für Jugendliche ab 15 Jahren (Arbeitsverbot nach dem Jugendschutzgesetz!) in Frage kommen. Möglicherweise hast du selbst Erfahrungen gesammelt oder deine Mitschüler gehen einer solchen Nebentätigkeit nach.
In der Regel handelt es sich bei solchen Nebenjobs um Aushilfstätigkeiten (Regale in Supermärkten auffüllen), um die Verteilung von Prospekten oder Anzeigenblätter oder um verschiedene Hilfsdienste (Gartenpflege, Babysitten) usw. Nur wenigen Schülern gelingt es, eine anspruchsvollere Tätigkeit auszuüben, die dem späteren Beruf gleicht. Deshalb ist es nicht sehr sinnvoll, von dieser Ausnahmesituation auszugehen.
Überlege nun, welche **Vorteile** ein Nebenjob für einen Schüler, eine Schülerin hat? Zum einen verdient man damit zusätzlich Geld. Hierbei ist zu hinterfragen, welche Vorteile, sich daraus für den Betroffenen ergeben. Man kann sich Sonderwünsche erfüllen, ist unabhängiger von den Eltern, kann sich mehr leisten und so auch sein Ansehen in der Clique steigern. Zum anderen musst du darüber nachdenken, welche Vorteile man aus der Arbeitstätigkeit selbst ziehen kann: Man gerät in Kontakt mit den Regeln und Anforderungen der Arbeitswelt und kann seine Freizeit sinnvoll gestalten. Berücksichtige aber auch hier, dass Nebenbeschäftigungen für Schüler selten anspruchsvolle Tätigkeiten sind.
Als Nächstes kümmerst du dich um die Frage, welche **Nachteile** sich aus einer Nebenbeschäftigung ergeben. Überlege dafür, welchen **Einsatz** der Nebenjob verlangt. Die Antwort ist relativ einfach. Zunächst muss man Zeit und Arbeitsanstrengung aufwenden. Deshalb musst du dir nun die Frage nach den **Folgen** dieses Aufwandes stellen. Der zusätzliche Zeitaufwand geht zu Lasten von Freizeit, Freunden und auch der Motivation, für die Schule zu arbeiten. Auch ist der Nebenjob möglicherweise körperlich belastend.
Schließlich geht es im dritten Teil deiner Erörterung um die begründete Darstellung deiner **eigenen Meinung**. Wäge nun die Vor- und Nachteile gegeneinander ab, um zu einer anschaulich begründbaren persönlichen Sichtweise zu kommen. Wie du dich letztendlich entscheidest, ist dir freigestellt, wichtig ist vor allem die schlüssige Begründung. Es genügt, wenn du diese Meinung mit etwa drei Argumenten belegst.

Leitfragen für die Stoffsammlung und Strukturierung

1. Was ist ein Nebenjob für Schülerinnen bzw. Schüler?
2. Welche Vorteile hat ein Nebenjob?
3. Welche Vorteile sind mit dem verdienten Geld verbunden?
4. Welche Vorteile bringt die Begegnung mit der Arbeitswelt?
5. Welche Nachteile sind mit einem Nebenjob verbunden?
6. Welchen Einsatz verlangt ein Nebenjob?
7. Welche Folgen sind mit Zeit- und Arbeitseinsatz verbunden?
8. Welchen Standpunkt vertrittst du? Sind für dich die Vor- oder Nachteile eines Nebenjobs entscheidend?

Mögliche Gliederung

A. Viele meiner Mitschüler arbeiten in ihrer Freizeit nebenbei, z. B. als Zeitungsausträger

B. Welche Vor- und Nachteile hat ein Nebenjob für Schüler oder Schülerinnen und welche Meinung habe ich dazu?

   1 Vorteile einer Nebenbeschäftigung

     1.1   Materielle Vorteile
     1.1.1 Finanzielle Unabhängigkeit von den Eltern
     1.1.2 Erfüllung von Sonderwünschen

     1.2   Ideelle Vorteile
     1.2.1 Streben nach Selbstständigkeit und Verantwortung
     1.2.2 Allgemeiner Einblick in das Arbeitsleben
     1.2.3 Sinnvoll verbrachte Freizeit
     1.2.4 Freude an praktischen Tätigkeiten

   2 Nachteile einer Nebenbeschäftigung

     2.1   Nachteile für persönliche Interessen
     2.1.1 Zu wenig Zeit für Familie und Freunde
     2.1.2 Vernachlässigung von Hobbys

     2.2   Nachteile für die Schullaufbahn
     2.2.1 Sinkendes Interesse an einer guten Schulausbildung
     2.2.2 Vernachlässigung der Hausaufgaben
     2.2.3 Absinkende Leistungen durch mangelhafte Konzentration

     2.3   Nachteile für die körperliche Verfassung
     2.3.1 Müdigkeit und Abgespanntheit
     2.3.2 Verletzungsrisiko durch Arbeitsunfall

   3 Ablehnung eines Nebenjobs

     3.1   Konzentration auf einen guten Schulabschluss
     3.2   Bevorzugung von Freizeit und Erholung
     3.3   Bevorzugung eines befristeten Ferienjobs statt eines dauerhaften Nebenjobs

C. Ein Nebenjob, der nicht allzu viel Zeit in Anspruch nimmt, kann sicher ein Gewinn für Schüler und Schülerinnen sein

2005/3 Gewaltdarstellungen in Film, Fernsehen und Computerspielen – erörtern Sie mögliche negative Auswirkungen auf Kinder und Jugendliche. Wie können Schule und Eltern dem entgegenwirken?

Hinweise zur Erschließung des Thema

Der Vorspann des Themas beinhaltet sowohl den Themabegriff „Gewaltdarstellungen" als auch als Einschränkung die Beispiele „Film, Fernsehen und Computerspiele", auf die du dich beziehen sollst, die dir aber auch Grundlagen für die Stoffsammlung und Ausformulierung liefern. Präzisiert wird das Thema durch die zu erörternden möglichen Auswirkungen auf Kinder und Jugendliche und die Frage nach den Einwirkungsmöglichkeiten von Schule und Eltern. Es handelt sich also um einen zweigliedrigen Erörterungsauftrag.

Themabegriff	Gewaltdarstellungen
Einschränkung	in Film, Fernsehen, Computerspielen
Präzisierung	mögliche negative Auswirkungen auf Kinder und Jugendliche und Möglichkeiten des Entgegenwirkens durch Schule und Eltern
Erörterungsauftrag zweigliedrig	1. Welche mögliche Auswirkungen haben Gewaltdarstellungen in Film, Fernsehen und Computerspielen auf Kinder und Jugendliche? 2. Welche Möglichkeiten besitzen Schule und Eltern dem entgegenzuwirken?

Stoffsammlung und Strukturierung

Zunächst musst du klären, **was man unter Gewaltdarstellungen versteht**. Im weitesten Sinn sind damit alle Darstellungen gemeint, bei denen Menschen erniedrigt werden, ihre Würde verletzt wird, sie körperlich und seelisch gequält, ihnen Verletzungen zufügt oder sie getötet werden. Gerade in Film, Fernsehen und PC-Spielen sind Gewaltdarstellungen häufig anzutreffen. Diese Einschränkung weist dich auf konkrete Bereiche hin, an die du dich bei der Stoffsammlung, bei Begründungen und Beispielen halten sollst. Eine Gliederung nach den einzelnen genannten Bereichen ist nicht sinnvoll, denn die Art der Gewalt unterscheidet sich kaum bei den einzelnen Medien.

In einem ersten Schritt musst die **Auswirkungen auf Kinder und Jugendliche** hinterfragen. Die Einschränkung auf Kinder und Jugendliche ist ein Hinweis, dich an deine eigenen Erfahrungen und dein Wissen zu halten. Bedenke, dass Gewalt ein erlernbares Verhalten beim Menschen ist, dass vor allem Kinder und Jugendliche noch größere Probleme als Erwachsene haben, Gewaltdarstellungen zu verarbeiten, und dass dadurch Ängste ausgelöst werden können. Man kann sich auch die Frage stellen, welche **Folgen** die Gewöhnung an Gewaltdarstellungen auf das Verhalten und die Persönlichkeitsentwicklung hat.

Die Frage „Wie können Schule und Eltern dem entgegenwirken?" weist auf die **Maßnahmen** hin, die Schule und Eltern ergreifen sollen, um den Konsum von Gewalt verherrlichenden Filmen und PC-Spielen zu vermindern und auch die Auswirkungen einzudämmen. Es geht also um den erzieherischen Einfluss, Kinder und Jugendliche vor zu viel Gewalt und deren Auswirkungen auf die Persönlichkeit zu schützen. Dabei ist klar, dass Verbote nicht viel nützen oder eher das Gegenteil bewirken. Stelle die Frage nach dem **Ziel dieser erzieherischen und aufklärenden Maßnahmen**. Die Antwort kann unter anderem heißen, dass ein Ziel darin liegt, Gewalt als solche abzulehnen und Kindern und Jugendlichen die möglichen gefährlichen Auswirkungen auf das Verhalten von uns Menschen zu verdeutlichen.

Hier ist es sinnvoll, dass du zwischen den Einwirkungsmöglichkeiten von Schule und Eltern unterscheidest und dazu jeweils einen eigenen Oberpunkt formulierst.

Leitfragen für die Stoffsammlung und Strukturierung

1. Was versteht man unter Gewaltdarstellungen?
2. Welche Auswirkungen haben sie auf Kinder und Jugendliche?
3. Welche Auswirkungen haben Gewaltdarstellungen auf Verhalten und Empfindungen?
4. Welche Maßnahmen können Schule und Eltern ergreifen, um Kinder und Jugendliche vor dem gefährlichen Einfluss solcher Darstellungen zu schützen?
5. Welches Ziel haben diese erzieherischen und aufklärenden Maßnahmen?

Mögliche Gliederung

A. So genannte „Ego-Shooter-Spiele" für den PC sind unter Jugendlichen äußerst beliebt

B. Welche möglichen negativen Auswirkungen haben Gewaltdarstellungen in Film, Fernsehen und Computerspielen auf Kinder und Jugendliche? Wie können Schule und Eltern den negativen Auswirkungen von Gewaltdarstellungen entgegenwirken?

   1   **Negative Auswirkungen von Gewaltdarstellungen**

       1.1 Unzufriedenheit mit einem langweiligen Alltag
       1.2 Abstumpfung gegenüber Brutalität
       1.3 Auslösung von Angstträumen
       1.4 Anwendung von Gewalt zur Durchsetzung eigener Interessen
       1.5 Empfinden von Freude und Befriedigung bei aktiver Anwendung von Gewalt
       1.6 Gefahr der Abhängigkeit

   2   **Einwirkungsmöglichkeiten der Schule**

       2.1 Gezielte Aufklärungsarbeit
       2.2 Förderung von Toleranz und Hilfsbereitschaft
       2.3 Ächtung von Gewalt

   3   **Einwirkungsmöglichkeiten der Eltern**

       3.1 Mehr Zeit und Zuwendung für Kinder und Jugendliche
       3.2 Erfüllung der Vorbildfunktion
       3.3 Stabile Familienverhältnisse
       3.4 Gemeinsame Auseinandersetzung mit Gewaltdarstellungen

C. Viele Studien beweisen, dass es einen Zusammenhang zwischen Gewaltdarstellungen in den Medien und Nachahmung gibt

2005/4 Immer wieder kommt es nach Diskothekenbesuchen zu schweren Pkw-Unfällen. Warum ist die Fahrt mit dem Auto gerade hier so gefährlich, warum wollen viele junge Menschen trotzdem nicht darauf verzichten und welche Gegenmaßnahmen sind möglich?

Hinweise zur Erschließung des Thema

Gerade lange Themastellungen erfordern eine sehr genaue Analyse. Der Vorspann umschreibt den Themabegriff, nämlich die so genannten „Diskounfälle", die vor allem bei der Fahrt nach dem Besuch einer Diskothek geschehen und jährlich viele Opfer fordern. Der erste Erörterungsauftrag stellt die Frage nach den **Ursachen für die Gefährlichkeit** (Unfallgefahr) solcher Fahrten. Der zweite Erörterungsauftrag fragt danach, **warum viele junge Menschen dennoch nicht aufs Auto verzichten**, um Diskotheken zu erreichen. Schließlich werden in einem dritten Teil **mögliche Gegenmaßnahmen** angesprochen, mit denen die Gefahr schwerer Unfälle im Zusammenhang mit Diskothekenbesuchen gemindert werden kann.

Themabegriff	„Diskounfälle"
Präzisierung	– Ursachen für die Gefährlichkeit von PKW-Fahrten nach Diskobesuchen – Gründe, warum junge Menschen dennoch nicht aufs Auto verzichten wollen, um Diskotheken zu erreichen – Mögliche Gegenmaßnahmen, um Diskounfälle zu verhindern
Erörterungsauftrag dreigliedrig	1. Warum ist der Weg von den Diskotheken nach Hause mit dem PKW so gefährlich? Welche Ursachen gibt es für Diskounfälle? 2. Warum wollen junge Menschen für die Fahrt in Diskotheken nicht auf das Auto verzichten? 3. Welche Gegenmaßnahmen sind möglich, um Diskounfälle zu verhindern?

Stoffsammlung und Strukturierung

Bei der Erarbeitung der Ursachen für diese Art von Unfällen solltest du dich zuerst fragen, wo diese **Ursachen** zu suchen sind. Zum einen sind es die **jungen Autofahrer** selbst, die für die Unfälle verantwortlich sind. Zum anderen besteht auch ein Zusammenhang mit dem Ziel der Autofahrt, der **Diskothek**.

Denke als Erstes darüber nach, **warum junge Autofahrer oft Opfer von derartigen Verkehrsunfällen werden**. Als Ursachen kannst du z. B. mangelnde Fahrpraxis, Selbstüberschätzung, Unterschätzung von Gefahrensituationen (Wetter, Wildwechsel ...), Raserei, Wettrennen usw. nennen. Bei der Diskothek kannst du fragen, was junge Menschen dort suchen und finden. Dazu gehören beispielsweise Alkohol- oder Drogenkonsum, Übermüdung, Ablenkung durch den Einfluss der Musik und des Tanzens bzw. der ausgelassenen Stimmung, die oft auch noch im Auto herrscht.

Nun musst du in deiner Stoffsammlung überlegen, warum viele junge Menschen nicht auf das Auto für die Fahrt zur Diskothek verzichten wollen. **Warum will jemand nicht auf das Auto verzichten?** Möglich ist, dass er nicht verzichten kann, weil er sonst nicht an sein gewünschtes Ziel kommt (schlechte Erreichbarkeit, keine öffentlichen Verkehrsmittel), oder er will nicht verzichten, weil er unabhängig bleiben möchte oder weil das Auto ein wichtiges Statussymbol unter jungen Menschen ist.

Bei der Frage nach den möglichen **Gegenmaßnahmen** solltest du an die **Personen/ Institutionen** denken, die etwas bewirken können. Überlege, was zur Vermeidung solcher Unfälle getan werden kann und wer etwas tun kann. Entscheidend ist, dass Jugendliche **über die Gefahren aufgeklärt** werden und ihr Verhalten dann dementsprechend ändern. Demnach sind hier vor allem Medien, Institutionen wie Schulen, die Polizei usw. gefordert. Eine Möglichkeit, unnötige und gefährliche Diskothekenfahrten zu vermeiden, ist auch, verstärkt **öffentliche Verkehrsmittel** einzusetzen. Auch **Diskotheken** selbst können sich an der Aufklärungsarbeit beteiligen oder beispielsweise alkoholfreie Getränke billiger verkaufen.

Die Gegenmaßnahmen durch die Betroffenen selbst musst du nicht unbedingt erörtern, da ja bereits die oben genannten Personen/Institutionen zu einer Verhaltensänderung der Betroffenen beitragen. Es geht um Gegenmaßnahmen und nicht um das Verhalten des Einzelnen, das durch die Maßnahmen positiv beeinflusst werden soll. Um das Thema in seinen wichtigsten Aspekten zu veranschaulichen, genügen diese Überlegungen, auch wenn es viele weitere Aspekte gibt, z. B. die Vorsätze, mit denen sich junge Menschen ins Auto setzen sollen.

Aufgrund der Dreigliedrigkeit des Themas solltest du auf eine **möglichst kurze Gliederung** achten, damit du genügend Zeit für anschauliche und tief gehende Argumente hast.

Leitfragen für die Stoffsammlung und Strukturierung

1. Welche Ursachen sind für die Diskounfälle verantwortlich?
2. Inwieweit ist das Verhalten der jungen Menschen dafür verantwortlich?
3. Inwieweit ist das Ziel der Autofahrt, die Diskothek, dafür verantwortlich?
4. Warum können oder wollen junge Menschen nicht darauf verzichten, mit dem Auto in die Disko zu fahren?
5. Wer kann etwas zur Vermeidung der Diskounfälle tun?
6. Was kann getan werden?

Mögliche Gliederung

A. **An den Wochenenden legen viele junge Menschen hunderte Kilometer zurück, um sich in Diskotheken zu vergnügen**

B. **Was sind die Ursachen für so genannte Diskounfälle, warum wollen viele junge Menschen dennoch nicht auf ihr Auto verzichten und welche Gegenmaßnahmen können gegen diese Art von Unfällen ergriffen werden?**

1 **Ursachen für Diskounfälle**

    1.1 Mangelnde Fahrpraxis
    1.2 Unterschätzung von Gefahrensituationen
    1.3 Mangelnde Konzentration auf die Verkehrssituation
    1.4 Ablenkung durch Mitfahrer
    1.5 Erhöhte Risikobereitschaft, um anderen zu imponieren
    1.6 Einfluss von Alkohol und anderen Drogen

2 **Gründe für die Verwendung des Autos als Verkehrsmittel, um in die Diskothek zu gelangen**

    2.1 Unabhängigkeit von Fahrplänen oder Mitfahrgelegenheiten
    2.2 Mangelnde öffentliche Verkehrsverbindungen
    2.3 Statussymbol eigenes Auto

3 Mögliche Gegenmaßnahmen zur Vorbeugung von Diskounfällen
3.1 Verkehrserziehung an den Schulen
3.2 Verstärkte Aufklärungsarbeit durch Medien und Polizei
3.3 Aufklärungs- und Kontrollmaßnahmen in den Diskotheken selbst
3.4 Gezielte Geschwindigkeits- und Alkoholkontrollen
3.5 Flächendeckende Einführung von Diskobuslinien und Sammeltaxen

C. **Letztendlich ist entscheidend, dass jeder Einzelne darauf achtet, vorsichtig und ohne Alkohol zu fahren**

2005/5 Viele Schulen unterstützen Projekte in armen Ländern oder Katastrophengebieten. Welche Ziele verfolgen sie damit für die Betroffenen, welche positiven Auswirkungen hat dieses Engagement auch für Schüler und Schule?

Hinweise zur Erschließung des Thema

Im Vorspann ist der Themabegriff erläutert. Es geht um die Unterstützung von Hilfsprojekten durch Schulen in armen Ländern bzw. Katastrophengebieten. Der erste Erörterungsauftrag stellt die Frage nach den angestrebten Zielen der Unterstützungsarbeit der Schulen für die Betroffenen in armen Ländern oder Katastrophengebieten. Der zweite Teil fragt nach den positiven Auswirkungen dieses Einsatzes auf die Schüler und die Schule selbst. Da die Themenstellung sehr viele Einzelinformationen enthält, musst du genau auf diese Einzelheiten achten.

Themabegriff	Projekte in armen Ländern oder Katastrophengebieten
Einschränkung	Unterstützung durch Schulen
Präzisierung	– Ziele der Unterstützung für die Betroffenen – Positive Auswirkungen der Unterstützungsarbeit für Schüler und Schule
Erörterungsauftrag zweigliedrig	1. Welche Ziele verfolgen Schulen für die Betroffenen mit ihrer Unterstützung von Hilfsprojekten in armen Ländern und Katastrophengebieten? 2. Welche positiven Auswirkungen hat die Unterstützungsarbeit für die Schüler und die Schule?

Stoffsammlung und Strukturierung

Dieses Thema ist vor dem Hintergrund des steigenden Bewusstseins für die Not der Menschen in Ländern nicht nur der Dritten Welt zu sehen, aber auch im Zusammenhang mit dem überwältigenden Engagement von Schulen und Schülern für die Tsunami-Opfer in Südasien am Anfang des Jahres 2005. Sehr wahrscheinlich engagiert sich deine Schule bzw. deine Klasse in irgendeiner Weise dafür und ihr habt euch sicherlich über den Sinn und die Ziele dieses Engagements unterhalten.

Zunächst steht die Frage im Mittelpunkt, was mit der Unterstützung von Hilfsprojekten durch Schulen im Hinblick auf die Betroffenen erreicht werden soll. Die allermeisten Projekte benötigen Geld oder Sachmittel, um zu helfen. Daher solltest du dich fragen, welche vordringlichen **Nöte die betroffenen Menschen** haben und welche **Hilfe** man mit **Geld- und Sachspenden** bewirken kann.

Armut und Naturkatastrophen erfordern ganz unterschiedliche **Arten der Hilfestellungen**. Sie reichen von der Notfallhilfe zur Sicherung des Überlebens (Nahrungsmittel, medizinische Erstversorgung) über den Aufbau einer funktionierenden Infrastruktur bis hin zu Projekten, die Hilfe zur Selbsthilfe darstellen und den Menschen Möglichkeiten in die Hand geben, für sich selbst zu sorgen sowie Arbeit, Einkommen und Nahrung sicherzustellen. Ferner gibt es Projekte, die die medizinische Versorgung der Bevölkerung vorantreiben oder die Schul- und Berufsbildung fördern helfen. Dafür gibt es z. B. eine Reihe von Schulpatenschaften oder Kinderpatenschaften. Viele Hilfsprojekte kümmern sich auch darum, eine Versorgung mit sauberem Trinkwasser aufzubauen oder die Arbeitsbedingungen in Entwicklungsländern zu verbessern (z. B. um Kinderarbeit zu verhindern). Hilfe vermittelt den Betroffenen aber auch, dass sie nicht ganz alleine mit ihrer unverschuldeten Notlage sind.

In einem weiteren Schritt solltest du überlegen, **was dieses Engagement den Schülern bringt**. Greife hier auch auf eventuell vorhandene Erfahrungen in deiner Klasse oder Schule zurück. Sicher ist es zunächst einmal ein schönes Gefühl, anderen helfen zu können, da man damit etwas Gutes tut. Ferner zeigen Schüler damit Solidarität mit den Betroffenen, sie lernen, dass wir in einer Welt leben, die keine Gleichgültigkeit gegenüber Not und Armut erlaubt. Der Einsatz für solche Hilfsprojekte bringt Schüler auch den Nöten der Menschen näher und sie lernen z. B. die Ursachen verstehen oder die Lebensverhältnisse und einzelne Länder besser kennen. Solche Projekte können auch dazu führen, dass sich Kontakte zu Menschen in fernen Ländern entwickeln können.

Schwieriger wird nun die Frage, welche positiven Auswirkungen dieses Engagement für die Schule besitzt, da die Schüler ja auch Teil der Schule als Organisation sind. Frage dich, wie kann ein solches Engagement **nach innen in die Schulgemeinschaft und nach außen in die Öffentlichkeit positiv wirken**. Zum einen wird die **Schulgemeinschaft** durch das soziale Engagement von Schülern und Lehrern gestärkt. Gemeinsam erreicht man das Ziel zu helfen, kommt sich möglicherweise bei Aktionen auch außerhalb des Unterrichts näher. Vielleicht wird dadurch auch der Umgang miteinander menschlicher, wenn man dem gleichen Ziel verbunden ist, Menschen, denen es schlechter geht, zu helfen. Nach außen wirkt das Engagement einer Schule natürlich positiv in der **Öffentlichkeit**, weil dadurch sichtbar wird, dass es den Schulen nicht nur um die Vermittlung von Lernstoff geht. Dies steigert das Image einer Schule und weist ihr eine Vorbildfunktion zu.

Da es sinnvoll ist, dass du zwischen den positiven Auswirkungen auf Schüler und Schule unterscheidest, solltest du dazu jeweils einen eigenen Oberpunkt formulieren.

Leitfragen für die Stoffsammlung und Strukturierung

1. Welche Nöte haben Menschen in armen Ländern und Katastrophengebieten?
2. Welche Art von Hilfe kann man mit Geld und Sachmitteln bewirken?
3. Wie wirkt die Hilfe auf die Betroffenen?
4. Was bringt ein derartiges Engagement den Schülern?
5. Wie kann sich die Unterstützung von Hilfsprojekten positiv nach innen (Schulgemeinschaft) und außen (Öffentlichkeit) auswirken?

Mögliche Gliederung

A. Die Tsunami-Katastrophe in Südasien löste auch an den deutschen Schulen eine überwältigende Hilfsbereitschaft aus

B. Welche Ziele verfolgen Schulen für die Betroffenen mit ihrer Unterstützung von Hilfsprojekten in armen Ländern und Katastrophengebieten? Welche positiven Auswirkungen hat diese Unterstützungsarbeit für die Schüler und die Schule?

1 Ziele des Engagements für die Betroffenen
  1.1 Sicherung des Überlebens
  1.2 Leben unter menschenwürdigen Bedingungen
  1.3 Gewährleistung einer medizinischen Grundversorgung
  1.4 Bereitstellung sauberen Wassers
  1.5 Sicherstellung der Schulbildung
  1.6 Möglichkeit von Berufsbildung und Arbeit
  1.7 Erleben von Solidarität

2 Positive Auswirkungen des Engagements für die Schüler
  2.1 Kennenlernen der Lebensverhältnisse
  2.2 Kontakte zu Menschen in betroffenen Regionen
  2.3 Auseinandersetzung mit den Ursachen für Armut und Ungerechtigkeit in der Welt
  2.4 Wertschätzung des Lebens im Wohlstand
  2.5 Vertiefung von Solidarität und Hilfsbereitschaft

3 Positive Auswirkungen des Engagements für die Schule
  3.1 Positive Wirkung in der Öffentlichkeit
  3.2 Vorbildfunktion für die Öffentlichkeit
  3.3 Stärkung der Schulgemeinschaft
  3.4 Verbesserung des Miteinanders von Lehrern und Schülern

C. Jede Schule in reicheren Ländern sollte eine Schulpatenschaft in der Dritten Welt übernehmen

2005/6 Wie trägt sportliche Betätigung positiv zur körperlichen und charakterlichen Entwicklung junger Menschen bei?

Hinweise zur Erschließung des Thema

Themabegriff dieses eingliedrigen Themas ist die „sportliche Betätigung". Einschränkende Elemente sind die beiden Angaben „positiv" und „junge Menschen". Damit kannst du deine Argumentation eingrenzen und deine Stoffsammlung genau danach ausrichten. Als Präzisierung der Erörterungsaufgabe dient die Beschränkung auf die „körperliche" und „charakterliche Entwicklung".

Themabegriff	sportliche Betätigung
Einschränkung	positive Wirkung, junge Menschen
Präzisierung	körperliche und charakterliche Entwicklung
Erörterungsauftrag eingliedrig	Welchen positiven Beitrag leistet sportliche Betätigung für die körperliche und charakterliche Entwicklung junger Menschen?

Stoffsammlung und Strukturierung

Zunächst solltest du dir die **unterschiedlichsten Formen sportlicher Betätigung** vor Augen halten, die in der Gruppe, allein oder im Verein stattfinden und die verschiedensten Sportarten oder auch einfach die Bewegung an der frischen Luft umfassen können.
Danach solltest du den Begriff **„körperliche" Entwicklung** hinterfragen. Dazu zählt alles, was mit dem Körper zusammenhängt, also Körperbau, Haltung, Muskeln, Skelett, Herz- und Kreislaufsystem, Gewicht usw. Überlege, welche positive Auswirkungen sportliche Betätigung auf diese Bereiche hat. Denke immer daran, dass das Thema besonders auf die jungen Menschen eingeht: Auch wenn die positiven Einflüsse meist altersunabhängig sind, so besitzt sportliche Betätigung gerade in jungen Jahren einen großen Stellenwert.
Etwas umfangreicher müssen die Überlegungen zu den positiven charakterlichen Auswirkungen sein, da du zuerst ergründen musst, was zum **Charakter eines Menschen** gehört. Charakter bedeutet die besondere Eigenart eines Menschen, die Gesamtheit seiner wesensbestimmenden Eigenschaften. Man nennt dies auch seine Persönlichkeit. Woraus setzen sich also die **wesensbestimmenden Eigenschaften** eines Menschen zusammen? Zur Beantwortung dieser Frage überlegst du am besten, wie und wodurch Menschen auf dich wirken. Entscheidend sind dafür zum einen die Eigenschaften des Verhaltens, ob jemand ängstlich ist oder selbstbewusst, oder auch, wie jemand mit Herausforderungen oder Stresssituationen umgeht. All dies betrifft den **seelischen Bereich**.
Dann ist bei den Wesenzügen wichtig, **wie ein Mensch sich im Miteinander mit anderen Menschen verhält**, ob man mit ihm im Team zusammenarbeiten kann, ob er Verantwortung übernehmen oder Rücksicht nehmen kann. Dies nennt man **Sozialverhalten**, das bedeutet, das Verhalten in der Gemeinschaft.
Schließlich gehören zu den Wesenszügen eines Menschen auch die **geistigen Fähigkeiten**, also Gedächtnis, Auffassungsgabe, Lernleistung usw. Viele Sportarten verlangen bestimmte Bewegungsabläufe oder die Beachtung einer Reihe von Regeln. Bei ihrer Einübung kann man unter anderem das Kurzzeitgedächtnis trainieren und so auch Lernprozesse außerhalb des Sports verbessern.
Nun musst du dir die Frage stellen, **wie Sport sich positiv auf die genannten Bereiche auswirken kann**. Denke dabei vor allem an die verschiedenen Arten sportlicher Betätigung. Es gibt Sportarten, die vor allem dem Muskelaufbau oder der Steigerung der Kondition dienen. Dagegen bauen Mannschafts- und Vereinssportarten sehr stark auf Verantwortung und

Teamgeist. Denke auch daran, wie Sport auf die Seele und den Geist wirkt, wenn man z. B. nach einem arbeitsreichen Tag eine Stunde joggt oder schwimmt. Anhand dieser Überlegungen kannst du die charakterlichen Auswirkungen nach der geistigen, seelischen und sozialen Entwicklung gliedern und hast damit das Thema vollständig erfasst und erarbeitet. Da bei jungen Menschen die Charakterbildung noch nicht abgeschlossen ist, haben hier die positiven Effekte eine entsprechend hohe Bedeutung.

Leitfragen für die Stoffsammlung und Strukturierung

1. Welche Formen sportlicher Betätigung gibt es?
2. Was bedeutet körperliche Entwicklung?
3. Wie wirken sich verschiedene Sportarten auf die Bereiche des Körpers positiv aus?
4. Was ist unter dem Charakter eines Menschen zu verstehen?
5. Woraus setzt sich der Charakter eines Menschen zusammen?
6. Wie wirkt sportliche Betätigung auf die geistigen, seelischen, sozialen Eigenschaften eines jungen Menschen?

Mögliche Gliederung

A. **Immer weniger Kinder und Jugendliche betreiben Sport und leiden aus Mangel an Bewegung an Übergewicht**

B. **Welche positiven Beiträge leistet sportliche Betätigung für die körperliche und charakterliche Entwicklung junger Menschen?**

   1 **Körperliche Entwicklung**
      1.1 Aufbau und Stärkung der Muskulatur und der Gelenke
      1.2 Steigerung der Kondition
      1.3 Stärkung des Herz-Kreislauf-Systems
      1.4 Steigerung der Abwehrkräfte
      1.5 Vermeidung oder Reduzierung von Übergewicht

   2 **Charakterliche Entwicklung**
      2.1 Geistige Entwicklung
      2.1.1 Verbesserung von Lernprozessen
      2.1.2 Förderung der Konzentration
      2.2 Seelische Entwicklung
      2.2.1 Förderung der Ausgeglichenheit
      2.2.2 Stärkung des Selbstbewusstseins
      2.2.3 Vermeidung von Depressionen und Angstzuständen
      2.3 Entwicklung des Sozialverhaltens
      2.3.1 Steigerung des Verantwortungsbewusstseins
      2.3.2 Stärkung der Teamfähigkeit
      2.3.3 Förderung der Integrationsfähigkeit

C. **Sportliche Betätigung wird im Zusammenhang mit der intensiven Nutzung des Computers immer wichtiger**

> Abschlussprüfung 2005 an Realschulen: Deutsch
> Aufgabengruppe B: Textgebundener Aufsatz

Aufgabe 7

Nur nicht nach unten schauen ...

Im Hochseilgarten Stärken und Schwächen entdecken

VON JOHANNA SÄUBERLICH

Es ist der Himmel und die Hölle: Unter mir klafft der Abgrund, über mir strahlt sonniges Blau durch die Baumkronen und in mir ist Angst. Furcht
5 und Lust am Erleben liegen nah beieinander. In zehn Metern über dem Erdboden saust das Herz, flattern die Knie und die Hände suchen krampfhaft nach Halt.

Im Nürnberger Hochseilgarten hangeln
10 sich Abenteurer von Baumstamm zu Baumstamm, sie balancieren über Hängebrücken und springen über Abgründe: ein Erlebnis, das Grenzerfahrung verspricht. „Hochseilgärten spielen bewusst mit der
15 Angst und der Lust", sagt Cornelia Schödlbauer, promovierte Sportpädagogin und Lehrbeauftragte an der Fachhochschule in Nürnberg. Wer das Erlebnis im Hochseilgarten sucht, treffe dabei auf verschie-
20 denste Betreiber: „Die Konzepte variieren zwischen reinem Action-Erlebnis à la Bungeejumping und dem verantwortungsvollen erlebnispädagogischen Arbeiten."

Hotels, Universitäten, Kliniken, Firmen,
25 Schullandheime und Vergnügungsparks sind inzwischen auf den Hochseilgarten gekommen. Vom Teamtraining für Firmen bis hin zum Kindergeburtstag auf wackli-
30 gen Balken bieten sie Erlebniswilligen Abwechslung an. Schätzungsweise 150 Klettergärten gibt es in Deutschland. „Viele wollen damit das große Geld machen", meint Jus Henseleit, Geschäftsführer von Outward Bound, einem der größ-
35 ten Anbieter von Outdoor-Aktivitäten mit Sitz in München. Doch das klappt kaum. Aus den USA herübergeschwappt, begeisterte der Trend bereits vor zehn Jahren Pädagogen und Personaltrainer. Dabei sind
40 die gewagten Luftnummern tatsächlich viel älter. Erstmals nutzte das Militär die „Ropes Courses" in den 50er-Jahren, um Soldaten in Ausnahmesituationen zu schulen. In Nürnberg hat das Theater Pfütze
45 an der Reutersbrunnenstraße einen Hochseilgarten aufgemacht. „Im Hochseilgarten können die Menschen ihre Fähigkeiten entdecken und stärken", sagt Sozialpädagoge Uli Harms vom Betreuerteam
50 „yep-I-can", das einmal im Monat das Pfütze-Gelände nutzt. Es gehe darum, die eigenen Grenzen kennen zu lernen, Ängste zu überwinden und Vertrauen zu fassen.

„Wenn ich nicht im Hochseilgarten bin,
55 bin ich bei der Arbeit", stellt sich der Professor vor, der für vier Stunden Abenteuer

anstatt Alltag gebucht hat. Hausfrauen, Berufstätige und Studenten recken die Köpfe gen Himmel und gucken, was sie hoch oben erwartet.

Doch ohne Gruppengefühl läuft nichts. Zwei Stunden lang müssen die Himmelstürmer erst mal im Niedrigparcours soziale Kompetenz üben. „Ich habe geglaubt, ich könnte hier klettern", wirft der 32-jährige Ferdinand ein. Aber die Betreuer lassen die Gruppe durch Netze krabbeln und gemeinsam über Balken am Boden balancieren.

Endlich geht es los. Helm auf, Klettergurt festziehen und das Sicherheitsseil einhaken. „Wem es schon auf dem Querbalken reicht, der geht wieder runter", erklärt Betreuer Uli Harms und schon klettert die Erste die Steigeisen hoch. Umkehren? Nicht möglich. Die Blöße gibt sich keiner.

„Der Gruppendruck ist in solchen Situationen groß", kritisiert Cornelia Schödlbauer. Wer mit mehreren Leuten oben auf engem Raum stehe, tue automatisch Sachen, die er nicht wolle. Dann fühle sich mancher vor dem großen Sprung eher ausgeliefert als aufgehoben. „So einsam wie da oben ist man nirgendwo", meint Schödlbauer. Von Teamtraining könne erst recht nicht die Rede sein. Im Gegenteil: Der Hochseilgarten sei in erster Linie als Instrument für individuelle Erfahrungen sinnvoll. In der Höhe könne man vor allem viel über sich selbst lernen.

„You can do it", ruft die 28-jährige Aileen, als sie mit ihrer Partnerin Hand in Hand

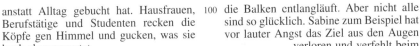

**Umkehren ist unmöglich.
Die Blöße gibt sich keiner.**

die Balken entlangläuft. Aber nicht alle sind so glücklich. Sabine zum Beispiel hat vor lauter Angst das Ziel aus den Augen verloren und verfehlt beim Sprung das Podest. Mit dem Knie schlägt sie vor eine Kante und verzieht schmerzhaft das Gesicht.

Wer etwas über sich selbst und seine Grenzen wissen will, bekommt die Antwort prompt. Selbstzweifel, Mutlosigkeit oder Spaß und Zutrauen sind hoch oben intensiv erlebbar. „Wir lassen niemanden mit seinen Erlebnissen allein", verspricht Uli Harms. Aber in vielen Fällen fehlten pädagogisch qualifizierte Betreuer, meint Jus Henseleit von Outward Bound. Denn bislang kann jeder Betreuer seine Leute selbst ausbilden. Pädagogische und psychologische Aspekte kämen da oft zu kurz.

Schließlich ist der Balanceakt nicht nur ein Abenteuer, sondern auch ein Erfahrungsfeld für die Seele. Entsprechend entdecken immer mehr Kliniken die Hochseilgärten für therapeutische Zwecke. „Gerade bei Angststörungen oder Suchtproblemen sind sie ein probates Mittel zur Therapie", erklärt Cornelia Schödlbauer.

„Das ist wie Psychotherapie", findet auch Ferdinand im Nürnberger Hochseilgarten und philosophiert über Selbsterfahrung, Spaß und Großstadtkinder ohne Klettererlebnisse. Während mir wie im Traum der Gedanke kommt, dass sich Gras unter den Füßen einfach viel göttlicher als der Himmel anfühlt.

Text: nach Nürnberger Nachrichten, 10. Juli 2004
Fotos: dreamstime.com/Steve Weaver (Bild neben dem Titel) und Vicky Rall (Bild im Text)

Aufgabenstellung

Lesen Sie den Text sorgfältig durch und bearbeiten Sie dann die folgenden Aufgaben. Bei Nummer 5 können Sie a oder b wählen.
1. Fassen Sie den Inhalt des Textes so zusammen, dass der Textaufbau erkennbar wird.
2. Beschreiben Sie auffällige Elemente des Textäußeren und gehen Sie dabei auch auf die Funktion ein.
3. Stellen Sie wichtige sprachliche Mittel und die damit beabsichtigte Wirkung dar.
4. Weisen Sie nach, um welche Textsorte es sich handelt.
5. a) Erörtern Sie, warum ausgefallene Freizeitbeschäftigungen in der heutigen Zeit einen so großen Zulauf haben.
    oder
    b) Bitten Sie in einem Brief an die Schulleitung mit überzeugenden Argumenten um die Einführung des Wahlfachs „Klettern" an Ihrer Schule.

2005/7 „Nur nicht nach unten schauen"

Hinweis:
Die folgenden Gliederungen zum Textgebundenen Aufsatz richten sich nach den Empfehlungen für eine **übersichtliche Gliederung**, die ab der Prüfung 2006 gelten (siehe Vorspann, S. 40 f.).

Mögliche Gliederung

A. Die Reportage stellt den Hochseilgarten in Nürnberg, unterschiedliche Verwendungsmöglichkeiten und Erfahrungen der Besucher derartiger Einrichtungen vor

B. Auseinandersetzung mit dem Text „Nur nicht nach unten schauen ..." und weiterführende Erörterung bzw. Brief an die Schulleitung (je nach Wahl)

   1   Inhalt und Textaufbau

   2   Textäußeres und dessen Funktion
       2.1 Umfang und Gliederung des Textes
       2.2 Besondere Gestaltungsmittel

   3   Wichtige sprachliche Mittel und deren Wirkung
       3.1 Satzbau
       3.2 Wortwahl
       3.3 Besondere Stilmittel

   4   Nachweis der Textsorte: Reportage

   5   Weiterführende Aufgabe: Warum haben ausgefallene Freizeitbeschäftigungen heutzutage einen so großen Zulauf?
       5.1 Nervenkitzel und Abenteuerlust
       5.2 Erfahrung eigener Grenzen
       5.3 Ausgleich zu Alltag und Arbeitsbelastung

oder:

   5   Brief an die Schulleitung zur Einrichtung des Wahlfaches „Klettern"

C. Die Reportage macht Lust, auch einmal einen Hochseilgarten zu besuchen

Mögliche Notizen zu den einzelnen Bereichen der Gliederung

Einleitung   A.
– Thematik des Artikels: Die Reportage stellt den Hochseilgarten in Nürnberg, seine unterschiedlichen Verwendungsmöglichkeiten und Erfahrungen der Besucher derartiger Einrichtungen vor. Quelle, Autorin, Erscheinungszeitpunkt.
oder:
– eigenständige Hinführung zur Thematik: z. B. eigener Standpunkt zum Thema, eigene Erfahrungen usw.

Inhalt und Textaufbau   B. 1
– Einleitung, Hinführung zur Thematik (Z. 1–8): Eindrücke und Gefühle der Autorin über dem Abgrund
– Hauptteil 1 (Z. 9–23): psychologische Hintergründe zu den Hochseilgärten, Erlebnisorientierung zwischen Angst und Lust und ernsthafte erzieherische Arbeit
– Hauptteil 2 (Z. 24–53): unterschiedlichste Betreiber und Nutzer von Klettergärten, Entstehungsgeschichte (militärische Ausbildungsmethode), Entdecken von Fähigkeiten und Grenzen als Ziel
– Hauptteil 3 (Z. 54–83): Eindrücke von Kursteilnehmern und Betreuern – Abenteuer statt Alltag, Vorbereitungstraining auf dem Boden, niemand denkt ans Aufgeben
– Hauptteil 4 (Z. 84–125): Gruppendruck verführt zum Risiko, persönliche Erfahrung statt Gemeinschaftsgefühl, Ängstlichkeit kann zu Verletzungen führen, oft fehlen gut ausgebildete Betreuer
– Hauptteil 5 (Z. 126–139): Rolle der Klettergärten in der Sucht- und Psychotherapie
– Schlussresümee (Z. 139–142): Pointe in Form eines Rückgriffs auf die eigenen Erfahrungen „zwischen Himmel und Hölle" in der Einleitung

Textäußeres und dessen Funktion   2
Umfang und Gliederung des Textes   2.1
– zwei DIN-A5-Seiten, Zweispalter, dreizeilige Schlagzeile, zweizeiliger Untertitel: Inhaltszusammenfassung, Erregung der Aufmerksamkeit des Lesers
– Name der Verfasserin
– Initiale: optische Kennzeichnung des Textbeginns, Hervorhebung

Besondere Gestaltungsmittel   2.2
– Fotos neben der Überschrift (Kletterer auf einem Kletterseilgerüst) und im Text integriert (balancierendes Mädchen): Veranschaulichung von Textinhalten, Leseanreiz
– Bildunterschrift unter dem zweiten Foto: Hervorhebung einer wichtigen Aussage aus dem folgenden Textteil

Wichtige sprachliche Mittel und deren Wirkung   3
Satzbau   3.1
– kurze Hauptsätze (z. B. Z. 1–8, 36, 39–41): erlebnisorientierte Sprache, Aufbau von Spannung, „Live-Eindruck"
– häufig direkte Rede (z. B. Z. 14 f., 20–23, 32 f., 46–48): Echtheit (Authentizität), Glaubwürdigkeit, lebendige Darstellung, Abwechslung in der Darstellungsweise
– auffällig wenig Satzgefüge, höchstens in Form von indirekten Reden (z. B. Z. 18–20, 86–88): leichte Lesbar- und Verständlichkeit, unmittelbare Wiedergabe der Eindrücke und Erlebnisse
– Aufzählungen und Reihungen (Z. 9–12, 24 f.): knappe verdichtete Darstellung von allgemeinen Informationen, damit genügend Raum für unmittelbare Eindrücke bleibt

Wortwahl 3.2
– Anglizismen: viele englische bzw. amerikanische Wörter und Ausdrücke (z. B. „Ropes Courses", Z. 42; „yep-I-can", Z. 50; „You can do it" Z. 98) – Zusammenhang mit der Entstehung der Hochseilgärten, Anglizismen als allgemeiner Trend in der Sprachentwicklung, Hervorhebung der Sportlichkeit, Jugendlichkeit und Aktualität des Themas
– Fachbegriffe und Fremdwörter: oft in Zusammenhang mit Psychologie oder Pädagogik (z. B. „promovierte Sportpädagogin", Z. 16; „erlebnispädagogischen Arbeiten", Z. 23; „Gruppendruck", Z. 84; „therapeutische Zwecke", „Angststörungen", „Suchtproblemen", Z. 130–132): Darstellung der fachlichen Fähigkeiten der Autorin und der Befragten, gewissenhafte Recherche, wissenschaftliche Untermauerung der Aussagen

Stilmittel und Sprachstil 3.3
– Verwendung von Gegensätzen (z. B. „der Himmel und die Hölle", Z. 1; „Unter mir klafft der Abgrund, über mir strahlt sonniges Blau", Z. 2 f.; „der Angst und der Lust", Z. 14 f.; „Selbstzweifel, Mutlosigkeit oder Spaß und Zutrauen", Z. 111–113): veranschaulichende Betonung der Aussage
– allgemeines Merkmal Standardsprache: Erreichen einer breiten Leserschicht

Nachweis der Textsorte: Reportage 4
– Recherche am Ort des Geschehens, eigenes Erleben der Verfasserin (Z. 1–8)
– Bezug zu einem aktuellen Ereignis: Eröffnung eines Klettergartens (Z. 44–46)
– subjektive, gefühlsbetonte Eindrücke der Verfasserin (Z. 139–142) neben Wiedergabe von Eindrücken und Aussagen Beteiligter (z. B. Z. 54 f., 66–68) und Aussagen von Fachleuten (z. B. Z. 14 f., 20–23, 114–116)
– „Zoom-Technik": Wechsel der Perspektive von der Schilderung von Einzelheiten im ersten Absatz zu allgemeinen Aussagen und Nennung des Themas im zweiten Absatz
– äußere Gestaltung (Fotos, Schlagzeile, Initiale usw.)

Weiterführende Aufgabe: Warum haben ausgefallene Freizeitbeschäftigungen heutzutage einen so großen Zulauf? 5
– Nervenkitzel und Abenteuerlust 5.1
– Erfahrung eigener Grenzen 5.2
– Ausgleich zu Alltag und Arbeitsbelastung 5.3

Hinweis:
Drei anschauliche Argumente genügen. Beachte, dass du den Themabegriff „Freizeitbeschäftigungen" genau einhältst und dich nicht von der spezielleren Thematik der Reportage verleiten lässt.

oder:

Brief an die Schulleitung zur Einrichtung des Wahlfaches „Klettern" 5
Beachte den Arbeitsauftrag, der darauf hinweist, dass du in deinem Brief überzeugende Argumente (mit Behauptung – Begründung – Beispiel(e) – Folgen) anführen sollst. Da der Brief an die Schulleitung gerichtet ist, handelt es sich um einen sachlichen Brief mit den notwendigen formalen Anforderungen (z. B. höfliche Anrede, Betreffzeile). Durch den speziellen Wunsch „Klettern" ist es sinnvoll, davon auszugehen, dass am Schulort oder in der Nähe ein Klettergarten bzw. eine Kletterwand vorhanden ist.
Einen ausgeführten Brief findest du im anschließenden Aufsatzbeispiel.

Schluss C.
Hier kannst du kurz begründen, warum die Reportage dein Interesse an Hochseilgärten geweckt hat, oder du formulierst entsprechend deines Schlussgedankens in der Gliederung einen begründeten Schluss.

Aufgabe 8

Erbarmungslos
Wie Kester Schlenz und seine Familie von Menschen in Blaumännern zermürbt werden

Sie kamen vor Sonnenaufgang. Motorengeräusch weckte uns. Autotüren klappten. „Bild"-Zeitungen raschelten. Raue Männerkehlen riefen sich Kommandos zu. Dann klingelte es an der Tür. Die Klempner waren da! Und wir lagen noch im Bett. Gut, wir hatten am Telefon „morgens" vereinbart. Aber das die Herren sage und schreibe um zehn nach sieben auf der Matte stehen würden, konnte doch keiner ahnen. So musste ich also hektisch in die Klamotten hüpfen und dann wie ein Zombie unrasiert und mit wirren Haaren dämlich grinsend die Tür aufmachen, während gut gelaunte, bullige Männer an mir vorbeistürmten und anfingen, die Duschwanne aufzureißen. Ich fragte den Meister schüchtern, ob er mit seinen Mannen nicht eine Terz zu früh vor Ort sei, und erntete Unverständnis. Wie immer! Es ist nun mal ein Naturgesetz, dass es in unserer Familie und dem Handwerk nicht klappt. Immer ist irgendwas. Nun muss man wissen, dass ich in Sachen Heimwerker ein Volltrottel bin. Ich kann nicht sägen, bohren, schleifen oder hobeln. Und ich will es auch nicht. Meine Frau Gesa ist zwar Schneiderin, will aber auch nicht mit grobem Werkzeug hantieren. Also müssen wir leider viel machen lassen. Und deshalb haben wir öfter Handwerker verschiedenster Gewerke zu Gast. Und jedes Mal hoffen wir, dass es schnell vorbeigehen möge. Die großen, kräftigen Kerle mit den dicken Unterarmen und den groben Arbeitsklamotten schüchtern mich stets ein. Manche tragen sogar ein Messer am Gürtel. Sie haben tiefe Stimmen, werden schnell ungeduldig und wollen immer irgendwo etwas rausreißen, ausschachten oder „komplett wegschleifen". Ich verstehe sie oft nicht. Weiß nicht, was „Fünf-Zoll-Muffe" oder „Feuchtraumdose" bedeutet. Meine Frau schon, aber mit ihr sprechen sie nicht, wenn ich dabei bin. Handwerker sind so. Sie stammen aus einer anderen Zeit, einer Zeit, als das Recht des Stärkeren noch mit Faustkeilen und Zollstöcken durchgesetzt wurde. „Sei stark", sage ich zu mir. „Du bist der Auftraggeber. Du zahlst. Was du willst, wird gemacht." Ich mime also den Hausherren, der Ahnung hat. Aber sie stellen mir Fangfragen, wedeln mit Kabeln vor meinem Gesicht, zerren mich vor Messgeräte, zwingen mich, in Sickergruben zu gucken. Und kurz danach stimme ich allem zu, was sie mir vorschlagen, und unterschreibe willenlos Kostenvoranschläge. Meine Söhne stehen staunend daneben. Sie erleben, wie ihr Papa zu Hause die Macht an andere Männer abgibt. Und am Ende sind sie froh, dass die Werkzeug-Wikinger mich nicht noch in Handschellen mitnehmen. Das Schlimmste aber, was mir Handwerker antun können, ist, den folgenden Satz zu sagen: Na, das können Sie dann ja vorher selber erledigen. Einmal musste ich einen Graben für ein Erdkabel buddeln, hatte aber vergessen, wie tief ich gehen sollte. Am nächsten Tag rief mich Gesa im Büro an und sagte, die Männer hätten gefragt, ob sie ein Erdkabel verlegen oder Möhrchen säen sollten. Ein anderes Mal musste ich einen Haltemast für eine Satellitenschüssel einbetonieren. Der TV-Techniker wollte die Schüssel dann am nächsten Tag anbringen und den Receiver anschließen. Ich hatte noch nie betoniert und stellte mich entsprechend dumm an. Aber schließlich, gegen zehn Uhr abends, stand die Eisenstange bombenfest im Untergrund. Und am nächsten Morgen kam der Techniker, wackelte ein wenig dran herum, nickte zufrieden und sagte: „Ja, das wird halten." Er war ein wenig verwundert, als ich ihn umarmte und „Danke, Meister" stammelte. *Kester Schlenz*

Text: „Brigitte. Das Magazin für Frauen", Nr. 23/2002
Zeichnung: Friederike Großekettler

Information: Kester Schlenz ist Autor von Romanen, Kinderbüchern und -hörspielen. Berühmt wurde er durch seine Bücher über das Vaterwerden.

Aufgabenstellung

Lesen Sie den Text „**Erbarmungslos**" sorgfältig durch und bearbeiten Sie dann die folgenden Aufgaben. Bei Nummer 5 können Sie a oder b wählen.
1. Fassen Sie den Textinhalt so zusammen, dass der Textaufbau erkennbar wird. Gehen Sie auch auf die Funktion der Zeichnung ein.
2. Bestimmen Sie die Textsorte, indem Sie deren Merkmale nachweisen.
3. Beschreiben Sie die sprachlichen Mittel und gehen Sie dabei auch auf die beabsichtigten Wirkungen ein.
4. Welche Absichten verfolgt der Verfasser Ihrer Meinung nach mit diesem Text?
5. a) Für Realschulabgänger ist ein Ausbildungsplatz im Handwerk eine interessante Möglichkeit. Was spricht Ihrer Meinung nach für eine Lehre in einem handwerklichen Beruf?
    oder
    b) Baumärkte erfreuen sich bei uns großer Beliebtheit. Warum ist das so?

2005/8 „Erbarmungslos"

Mögliche Gliederung

A. Der Text schildert die mangelnde Begabung des Autors für handwerkliche Tätigkeiten bzw. im Umgang mit Handwerkern

B. Auseinandersetzung mit dem Text „Erbarmungslos" und weiterführende Erörterung

1 Inhalt mit Textaufbau und Funktion der Zeichnung
   1.1 Inhalt und Aufbau des Textes
   1.2 Funktion der Zeichnung

2 Nachweis der Textsorte: Glosse *(Hinweis: Auch Satire ist möglich.)*

3 Sprachliche Mittel und deren Wirkung
   3.1 Wortwahl
   3.2 Satzbau
   3.3 Wichtige Stilmittel

4 Absichten des Autors

5 Weiterführende Erörterung: Was spricht meiner Meinung nach für eine Lehre in einem handwerklichen Beruf?
   5.1 Interesse an technischen Zusammenhängen
   5.2 Freude an praktischen Tätigkeiten
   5.3 Möglichkeit, sich später selbstständig zu machen

oder:

5 Weiterführende Erörterung: Warum erfreuen sich Baumärkte bei uns einer so großen Beliebtheit?
   5.1 Unabhängigkeit von Handwerkern
   5.2 Heimwerken als Möglichkeit, Geld zu sparen
   5.3 Freude an eigener handwerklicher Arbeit

C. Baumärkte können die Fachberatung und die qualifizierte Arbeit eines Handwerkers nicht ersetzen

Mögliche Notizen zu den einzelnen Bereichen der Gliederung

Einleitung   A.

– Thematik des Textes: Der Autor schildert mit viel Selbstironie seine mangelnde Begabung für handwerkliche Tätigkeiten und seine Schwierigkeiten im Umgang mit Handwerkern. Autor, Quelle, Erscheinungszeitpunkt.

oder:

– eigenständige Hinführung zur Thematik: z. B. eigene Erfahrung als Heimwerker bzw. eigene Erfahrung mit Handwerkern

Inhalt mit Textaufbau und Funktion der Zeichnung   B. 1
Inhalt und Aufbau des Textes   1.1
- Sinnabschnitt 1, Hinführung zum Thema (Z. 1–28): überfallartiges Erscheinen von Handwerkern am frühen Morgen im Haus des Autors
- Sinnabschnitt 2, Hauptteil (Z. 28–44): Der Autor beklagt sich, dass er und seine Frau als Heimwerker völlig unbegabt seien. Deswegen müssten sie häufig Handwerker beauftragen.
- Sinnabschnitt 3, Hauptteil (Z. 44–59): Die Handwerker werden in ihrem Äußeren und Auftreten beschrieben, um dann die Wirkung ihres Verhaltens zu schildern. Der Autor fühlt sich verunsichert und verängstigt.
- Sinnabschnitt 4, Hauptteil (Z. 59–84): Der Autor versucht der Einschüchterung zu begegnen, indem er sich als Hausherrn und Auftraggeber betrachtet. Dennoch lässt er regelmäßig beeindrucken und unterwirft sich den Handwerkern.
- Sinnabschnitt 5, Hauptteil (Z. 85–106): Eigene vorbereitende Arbeiten misslingen meist – bis auf eine Ausnahme – und werden von den Handwerkern belächelt.
- Sinnabschnitt 6, Schlusspointe (Z. 106–108): Der Autor reagiert sehr emotional auf das erste positive Urteil eines Handwerkers und bedankt sich überschwänglich bei ihm.

Funktion der Zeichnung   1.2
Die Zeichnung bezieht sich auf die Situation im ersten Sinnabschnitt, als „gut gelaunte Männer" vorbeistürmen, und veranschaulicht diese. Als Karikatur setzt sie überspitzt das Grundthema „tatkräftig zur Sache gehende Handwerker" um. Zudem lockert sie den Text auf, der nur aus einem einzelnen Absatz besteht.

Nachweis der Textsorte: Glosse *(Möglich ist auch der Nachweis als Satire mit denselben Begründungen und Merkmalen.)*   2
- Aufgreifen eines Alltagsthemas (Heimwerken und die Erfahrung mit Handwerkern)
- ironisch-witzige Art der Darstellung (siehe sprachliche Mittel)
- häufige Verwendung von Übertreibungen beim eigenen Verhalten und dem der Handwerker (siehe sprachliche Mittel)
- Schlusspointe: Der Autor fällt einem der „gefürchteten" Handwerker um den Hals.
- Karikatur: tatkräftiger Handwerker
- Nennung des Autors

Sprachliche Mittel und deren Wirkung   3
Wortwahl   3.1
- zahlreiche anschauliche Adjektive (z. B. „raue", Z. 4; „hektisch", Z. 11; „unrasiert", „wirren", „dämlich grinsend", „gut gelaunte", „bullige", Z. 13–18; „großen", „kräftigen", „dicken", „groben", Z. 44–46): Anschaulichkeit, erhöhte Bildhaftigkeit, Merkmal der Schilderung
- aussagekräftige Verben (z. B. „klappten", „raschelten", Z. 3 f.; „hüpfen", Z. 12; „vorbeistürmten", Z. 19; „ausschachten", „komplett wegschleifen", Z. 50 f.; „wedeln", Z. 68): Belege für die Unfähigkeit des Autors in handwerklichen Dingen
- Fachausdrücke (z. B. „Gewerke", Z. 42; „Fünf-Zoll-Muffe", „Feuchtraumdose", Z. 52 f.; „Faustkeilen", „Zollstöcken", Z. 58 f.; „Erdkabel", Z. 89; „Receiver", Z. 98): weitere Hinweise auf die Hilflosigkeit des Autors als Heimwerker, selbstironische Wirkung
- Umgangssprache (z. B. „auf der Matte stehen", Z. 10; „Klamotten", Z. 12; „Volltrottel", Z. 35; „rausreißen", Z. 50; „dran herum", Z. 104 f.): Hervorheben der Alltagssituation

Satzbau   3.2
- kurze Hauptsätze, vor allem am Anfang (z. B. Z. 1–8), im Wechsel mit längeren Satzgefügen (z. B. Z. 11–21, 89–87): Spannungssteigerung, Darstellung der Dynamik, mit der Handwerker vom Hausherrn „Besitz ergreifen", gewisse Dramatik der Situation

- Aufzählungen bzw. verkürzte Satzreihen (z. B. Z. 35 f., 48–51, 66–73, 103–105): Verdichtung der Information, Steigerung der Dynamik, Steigerung der Spannung
- Formulierung der Überschrift: Herausgehobenes Einzelwort, Erklärung im Untertitel lässt auf ein dramatisches Ereignis schließen: Steigerung des Leseanreizes
- Ausrufe (Z. 6, 27 f.) und direkte Rede (Z. 87 f., 105 f., 107 f.): Betonung der Angst und Hilflosigkeit des Autors

Wichtige Stilmittel 3.3
- Übertreibungen (z. B. Überschrift, Untertitel, Z. 12–15, 17–21, 44–47, 65–73, 83–86): typisch für Glosse/Satire, Humor, „Boshaftigkeit", bringt den Leser zum Schmunzeln
- Selbstironie (z. B. Z. 28–32, 34 f., 73–78): Veranschaulichung der eigenen Unfähigkeit, Hilflosigkeit und des Ausgeliefertseins
- Vergleiche der Handwerker mit Steinzeitmenschen (Z. 56–59), Wikingern (Z. 83) und mit einem Überfallkommando (Z. 66–73): Übertreibung, Ironie, Betonung der eigenen Hilflosigkeit

Absicht des Autors 4
- Unterhaltung: Stilmittel der Ironie, Übertreibung
- humorvolle Kritik am Verhalten von Handwerkern
- selbstironische Darstellung fehlender handwerklicher Fähigkeiten
- Identifikation des Lesers mit dem Thema „mangelndes handwerkliches Geschick und Schwierigkeiten im Umgang mit Handwerkern", Verständnis des Lesers dafür wecken

Weiterführende Erörterung: 5
Was spricht meiner Meinung nach für eine Lehre in einem handwerklichen Beruf?
- Interesse an technischen Zusammenhängen 5.1
- Freude an praktischen Tätigkeiten 5.2
- Möglichkeit, sich später selbstständig zu machen 5.3

oder:

Weiterführende Erörterung: 5
Warum erfreuen sich Baumärkte bei uns einer so großen Beliebtheit?
- Interesse an technischen Zusammenhängen 5.1
- Freude an praktischen Tätigkeiten 5.2
- Möglichkeit, sich später selbstständig zu machen 5.3

Hinweis:
Es genügt, wenn du drei Argumente jeweils mit Behauptung, Begründung, Beispiel und Folge/Auswirkung ausführst.

Schluss C.
Hier kannst du einen weiterführenden Gedanken kurz begründet darstellen, den Text zu bewerten, eigene Erfahrungen oder die deiner Eltern zum Thema Handwerker und Baumärkte zu schildern.

Aufgabe 9

Isaac Asimov: Die Schule

Margie schrieb es am Abend sogar in ihr Tagebuch. Auf der Seite mit der Titelzeile „17. Mai 2157" schrieb sie: „Heute hat Tommy ein richtiges Buch gefunden!"
Es war ein sehr altes Buch. Margies Großvater hatte ihr einmal erzählt, dass er als kleiner Junge von seinem Großvater gehört hätte, wie in früheren Zeiten alle Geschichten auf
5 Papier gedruckt gewesen wären.
Sie wendeten die Seiten, die schon vergilbt und brüchig waren, und es war ungemein komisch, Worte zu lesen, die stillstanden, statt sich über einen Bildschirm zu bewegen, wie es sich gehört. Und dann, wenn sie wieder zurückblätterten, konnten sie auf den vorhergehenden Seiten dieselben Worte lesen, die sie schon beim ersten Mal gelesen hatten.
10 „Denk mal", sagte Tommy, „was für eine Verschwendung. Wenn du mit dem Buch fertig bist, musst du es wegwerfen. Unser Fernseher hat schon viele tausend Bücher gezeigt, und er ist noch gut für viele tausend mehr. Den braucht man nie wegzuwerfen." – „Wo hast du das Buch gefunden?", fragte Margie neugierig. Sie war elf und hatte noch nicht so viele Telebücher gesehen wie Tommy. Er war dreizehn. „Bei mir zu Haus." Er zeigte mit
15 dem Daumen in die Richtung, ohne hinzusehen, denn er war mit Lesen beschäftigt. „Auf dem Dachboden." – „Wovon handelt es?" – „Schule."
Margie wurde zornig. „Schule? Was kann man denn schon über die Schule schreiben? Ich hasse die Schule!"
Margie hatte die Schule schon immer gehasst, aber jetzt hasste sie sie mehr als je zuvor.
20 Der mechanische Lehrer hatte sie wieder und wieder in Geografie abgefragt, und bei jedem Mal war sie schlechter gewesen, bis ihre Mutter bekümmert den Kopf geschüttelt und die Schulinspektion angerufen hatte.
Der Schulinspektor war ein runder kleiner Mann mit einem roten Gesicht gewesen, der eine ganze Kiste mit Instrumenten, Drähten und Werkzeugen bei sich getragen hatte. Er
25 hatte Margie angelächelt und ihr einen Apfel gegeben, dann hatte er sich über den mechanischen Lehrer hergemacht und ihn auseinander genommen. Margie hatte gehofft, dass er ihn nicht wieder zusammenbringen würde, aber er hatte Bescheid gewusst, und nach einer Stunde oder so hatte das Ding wieder dagestanden, groß und schwarz und hässlich, mit einer großen Mattscheibe darauf, wo alle Lektionen gezeigt wurden, und mit einem Laut-
30 sprecher daneben, der die Fragen stellt. Aber das war nicht das Schlimmste. Der Teil, den Margie am meisten hasste, war ein Schlitz, in den sie die Hausarbeiten und die Antworten auf seine Fragen stecken musste. Alles das musste sie in einem Lochkode schreiben, den sie mit sechs Jahren gelernt hatte, und der mechanische Lehrer rechnete die Noten im Nu aus. Der Schulinspektor hatte Margie noch einmal angelächelt und ihr den Kopf getät-
35 schelt, nachdem er seine Arbeit beendet hatte. Und zu ihrer Mutter hatte er gesagt: „Ihre Tochter kann nichts dafür, Mrs. Jones. Ich glaube, der Sektor Geografie war ein wenig zu schnell eingestellt. So etwas kann mitunter vorkommen. Ich habe ihn verlangsamt, dass er dem durchschnittlichen Leistungsniveau einer Zehnjährigen entspricht. Ansonsten sind die Fortschritte Ihrer Tochter recht befriedigend." Und er hatte Margie wieder über die Haare
40 gestrichen. Margie war enttäuscht gewesen. Sie hatte gehofft, dass man den Lehrer ganz fortschaffen würde. Einmal hatten sie Tommys Lehrer fast für einen Monat weggebracht, weil er auf dem Sektor Geschichte überhaupt nicht mehr funktioniert hatte.
So sagte sie jetzt zu Tommy: „Warum sollte jemand über die Schule schreiben?" Tommy blickte auf und sah sie überlegen an. „Weil es nicht unsere Art Schule ist, du Dummkopf.
45 Das ist die alte Art Schule, wie man sie vor Hunderten von Jahren hatte." Von oben herab und mit sorgfältiger Betonung fügte er hinzu: „Vor Jahrhunderten." Margie war verletzt. „Woher soll ich denn wissen, was für eine Art Schule sie vor so langer Zeit hatten." Sie

schaute ihm über die Schulter und las eine Weile mit, dann sagte sie: „Jedenfalls hatten sie auch einen Lehrer." – „Sicher hatten sie einen Lehrer, aber es war kein richtiger Lehrer. Es war ein Mann." – „Ein Mann? Wie kann ein Mann ein Lehrer sein?" – „Na, er hat eben den Jungen und Mädchen Sachen erzählt, ihnen Fragen gestellt und Hausaufgaben gegeben." – „Ein Mann ist dafür nicht klug genug." – „Klar. Mein Vater weiß so viel wie mein Lehrer." – „Das kann er nicht. Ein Mann kann nicht so viel wissen wie ein Lehrer." „Er weiß beinahe so viel, darauf wette ich mit dir."

Margie fühlte sich für eine Diskussion nicht stark genug. Sie sagte: „Mir würd' es nicht gefallen, wenn ein fremder Mann ins Haus käme, um Schule zu halten."

Tommy kreischte vor Lachen. „Du weißt nichts, Margie. Die Lehrer haben nicht bei den Kindern im Haus gelebt. Sie hatten ein besonderes Haus, und alle Kinder gingen dorthin." – „Und alle Kinder lernten dasselbe?" – „Klar, wenn sie im gleichen Alter waren." – „Aber meine Mutter sagt, ein Lehrer muss genau für das Kind eingestellt werden, das er lehrt, und dass jedes andere Lektionen bekommen muss, weil die Kinder im Lernen ganz verschieden sind." – „Trotzdem haben sie es damals nicht so gemacht. Wenn es dir nicht gefällt, brauchst du das Buch ja nicht zu lesen." – „Ich habe nicht gesagt, dass es mir nicht gefällt", sagte Margie hastig. Sie wollte gern mehr über diese komischen Schulen lesen.

Sie hatten das Buch noch nicht einmal zur Hälfte durch, als Margies Mutter vor die Türe kam. „Margie! Schule!" Margie blickte auf. „Noch nicht, Mama!"

„Jetzt!", sagte Mrs. Jones. „Und für Tommy wird es wahrscheinlich auch schon höchste Zeit."

Margie fragte Tommy schüchtern: „Darf ich nach der Schule mit dir weiter in dem Buch lesen?"

„Vielleicht", erwiderte er herablassend. Dann schlenderte er pfeifend davon, das staubige alte Buch unter den Arm geklemmt.

Margie trottete lustlos in ihr Schulzimmer neben ihrem Schlafzimmer. Der mechanische Lehrer war bereits eingeschaltet und wartete auf sie. Der Unterricht fand jeden Tag um die gleiche Zeit statt, außer samstags und sonntags, weil ihre Mutter sagte, dass kleine Mädchen besser lernten, wenn es nach einem regelmäßigen Stundenplan geschah.

Der Bildschirm war erleuchtet und der Lautsprecher sagte: „Unsere heutige Rechenaufgabe besteht aus der Addition einfacher Brüche. Bevor wir anfangen, steckst du die gestrige Hausarbeit in den Aufnahmeschlitz." Margie gehorchte seufzend. Sie dachte an die alten Schulen zu der Zeit, als der Großvater ihres Großvaters ein kleiner Junge gewesen war. Alle Kinder aus der ganzen Nachbarschaft kamen dort lachend und schreiend im Schulhof zusammen, saßen miteinander im Klassenzimmer und gingen nach dem Unterricht zusammen nach Hause. Sie lernten dieselben Aufgaben, damit sie einander bei der Hausarbeit helfen und darüber sprechen konnten.

Und die Lehrer waren Menschen …

Auf dem Bildschirm des mechanischen Lehrers erschienen die Worte: „Wenn wir die Brüche ½ und ¼ addieren wollen, …"

Margie musste daran denken, wie glücklich die Kinder in den alten Tagen gewesen sein mussten. Wie schön sie es gehabt hatten.

Text aus: Geliebter Roboter. Utopische Storys, Heyne Verlag, München 1966, S. 14 ff.

Information: Isaac Asimov (1920–1992) wuchs als Kind einer russischen Emigrantenfamilie in den USA auf. Als Naturwissenschaftler interessierte er sich vor allem für Science-Fiction-Themen und bekam für seine Werke mehrere bedeutende Literaturpreise. Er lieferte auch die Vorlage für den Kinofilm „I, Robot", der im Juli 2004 mit Will Smith in die Kinos kam. Den vorliegenden Text verfasste er im Jahre 1954.

Aufgabenstellung

Lesen Sie den Text „**Die Schule**" sorgfältig durch und bearbeiten Sie dann die folgenden Aufgaben. Bei Nummer 5 können Sie a <u>oder</u> b wählen.
1. Fassen Sie den Inhalt des Textes kurz zusammen.
2. Der Text weist Elemente einer Kurzgeschichte auf. Begründen Sie dies und gehen Sie auch auf die wesentlichen sprachlichen Mittel ein.
3. Beschreiben Sie die Reaktion, die der Fund bei Margie im Verlauf der Geschichte auslöst.
4. Legen Sie dar, welche Gedanken der Text bei den Lesern hervorrufen kann.
5. a) Bei uns unterrichten glücklicherweise Menschen. Im Unterricht werden jedoch immer häufiger die neuen Medien eingesetzt. Welche Vorteile sehen Sie darin?
    <u>oder</u>
    b) Möchten Sie in der beschriebenen Weise unterrichtet werden? Begründen Sie Ihre Meinung in einem ausführlichen Brief an Margie.

2005/9 „Die Schule"

Mögliche Gliederung

A. Im Text wird aus der Sicht eines Mädchens, das im Jahr 2157 lebt, eine mögliche zukünftige Form von Unterricht mit dem heutigen Unterricht verglichen

B. Auseinandersetzung mit dem Text „Die Schule" und weiterführende Erörterung bzw. Brief an Margie (je nach Wahl)

   1 Inhaltszusammenfassung

   2 Textsorte und wesentliche Sprachmittel
       2.1 Merkmale der Textsorte Kurzgeschichte
       2.2 Wesentliche Sprachmittel
       2.2.1 Wortwahl
       2.2.2 Satzbau

   3 Reaktionen Margies auf den Buchfund

   4 Mögliche Gedanken des Lesers zum Text

   5 Weiterführende Erörterung: Welche Vorteile besitzt der Einsatz neuer Medien im Unterricht für mich?
       5.1 Erlernen wichtiger Kenntnisse für den Beruf
       5.2 Gestaltung eines abwechslungsreichen Unterrichts
       5.3 Nutzung aktueller Wissensinhalte

oder:

   5 Persönlicher Brief an Margie:
      Ich möchte **so/nicht so** (je nach Sichtweise) **unterrichtet werden**

C. Es ist durchaus möglich, dass Unterricht in 150 Jahren so ähnlich ablaufen kann

Mögliche Notizen zu den einzelnen Bereichen der Gliederung

Einleitung   **A.**
– Thematik des Textes: Im Text wird aus der Sicht eines Mädchens, das im Jahr 2157 lebt, eine erdachte zukünftige Form von Unterricht mit dem heutigen Unterricht verglichen. Schule und Lehrer gibt es nicht mehr, Unterricht findet zu Hause mit mechanischen Lehrern statt.
– Verfasser (siehe Informationen zum Autor), Quelle, Erscheinungsjahr

Inhaltszusammenfassung   **B. 1**
– Tommy findet auf dem Speicher ein gedrucktes Buch aus ferner Vergangenheit.
– Das Buch ist etwas Besonderes, da es in der Zeit, in der die Geschichte spielt, nur noch Bücher gibt, die auf dem „Fernseher" gelesen werden.
– Im Jahre 2157 werden die Kinder zu Hause von mechanischen Lehrern unterrichtet, die auf ihre Fähigkeiten eingestellt sind. Dennoch funktionieren diese nicht fehlerfrei.
– In einem Gespräch vergleichen Tommy und Margie ihre Form der Schule mit der Schule der Vergangenheit im Buch.
– Der Beginn einer Mathematikstunde für Margie wird beschrieben.
– Margie denkt träumerisch an die frühere Form von Schule.

2 Textsorte und wesentliche sprachliche Mittel
2.1 Merkmale der Textsorte Kurzgeschichte
– Alltagssituation, Alltagsthema: Schule
– Handlung beginnt ohne Einleitung, die in die Geschichte einführt.
– Fehlen von Ortsangaben
– Hauptpersonen werden nicht beschrieben, sondern ihre Charaktermerkmale können indirekt über ihr Verhalten und ihre Aussagen erschlossen werden.
– Beschränkung auf ein wichtiges Ereignis im Leben Margies und seine Auswirkungen
– Vorhandensein eines Wendepunktes: Margie sehnt sich nach einer anderen Form von Schule, in der sie mit Menschen gemeinsam lernen und leben kann.
– offener Schluss: Der Leser soll sich selbst überlegen, wie die Geschichte ausgehen könnte, wie sich der Traum von der früheren Schulform auf Margie auswirken könnte.

2.2 Wesentliche sprachliche Mittel
2.2.1 Wortwahl
– anschauliche Verben und Adjektive (z. B. „vergilbt und brüchig", „ungemein komisch", Z. 6 f.; „bekümmert", Z. 21; „groß und schwarz und hässlich", Z. 28; „sah sie überlegen an", Z. 44; „kreischte vor Lachen", Z. 57; „schlenderte er pfeifend davon", Z. 58, „erwiderte er herablassen", „schlenderte er pfeifend davon", Z. 71): einfache, leicht verständliche und sehr bildhafte Sprache
– Umgangssprache vor allem in den Dialogpassagen mit einfacher Wortwahl (z. B. „Na, er hat eben ... Sachen erzählt", Z. 50 f.; „Das kann er nicht.", Z. 53) und mit Verkürzungen („Denk mal", Z. 10; „würd'", Z. 55; „zu Haus", Z. 14): In Verbindung mit unvollständigen oder verkürzten Sätzen (siehe 2.2.2) Nähe zur Jugendsprache.
– Fachbegriffe (z. B. „Bildschirm", u. a. Z. 7; „Telebücher", Z. 14; „der mechanische Lehrer", u. a. Z. 20; „Schulinspektion/Schulinspektor", Z. 22 f.; „Lochkode", Z. 32; „Sektor", Z. 36): Erzeugung einer Zukunftsatmosphäre entsprechend des technischen Entwicklungsstands (Fernseher, Lochkartenrechner usw.) zur Entstehungszeit der Geschichte 1954

2.2.2 Satzbau
– häufig direkte Rede mit kurzen, einfachen Sätzen (z. B. „Ich hasse die Schule.", Z. 17 f.; „Es war ein Mann.", Z. 50; „Das kann er nicht.", Z. 53; „Du weißt nichts, Margie.", Z. 57)
– Einwortsätze (z. B. „Schule.", Z. 16; „Margie! Schule!", Z. 66; „Jetzt!", Z. 67) und unvollständige Sätze (z. B. „Denk mal", Z. 10; „Bei mir zu Haus.", Z. 14; „Auf dem Dachboden", Z. 15 f.; „Noch nicht, Mama!", Z. 66): Erzielen einer lebendigen, unmittelbar erlebbaren Dialogsituation, indirekte Charakterisierung der Hauptfiguren über die Dialoge
– Insgesamt liegt eine sehr leicht verständliche Sprache vor, die auch in den Erzählpassagen in der Regel aus einfachen Hauptsätzen oder gut nachvollziehbaren Satzgefügen besteht.

3 Reaktionen Margies auf den Buchfund
– Erstaunen und Neugier wegen des Fundes eines ungewöhnlichen (gedruckten) Buches
– Wut und Hass auf die Schule, die durch den mechanischen Lehrer repräsentiert wird, Enttäuschung, weil der Lehrer reparierbar ist (Z. 16–42)
– Verärgerung, da sie sich von Tommys herablassender, altkluger Art verletzt fühlt (Z. 46)
– Zweifel an der Richtigkeit und der Glaubwürdigkeit des Buches (Z. 60–62)
– Lustlosigkeit und Resignation am Beginn des neuen Schultags mit dem mechanischen Lehrer (Z. 73)
– Sehnsucht nach der Schule der Vergangenheit mit Menschen als Lehrern und Mitschülern (Z. 88 f.)

Mögliche Gedanken des Lesers zum Text   4
- Anregung zum Nachdenken über die heutige Schule und ihre zukünftige Entwicklung
- Nachdenken über den Stellenwert der Technik bzw. des Menschen in unserer Welt
- Unterhaltung: Schmunzeln über den „mechanischen Lehrer" und die Darstellung der für uns gewohnten Schule im Rückblick aus einer fernen Zukunft
- Mitleid mit Margie wegen der anonymen Lehrmaschine oder aber auch Neid, weil sie von einem modernen Gerät unterrichtet wird
- Nachdenken über die Gefahr einer zunehmend entmenschlichten Welt, in der die Maschinen immer mehr Einfluss gewinnen

Weiterführende Erörterung: 5
Welche Vorteile besitzt der Einsatz neuer Medien im Unterricht für mich?
- Erlernen wichtiger Kenntnisse für den Beruf   5.1
- Gestaltung eines abwechslungsreichen Unterrichts   5.2
- Nutzung aktueller Wissensinhalte   5.3

Hinweis:
Vor der Stoffsammlung für die Argumente solltest du festlegen, was der Begriff „neue Medien" bedeutet. Es ist davon auszugehen, dass hier neben CD und DVD vor allem der PC und das Internet mit ihren Möglichkeiten gemeint sind.
Halte dich bei deiner Erörterung an die Aufgabenstellung „für mich". Die Argumente dürfen also ruhig deiner persönlichen Einschätzung entsprechen.

oder:

Persönlicher Brief an Margie: Ich möchte so/nicht so unterrichtet werden   5
Die Aufgabenstellung verlangt von dir eine Entscheidung, ob du so wie Margie unterrichtet werden möchtest oder nicht. Begründe deine Meinung im Brief möglichst anschaulich mit einigen Argumenten. Beachte, dass du bei einem persönlichen Brief in den Bereichen Inhalt und vor allem Sprache gewisse Freiheiten hast. Du kannst hier deine persönlichen Gefühle schildern oder auch die Alltagssprache von Jugendlichen (natürlich mit korrekter Grammatik) verwenden.

Schluss   C.
Als Schlussgedanken kannst du einen Ausblick in die Zukunft geben, zu deinen eigenen Vorstellungen von Schule Stellung nehmen, deine Ablehnung oder Zustimmung zu einem „mechanischen Lehrer" äußern. Denke auch hier daran, dass du deine Aussagen begründest.

Abschlussprüfung an Realschulen: Englisch 2002
Reading Comprehension

BORN TO BE KING

He's good-looking, he's clever, he's rich – and he is the future King of England. I'm talking about Prince William, son of Prince Charles and Princess Diana, born on June 21, 1982 in London. From the start his
5 parents tried to give him as normal a life as possible. He was the first future King born in a hospital, the first to wear Pampers, and the first to attend nursery school. Of course, Prince William's life hasn't been typical at all. He mustn't fly in the same plane as his father because an accident might take the lives of two future Kings. Wherever Prince
10 William goes, bodyguards (and photographers) are not far behind.

At first the Prince was a wild little boy. The media cheerfully reported every bit of bad behaviour, ranging from putting his father's shoes into the toilet to fighting with a flower girl at his uncle Andrew's wedding. As he grew older he became quieter and more thoughtful. However, after slipping away from the security staff at Balmoral Castle for
15 half an hour he was given an electronic tracking bracelet[1] which helps security people to find him in case of an emergency. He still wears it.

At the age of eight Prince William was sent to Ludgrove, a boarding school where he shared a room with four other boys. He spent five years there and proved to be an excellent sportsman. Another of his interests was acting: he appeared in several school plays
20 and said in 1993 that he would like to become a professional actor.

During this time his parents separated, which was a hard blow for him as Prince William had been especially close to his mother. Princess Diana even broke royal protocol by hugging[2] William and his brother Harry and taking them to amusement parks. The contrast between Charles and Diana's attitudes towards their sons was never more apparent
25 than when Prince William had an accident on a golf course. He was struck on the head by a golf club and had to be treated in hospital. Both parents rushed to William's side and accompanied him to the hospital. Diana even remained in the hospital overnight – but Charles left to attend an opera.

In 1995 Prince William entered the exclusive Eton College. He lived
30 with about fifty other students in Manor House, where he had a small room to himself. He was the only student with a private bathroom but otherwise he had to follow the same rules as everyone else.

In 1996 his parents divorced, but the worst was still to come. On August 31, 1997 Diana was killed in a car crash in Paris: Although
35 15-year-old Prince William suffered terribly, he helped to make arrangements for his mother's funeral. It was his idea for Elton John to sing 'Candle in the Wind'.

After Diana's tragic death Prince Charles made an effort to spend more time with his two boys and tried to give them a more liberal education than he had done before. When he
40 was 16, William was even allowed to attend teen discos. But the young Prince had to obey certain rules set down for him by the Queen: – Get permission to attend the party, and be home on time. – Arrive and leave with royal guards. – Be accompanied by detectives and a good friend. – No smoking, alcohol, or drugs. – No kissing girls in public. – Avoid being photographed by the media.

45 In 2000, Prince William left Eton with three good A-level exam results, which won him a place at the University of St Andrews in Scotland. After a year of travelling and doing educational studies abroad, he started studying History of Art there. Since then the number of female students, especially from the US, has increased considerably at St Andrews. Obviously they don't want to miss their chance of becoming the future Queen of England.

1 tracking bracelet: Sicherheitsarmband;   2 to hug: umarmen

Understanding the text   POINTS

The following newspaper headlines got mixed up. Write the correct letters in the boxes behind the places. Be careful, there are more headlines than you need.

1. London	☐	a) Not for royals: Save water, bath with a friend
2. Balmoral	☐	b) A tragic accident
3. Ludgrove	☐	c) An American girl on the British throne?
4. Eton	☐	d) The future King is born
5. Paris	☐	e) Five years in a dormitory
6. St Andrews	☐	f) William loves fast food restaurants
		g) Don't try to escape, William
		h) Bodyguards and photographers

6

Finish these sentences using the information from the text.

7. The media cheerfully reported it when _____   1/1

8. Princess Diana broke royal protocol when _____ 1/1

Answer the following questions on the text. Write complete sentences.

9. How do security people try to protect Prince William? (two items)   2/2

10. Name one typical teenage activity that was possible for William.   1/1

11. How did the Queen try to influence William's upbringing?   1/1

E 2002-2

The following words are often used to describe Prince William's character. Can you explain why? Write complete sentences.

12. actice: _____   1/1

13. intelligent: _____   1/1

Explain the underlined words *as used in the text*. Write complete sentences.

14. emergency (line 16): _____   1/2

15. actor (line 20): _____   1/2

16. exclusive college (line 29): _____   1/2

Use words from the same families as the ones in brackets to complete the sentences?

17. Prince William mustn't take the same (fly, line 8) _____ as his father.   1
18. The Prince was also (interests, line 19) _____ in acting.   1
19. The Queen was not (amusement, line 23) _____ by Diana's attitude.   1
20. Medical (treated, line 26) _____ in hospital was necessary.   1

Explain the underlined words as used in the text. Write complete sentences.

21. A _____ is the ceremony when you get married.   1
22. A _____ is a place where pupils learn and live.   1
23. When you travel to another country you go _____.   1

Vocabulary

The following words have various meanings. Which of the meanings given in the dictionary is the one used in the text? Tick (✓) the number with the best German translation.

24.
range (line 12) […]
n. 1. Reichweite
2. Reihe
3. *(Berg)* Kette
v. 4. durchstreifen
5. *(from – to)* gehen von … bis

25.
as (line 13) […]
1. *(so)* wie
2. *(zeitlich)* als, während
3. *(~ for)* was … betrifft
4. *(~…~) (genau-)* sowie
5. da, weil

26. prove (line 18) [...]
   1. beweisen
   2. beglaubigen
   3. erproben
   4. sich bewähren (als)
   5. sich erweisen (als)

27. appear (line 19) [...]
   1. erscheinen
   2. auftauchen
   3. auftreten
   4. *(Sachverhalt)* sich darstellen
   5. *(Buch, CD)* erscheinen, herauskommen

28. club (line 26) [...]
   1. Verein
   2. *(Waffe)* Keule
   3. *Pl. (~s) (Kartenspiel)* Kreuz
   4. *(bei diversen Sportarten)* Schläger
   5. *(~ together)* Geld zusammenlegen

29. about (line 30) [...]
   1. ungefähr, etwa
   2. über
   3. *(zeitlich)* um, gegen
   4. *(what ~)* wie wär's mit
   5. *(to be ~)* dabei sein, zu tun

Paraphrase the words or expressions in brackets from the text. Do not change the meaning of the sentences.

30. _____ Prince William was sent to Ludgrove.   1/1
    (At the age of eight, line 17)

31. It was a _____ for him when his parents seperated.   1/1
    (hard blow, line 21)

32. … both parents _____ him to the hospital.   1/1
    (accompanied, line 27)

33. _____ St Andrews.   2/2
    (The number of female students has increased at, line 47/48)

Complete the following text. Use the correct form of the words in brackets and find words of your own to replace the question marks.

Before starting his university _____ Prince William went   1
                                34 (???)
to a lonely region in Chile for some time. There he _____ ten   1
                                                    35 (???)
weeks doing voluntary work. This _____ as the most unusual   1
                                 36 (must/regard)
preparation ever for a future British monarch. In other words the Prince has gone

_____ no member of the royal family has ever been.   1
   37 (???)

_____ the other volunteers, Prince William had to do his fair share   1
   38 (???)
of the duties. That included _____ the toilets, sweeping the floors   1
                              39 (???)
and doing the cooking. William _____ a cookery course at school,   1
                                40 (may/do)
but his teacher had not taught him how to prepare porridge properly. "Ugh! That's

the _____ porridge I _____ in my life,"
     41 (bad)   42 (taste)

William said after trying what he had cooked. His view _____ by
                                                          43 (share)

all the others who didn't like it _____. In spite _____
                                    44 (???)   45 (???)

this disaster, William's Chilean adventure seems to have been a success. When

looking back, the Prince said that such _____ experience
                                         46 (???)

_____ valuable for everybody. "If I had not taken this
  47 (???)

chance to get away, I _____ so many interesting people.
                       48 (not/meet)

In Chile I was with people I normally _____ with, and
                                        49 (not/live)

getting _____ with them was great fun. They never tried to treat me
         50 (???)

_____ to anyone else."
  51 (different)

Translate into German:

A social year for William

52. The Prince, known to many as 'Wills', took part in an expedition with many other young people in Chile.

53. They were graduates and bank clerks as well as young people with a difficult social background.

54. William said, "The aim of the journey was to see the world and to help the people, and not necessarily to enjoy myself."

55. The worst part of the trip was a kayak tour in a heavy storm when they were forced to stay on a lonely beach for five days.

56. Wills' experiences included teaching English to schoolchildren, dancing Salsa at night and playing football against some local fishermen.

57. Mary Wright, who was responsible for the whole project, said, "William is not just fun-loving but also a real peacemaker among the group if it is needed."

Guided writing

You only have to do one of the following tasks. Write your answer in about 130 words on the opposite page, putting A or B in the box.
Important: First read both tasks, then decide whether you want to answer A or B. You can write down your ideas on your extra sheet before you do the task on your exam paper.

58. Task A
   You write a letter to your English penfriend because you are planning a stay at a youth hostel in St Andrews together with him/her. You look at a map with Scottish youth hostels and find out that there are no youth hostels in St Andrews. Decide which youth hostel you would like to go to and why. You can also use the additional information in the boxes below the map.

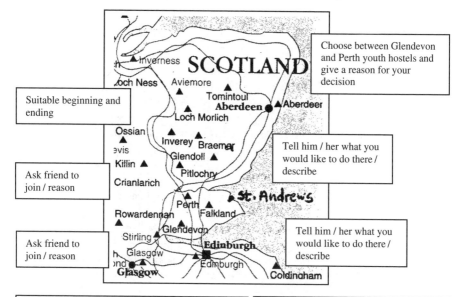

Glendevon,
18 Foxfield Rd, Clackmannanshire
FK14 7YK Tel: (1259) 781209, Fax: (1259) 781222
Open: 21 March – 1 October
   07.00 – 11.00 hrs, 17.00 – 23.00 hrs
Nearest train station: Gleneagles 9 miles
Nearest coach station: 1.5 miles

Perth,
107 Glasgow Rd, Perth
PH2 0NS Tel: (1738) 623658
Open: 23 February – 28 October
   07.00 – 23.45 hrs
Nearest train station: Perth 1.5 miles
Nearest coach station: 1.2 miles

58. Task B
You saw Prince William in St Andrews. Write a report in your diary about what happened and mention the following items:
1. When and where exactly did you see him?
2. Who was with him? Describe.
3. What was he wearing? What did he look like?
4. What did you do?
5./6. Find **two** additional aspects of your own.

Lösung

Textverständnis
Zuordnung von Zeitungsüberschriften

1. London — **D**
   (vgl. Zeile 3/4 „talking about Prince William" und „born on June 21, 1982 in **London**")

2. Balmoral — **G**
   (vgl. Zeilen 14/15 „slipping away from the security staff at **Balmoral** Castle" und „was given an electronic tracking bracelet")

3. Ludgrove — **E**
   (vgl. Zeilen 17/18 „was sent to **Ludgrove**" und „where he shared a room with four other boys")

4. Eton — **A**
   (vgl. Zeilen 29/31: „entered the exclusive **Eton** College" und „the only student with a private bathroom")

5. Paris — **B**
   (vgl. Zeile 34: „Diana was killed in a car crash in **Paris**")

6. St Andrews — **F**
   (vgl. Zeilen 45–49: „a place at the University of **St Andrews**" und „female students, especially from the US" und „don't want to miss their chance of becoming the future Queen of England")

Weiterführen von begonnenen Sätzen

7. ... the Prince behaved badly.
   (vgl. Zeile 11/12: „The media cheerfully reported every bit of bad behaviour, ...")

8. ... she hugged her sons in public. / ... she took her sons to amusement parks.
   (vgl. Zeilen 22/23: „by hugging William and his brother Harry" oder „taking them to amusement parks")

Fragen zum Text

9. They make him wear an electronic tracking bracelet. / They take him to discos and pick him up from there. (vgl. Zeilen 15 und 42)

10. He was allowed to attend teen discos. (vgl. Zeile 40)

11. The Queen set down certain rules for him. (vgl. Zeile 41)

Beschreibung einer Schlüsselfigur

12. He is **active** because he likes doing sports / travelling.
    (vgl. Zeilen 18/19: „proved to be an excellent sportsman" oder Zeile 46: „after a year of travelling") Es reicht aber **ein** Beispiel.

13. He is **intelligent** because his A-level results were good.
    (vgl. Zeile 45: „left Eton with three good A-level exam results")

Worterklärungen

14. An **emergency** is a very dangerous situation. (vgl. Zeile 16)

15. An **actor** is a man who plays a role in a film or on stage. (vgl. Zeile 20)

16. An **exclusive** college is for very rich and special pupils only. (vgl. Zeile 29)

Wortfamilien

17. Prince William mustn't take the same **flight** (Zeile 8, fly) as his father.

18. The Prince was also **interested** (Zeile 19, interests) in acting.

19. The Queen was not **amused** (Zeile 23, amusement) by Diana's attitude.

20. Medical **treatment** (Zeile 26, treated) in hospital was necessary.

Worterklärungen

21. A **wedding** is the ceremony when you get married. (Zeile 13)

22. A **boarding school** is a place where pupils learn and live. (Zeile 17)

23. When you travel to another country you go **abroad**. (Zeile 47)

Arbeiten mit einem Wörterbuch Englisch–Deutsch

24. range (Zeile 12): ... *(from – to)* **gehen von ... bis ...**

25. as (Zeile 13): *(zeitlich)* **als, während**

26. proved (Zeile 18): **sich erweisen (als)**

27. appeared (Zeile 19): **auftreten**

28. club (Zeile 26): **Schläger**

29. about (Zeile 30): **ungefähr, etwa**

Paraphrasieren

30. **When he was eight (years) old** Prince William was sent to Ludgrove.

31. It was a **big shock** for him when his parents separated.

32. ... both parents **went with** him to the hospital.

33. **A lot more girls go to / have come to** St Andrews.

Grammatik und Sprachgebrauch

34. career / studies
35. spent
36. must be regarded
37. where
38. Like / Together with
39. cleaning
40. may have done
41. worst
42. have tasted
43. was shared
44. either / at all
45. of
46. an
47. was / would be
48. would not have met
49. would not live / would not have lived / don't live
50. along / on / together
51. differently

Übersetzung

52. Der Prinz, der vielen als Wills bekannt ist, nahm an einer Entdeckungsreise mit vielen anderen jungen Menschen in Chile teil.
53. Unter den Leuten waren Akademiker und Bankangestellte genauso wie junge Menschen mit einem schwierigen sozialen Hintergrund.
54. William sagte: „Das Ziel der Reise war, die Welt zu sehen und Menschen zu helfen und nicht notwendigerweise Spass zu haben."
55. Der schlimmste Teil der Reise war eine Kayakfahrt in einem heftigen Sturm, als sie gezwungen waren, fünf Tage lang auf einer einsamen Insel zu bleiben.
56. Wills Erlebnisse schlossen ein, dass er Schülern Englisch unterrichtete, dass er in der Nacht Salsa tanzte und dass er mit örtlichen Fischern Fußball spielte.
57. Mary Wright, die für das ganze Projekt verantwortlich war, sagte: „William ist nicht nur lebenslustig sondern auch ein wirklicher Friedensstifter in der Gruppe, wenn es nötig ist."

Schriftliche Sprachproduktion

58. **Task A**

Hello Peter, I hope you are fine and everything is okay **(suitable beginning)**. I am planning to travel to Scotland in the summer. Would you like to join me? It would be wonderful if we could spend some days together **(ask friend to join / reason)**. I'll arrive in Edinburgh on the 10th of August. Maybe you could join me on the 12th or 13th **(suggest a date / reason for date)**. As there is no youth hostel in St Andrews I would choose the one in Perth because it is also open during lunch time and the nearest train station is within walking distance **(choose between Glendevon and Perth youth hostels and give a reason for your decision)**. I would like to go on a biking tour there. They offer a trip round Loch Morlich which must have fantastic views **(tell him/her what you would like to do there / describe)**. I mean we would have to take our raincoats with us because the weather is rather unstable there. We really must bring along our cameras and make lots of photos of the beautiful countryside **(additional aspects such as weather, food, sights …)**. Please tell me whether you are interested and want to come along with me. I hope to hear from you soon **(suitable ending)**.

59. **Task B**

This was really fantastic! Yesterday afternoon I saw Prince William in St Andrews. It was at about 3 o'clock in the afternoon when I was walking down Market Street. He just came out of this restaurant **(When and where exactly did you see him?)**. There was a crowd of people with him. I think some of them were bodyguards but there were also some young men of his age. However, I didn't recognize further members of the royal family **(Who was with him? Describe.)**. He was wearing casual dress, shorts and a T-shirt like myself. He really looked like a normal person, not like a future king **(What was he wearing? What did he look like?)**. I think he was planning to play tennis with his friends, because the others were carrying bags with some kind of sports equipment. But people stopped right in front of him and asked him to sign books or other things **(What did he do?)**. So I took the chance and let him sign my diary and he was very nice to me and asked me where I came from and so on. I was so nervous that I could hardly say a word. But I am very happy that I came so close to him. This was a great experience and Prince William is a very friendly person. I think he will be a good king **(two additional aspects)**.

Abschlussprüfung an Realschulen: Englisch 2002
Listening Comprehension

Hello, this is the listening exam 2002. I'm going to give you the instructions for the test. Don't worry; you'll hear each text twice. At the start of each piece you'll hear this sound: *(Ton)* You can answer the questions while you are listening, but you will also have some time after each recording. There'll be a pause before each piece so that you can look at the questions, and other pauses to let you think about your answers. Please read the exercise and instructions for text 1. You've got 15 seconds.
(15 Sekunden Pause, dann Ton)
Now listen to the speakers of text 1. You'll have 5 seconds after the first listening and 5 seconds after the second listening.

Text 1: Why not
You are going to hear four conversations about food (conversations A, B, C and D). Listen and find out why people do not eat certain foods. Write the correct letters in the boxes.

Conversation A (herannahende Schritte – leise Radiomusik im Hintergrund)
Daughter: Dad, you know, there's a new girl in my class. Dad, could she come home with me after school tomorrow?
Dad: Sure. But didn't you tell us that your friend never eats meat? I think we're having roast beef and potatoes for dinner tomorrow.
Daughter: Oh, well, I can make her an omelette instead.
Dad: Okay. If she likes that, no problem.

Conversation B (klapperndes Geschirr)
John: Would you like a cup of coffee, Ellen?
Ellen: Oh yes, I'd love one.
John: And a piece of homemade strawberry cake?
Ellen: No, thank you. I can't eat strawberries. Whenever I eat some, I get red spots all over my skin.
John: Oh, I'm sorry to hear that. Can I offer you something else?
Ellen: No, thank you. Just some coffee for me.

Conversation C (klapperndes Geschirr)
Host: Have some more rib?
Guest: Oh, yes, thank you, but without gravy, if you don't mind.
Host: Don't you like it? It's my wife's special recipe.
Guest: Oh, I know it tastes delicious but it's just too fattening. I'm on a diet at the moment.

Conversation D (gepflegter Pianojazz)
Hotel Guest 1: What a wonderful breakfast buffet! And a fantastic choice of cold meats! We never get that in Britain.
Hotel Guest 2: It is tempting. Could you tell me which of the sausages is made of pork?
Hotel Guest 1: Have you got a health problem?
Hotel Guest 2: No, I'm a Muslim. I'm forbidden to eat pork.
(5 seconds after first listening, 5 seconds after second listening)

Please read the exercises and instructions for text 2. You've got 45 seconds.
(45 Sekunden Pause, dann Ton)
Now listen to text 2. You'll have 5 seconds after the first listening and 5 seconds after the second listening.

Text 2: Overweight Kids At American High Schools

You are going to listen to a conversation between Mrs Hopkins and Mr Minshal, two PE teachers working at Hatfield High School.
(Kindergeschrei und Schulglocke im Hintergrund)

Mr M.: Hello, Jane. How are you this morning?

Mrs H.: Fine, thanks. What about you?

Mr M.: I'm OK; just a bit tired. Last night I watched a very interesting TV program on overweight teenagers and their health problems. The situation is really alarming. They pointed out that one of the main reasons why so many teenagers are over-weight is the fact that physical education has almost disappeared. They say it's on the timetable in fewer than half of American schools today.

Mrs H.: Oh yeah, I know. I've been worrying about this for ages. But what do our students do? They go to fast-food restaurants, eat loads of junk food and wash it down with a large Coke or some other sugary drink. And once they're at home they sit passively in front of the TV or computer for hours.

Mr M.: It's no longer a question of whether children get enough exercise. What really matters is helping children to lose weight and at the same time to take care not to put too much stress on them because of their overweight.

Mrs H.: It's really sad that these kids do not only have physical difficulties but emotional ones as well. They are bullied at school and don't have a lot of self-confidence.

Mr M.: And this can lead to eating disorders. But how can the problem be solved?

Mrs H.: Why not put taxes on snack foods and soft drinks – similar to the ones on cigarettes and alcoholic drinks?

Mr M.: That's a good idea. Many schools don't only have machines for snacks and soft drinks, they even have outlets for fast-food chains on the school grounds.

Mrs H.: Terrible. I think sports teachers should insist on introducing a new subject called 'Healthy living'.

(Fade)
(5 seconds after first listening, 5 seconds after second listening)

Please read the instructions and the exercise for text 3. You've got 45 seconds.
(30 Sekunden Pause, dann Ton)
Now listen to text 3 and correct the text on your exam paper. You'll have 15 seconds after the first listening and 15 seconds after the second listening.

Text 3: To Eat or Not to Eat

You are going to hear three adverts for food. In the printout the secretary got several details wrong. Find the differences and write down the correct words on the lines in the text. While you are listening the first time it may help you to underline the words or expressions which are different in the text.

Advert 1

In a hurry again? No time left for cooking a tasty meal? No problem! Adding roasted chicken to your meals is easy with 'Miller's Roasted Chicken'. Our delicious chicken pieces have been slow-roasted to perfection, so all you have to do is heat and serve.

Advert 2
Every morning is a good morning when you start it with Dr. Keevan's. This orange juice plus calcium not only tastes great and is loaded with vitamins, but is also an excellent source of calcium. We all know the essential role calcium plays in every cell of our body. So start your day with a refreshing glass of Dr. Keevan's Premium Orange Juice.

Advert 3
Let Crisco raise your springtime spirits with higher, softer cookies. By adding Crisco Margarine your cookies will bake up higher and softer than they would with butter. And what's more important: Crisco has 50 % less saturated fat than butter. So instead of using butter, choose Crisco!
(15 seconds after first listening, 15 seconds after second listening)

Please read the instructions and the exercise for text 4. You've got 15 seconds.
(15 Sekunden Pause, dann Ton)
Now listen to text 4. You'll have 10 seconds after the first listening and 25 seconds after the second listening.

Text 4: Delivery Service
You are going to hear a telephone call. A woman is ordering some food from a restaurant that offers home delivery.
(Telefonklingeln – Hintergrundgeräusch: Restaurantlärm)
Restaurant: Tony's Restaurant, Delivery Service. Good evening, what can I do for you?
Customer: Good evening. I'd like to place an order.
Restaurant: Certainly, can I have your name and address first, please.
Customer: My name is Jarvis.
Restaurant: Can you spell it, please?
Customer: Sure. It's J-A-R-V-I-S. And we live in 14 Park Street.
Restaurant: *(notiert)* Right, I got it. Your order, please.
Customer: In your menu it says "antipasti". What exactly is this?
Restaurant: It's a variety of cold meats, like ham and salami, salad, vegetables, tomato, cucumber, lettuce and so on.
Customer: It sounds very tasty but it seems to be rather filling. I think I'll have something else to start with.
Restaurant: Soup perhaps? The soup of the day is vegetable soup.
Customer: Sounds good. We'll have vegetable soup then.
Restaurant: One vegetable soup.
Customer: And one for my husband as well.
Restaurant: OK. Anything to follow?
Customer: I think I'll try the fish with boiled potatoes and tomato salad.
Restaurant: Sorry, we're out of fish tonight.
Customer: Oh. Well, then I'll have the chicken with salad instead, roast chicken, I mean.
Restaurant: All right. Tomato salad or mixed salad?
Customer: Mixed salad.
Restaurant: Anything else?
Customer: Yes, I think, my husband will take the mixed grill.
Restaurant: *(notiert)* ... And what to go with it? Boiled potatoes or chips?
Customer: Hmm, he usually prefers potatoes, but he might like chips with the mixed grill. I'm not sure.
Restaurant: I can recommend baked potatoes. How about that?
Customer: Oh great!

Restaurant: *(notiert)* Is that all then?
Customer: Yes, that's all. When can you deliver the food?
Restaurant: To Park Street? Well, ... let me think, ... it's 6.45 now ... there are some other orders ..., we could be at your house in 45 minutes. Will that be OK?
Customer: That's fine, thank you. Goodbye.
Restaurant: Thank you for ordering. Goodbye.
(10 seconds after first listening, 25 seconds after second listening)

Please read the instructions and the exercise for text 5. You've got 15 seconds.
(15 Sekunden Pause, dann Ton)
Now listen to text 5. While listening, write your notes on your extra sheet. After the second listening write your answers on the exam paper. You'll have 30 seconds after the first listening and 2 minutes after the second listening. I'll remind you when there's one minute left to make sure you finish in time.

Text 5: A Consumer Education Course

You are going to hear a conversation between Cindy and her friends Dave and Ken.
(Türklingel, Tür wird geöffnet)
Dave: Hi, Cindy. Nice to see you. Come in.
Cindy: Hi, Dave. Hi, Ken. How are you?
Ken: Hi. Not too bad, actually. We haven't seen you for a long time.
Cindy: Sorry. I've been very busy. Last week I took part in a consumer education course at the Community College, you know.
Ken: A what?
Cindy: A consumer education course.
Ken: What for?
Cindy: Well, you learn how you can save money when you shop at the supermarket. And they teach you to be careful with products that you know from advertising programs on TV, for example.
Dave: Sounds interesting. Tell us a bit more about it.
Cindy: Well, look at this jar of peanut butter on your table. Who's on the label?
Ken: Michael Jordan, the famous basketball player.
Cindy: Right. Most people buy it because they want to eat the same peanut butter as Michael Jordan. They think it's good for them and tastes better. But look at the ingredients.
Ken: Peanuts, dextrose, vegetable oil, salt ...
Cindy: Now look at the peanut butter I've just bought. Read the ingredients.
Ken: Peanuts, dextrose, vegetable oil, salt ... Hey, they have the same ingredients.
Cindy: Right. Now compare the prices. Michael Jordan peanut butter is exactly the same size and costs $1.49. The peanut butter that I usually buy *(Geräusch: Butterglas wird demonstrativ auf einen Tisch gestellt)* is only 99 cents and it tastes just as good.
Dave: What about the Sugar Crunch Cornflakes that I buy for breakfast? On TV they say that if you eat them, you're eating a healthy and balanced breakfast.
Cindy: That's exactly what they want you to believe. But they usually don't give you any facts. They want you to believe that their product is the best. So when you shop, be careful. Be sure that you really like their product and not just the advert. And be sure that it's the most economical one for you.
(30 seconds after first listening and 2 minutes after second listening)
(1 minute)

> You have one more minute left.

(1 minute)

> That's the end of the test. Please stop now. Your teacher will collect all the exam papers. Thank you for listening. We wish you all the best for the next part of your final exams. Goodbye.

(flotte Musik)

To Eat or Not to Eat
Listening Tasks   POINTS

Text 1: Why not?
You are going to hear four conversations about food (conversations **A**, **B**, **C** and **D**). Listen and find out why people do not eat certain foods. Write the correct letters in the boxes.

1. headache ☐
2. overweight ☐
3. vegetarian ☐
4. religion ☐
5. allergy ☐
6. diabetes ☐

4

Text 2: Overweight Kids At American High Schools
You are going to listen to a conversation between Mrs Hopkins and Mr Minshal, two PE teachers working at Hatfield High School. **One** ending to each of the following sentences is correct. **Tick it (✓).**

1. The TV program was about teenagers who
   - ☐ don't like sports.
   - ☐ watch TV all the time.
   - ☐ have weight problems.

2. At fast food places US teenagers usually have
   - ☐ alcoholic drinks.
   - ☐ sweet drinks.
   - ☐ no drinks at all.

3. The most important task for US PE teachers is to
   - ☐ help their students to become thinner.
   - ☐ make sure that their students get a lot of exercise.
   - ☐ prevent bullying.

4. Emotional problems cause overweight kids to
   - ☐ take dangerous drugs.
   - ☐ eat irregularly.
   - ☐ smoke lots of cigarettes.

5. Mrs Hopkins thinks snack food should be
   ☐ more expensive.
   ☐ forbidden at schools.
   ☐ sponsored by fast-food chains.

Text 3: To Eat or Not to Eat
You are going to hear three adverts for food. In the printout the secretary got several details wrong. Find the differences and write down the correct words on the lines in the text. While you are listening the first time it may help you to underline the words or expressions which are different in the text.

Advert 1

1 In a hurry again? No time left for cooking a hasty meal? No problem! Adding
   _____

2 roasted chicken to your meals is easy with 'Miller's Roasted Chicken'. Our
   _____

3 delicious chicken pieces have been slow-roasted to perfection, so all you have
   _____

4 to do is eat and serve.
   _____

Advert 2

1 Every morning is a good morning when you start it with Dr. Keevan's. This
   _____

2 orange fruit plus calcium not only tastes great and is loaded with vitamins, but
   _____

3 is also an excellent source of calcium. We all know the essential role calcium
   _____

4 has in every cell of our body. So start your day with a refreshing cup of
   _____

5 Dr Keevan's Premium Orange Juice.
   _____

Advert 3

1 Let Crisco raise your springtime spirits with higher, softer cookies. By adding
   _____

2 Crisco Margarine your cookies will bake up higher and softer than they could
   _____

3 with butter. And what's more important: Crisco has 50 % less saturated fat
   _____

4 than butter. So instead of buying butter, choose Crisco!
   _____

Text 4: Delivery Service
You are going to hear a telephone call. A woman is ordering some food from a restaurant that offers home delivery.

You work at the restaurant. Write down in front of each dish ordered **how many of** them the woman would like to have and fill in the additional information.

Tony's Restaurant – Delivery Service

Name: _____ 1
Address: _____ 1
Time of delivery _____ 1

___ antipasti	___ lamb cutlets with _____
___ shrimp cocktail	___ mixed grill with _____
___ fresh melon	___ roast beef with _____
___ smoked salmon	___ chicken salad with _____
___ soup of the day	___ roast chicken with _____
___ tomato soup	___ fish and chips with _____
___ French onion soup	___ fried fish with _____

3

Text 5: A Consumer Education Course
You are going to hear a conversation between Cindy and her friends Dave and Ken.
While listening: Take down notes on your extra sheet to be able to answer the questions.
After listening: You have got 2 minutes. Write the answers on your exam paper.
You don't have to write complete sentences, *but one word is not enough.*

1. What do people learn at the consumer education course? (two items)
   - _____ 1
   - _____ 1

2. Why do people usually buy the peanut butter that has Michael Jordan on the label? (two items)
   - _____ 1
   - _____ 1

3. What do the two brands of peanut butter have in common? (two items)
   - _____ 1
   - _____ 1

4. What should you be sure of when you buy a product at the supermarket? (two items)
   - _____ 1
   - _____ 1

8

Lösung

Text 1: Why Not?

2 C, overweight: "but it's too fattening. I'm <u>on a diet</u> at the moment."
3 A, vegetarian: "your friend <u>never eats meat</u>"
4 D, religion: "I'm <u>Muslim</u>. I'm <u>forbidden to eat pork</u>."
5 B, allergy: "I <u>get red spots all over my skin</u>."

Text 2: Overweight Kids At American Schools

1. The TV program was about teenagers who <u>have weight problems</u>.
2. At fast food places US teenagers usually have <u>sweet drinks</u>.
3. The most important task for US PE teachers is to <u>help their students to become thinner</u>.
4. Emotional problems cause overweight kids to <u>eat irregularly</u>.
5. Mrs Hopkins thinks snack food should be <u>more expensive</u>.

Text 3: To Eat or Not to Eat

Advert 1: line 1: hasty   → tasty
          line 4: eat   → heat
Advert 2: line 2: fruit   → juice
          line 4: has   → plays
          line 4: cup   → glass
Advert 3: line 2: could   → would
          line 4: buying → using

Text 4: Delivery Service

Name: <u>(Mrs) Jarvis</u> *(da der Name buchstabiert wird, wird der Punkt nur*
                                       vergeben, wenn der Name richtig geschrieben ist)
Address: <u>14 Park Street</u>
Time of delivery   <u>7.30</u>

___ antipasti	___ lamb cutlets with _____
___ shrimp cocktail	_1_ mixed grill with __**baked potatoes**___
___ fresh melon	___ roast beef with _____
___ smoked salmon	___ chicken salad with _____
_2_ soup of the day	_1_ roast chicken with __**mixed salad**___
___ tomato soup	___ fish and chips with _____
___ French onion soup	___ fried fish with _____

Text 5: A Consumer Education Course

1. What do people learn at the consumer education course? (two items)
   - how they can save money
   - be carful with products
2. Why do people usually buy the peanut butter that has Michael Jordan on the label? (two items)
   - want to eat the same (butter) as Michael Jordan
   - they think it's good for them / tastes better
3. What do the two brands of peanut butter have in common? (two items)
   - same size
   - tastes the same / same ingredients
4. What should you be sure of when you buy a product at the supermarket? (two items)
   - that you want this product
   - that the price is OK for you

ROMANTIC TRAVELLING IN A GYPSY CARAVAN

It was holiday time and our destination this year was decided. It was to be Ireland, and because we felt like doing something special, the offer from the travel agency was just right: a holiday in a gypsy caravan. Travelling through the countryside with only one horse-power! It sounded like freedom and adventure, and that was exactly what we wanted!

So a short time later we landed at Shannon Airport in the south-west of Ireland. The transfer to Tralee was organized and David Slattery, the owner of Slattery's Horse-Drawn Gypsy Caravans in Tralee welcomed us with a powerful slap on the shoulder.
There followed a first contact with Elliot, our future, four-legged engine, a last night in a comfortable hotel bed – and then it was time for the adventure to begin.

Monday:
Seven o'clock in the morning, bright sunshine. The first test is to catch Elliot. But that is easier said than done. Only with the tongues of angels and with the help of some carrots do we manage to put the halter on. At ten o'clock we finally set out.
Elliot knows his way and – luckily – also the rules of the road! Much too quickly we reach our first day's stopping place, Mrs Herlihy's farm in Farranfore. Apart from us there are four other caravans there. Together we look after the horses – feed them, water them – all this is part of our daily duties. After that, we exchange stories about our experiences, roast fried potatoes in the fire and enjoy the romantic atmosphere. The beds in the caravan are hard, but we sleep as peacefully as on clouds.

Tuesday:
A haze is still lying over the Kerry Hills, but soon the sun wins through, with not a cloud in the sky. It is just less than ten kilometres to Killarney. We have all the time in the world and take a break wherever we feel like one – a picnic near a crystal-clear river, a chat with farmers by the roadside. The hours seem to fly!
Rest in Killarney. We set out on a tour to explore Killarney on hired bikes.

Wednesday:
The fair-weather gods have deserted us. It is absolutely pouring with rain. The road to Bolteens is endless! Elliot is in a bad mood. He refuses to go any further against the rain and the wind. We have to lead him and so we are soon wet through. A hot shower and an even hotter cup of tea in the evening make us all feel much better. The day then ends quite cosily by candlelight in the caravan, with the sound of the raindrops lulling us to sleep.

Friday:
40 Sunshine again at last! An ideal day for a trip to the sea. We take the bus to Inch, a little fishing village with brightly painted houses. Here, a five-kilometre long beach and sand dunes await us. In the evening we have a delicious meal in a fish restaurant and drink Guinness in the pub with the locals. It turns into a long evening. Not until well after midnight do we return to Bolteens.
45 Saturday:
The last day. Elliot seems to feel that we are returning home. The closer we get to Tralee, the faster his step becomes. We have trouble keeping him from galloping at full speed. David, his owner, waves to us from afar. The farewell from Elliot is short and dramatic, and rather one-sided. While we are trying to hold back tears of separation, Elliot jumps
50 around in his beloved paddock, like the happiest creature on earth.

Taken from Mrs O'Connor's diary

Understanding the text   POINTS

Which heading and which place go with which day?
Write the correct days (Mo, Tu, We, Fr, Sa) behind the places **and** the headings.
There are more places and headings than you need.

		Place they stay overnight		Heading		
		Tralee	☐	A homesick horse	☐	
1.	Monday (Mo)	Kerry Hills	☐	A night in a hotel	☐	
2.	Tuesday (Tu)	Bolteens	☐	An evening with the local people	☐	
3.	Wednesday (We)	Farranfore	☐	A rest at the riverside	☐	
4.	Friday (Fr)	Inch	☐	A barbecue and a chat	☐	
5.	Saturday (Sa)	Bolteens	☐	A hard and rainy night	☐	
		Killarney	☐	Fish and chips at the roadside	☐	10

Are the following sentences true or false according to the text?
(Answer in complete sentences.)

6. At each stopping place the O'Connors looked after Elliot.   1/1
   This statement is _____ because it says in the text _____
   _____

7. Elliot did more than ten miles each day.   1/1
   This statement is _____ because it says in the text _____
   _____

8. Elliot didn't have to take them to the sea.   1/1
   This statement is _____ because it says in the text _____
   _____

Answer the following questions on the text in complete sentences.

9. How did the O'Connors get to Ireland?   1/1

10. What was the weather like on Monday?   1/1

11. Why will they never forget the trip to Bolteens? (Give two reasons)   2/2

12. How would you describe Elliot's character?   1/1

13. What was so romantic about this trip? (two aspects)   2/2

This is a very poetic text. What would you say in everyday language? Replace the underline expressions by your own words.

14. _____.   1/1
      (With the tongues of angels, line 19)
      succeed in putting the halter on.

15. We sleep _____.   1/1
      (as peacefully as on clouds, line 26)

16. The sun _____.   1/1
      (wins through, line 28)

17. _____.   1/1
      (The hours seem to fly, line 31)

Use words from the same families as the ones in brackets to complete the sentences.

18. It was a good (decided, line 3) _____ to go to Ireland.   1

19. David Slattery (owner, line 13) _____ Gypsy Caravans.   1

20. They gave the horses (feed, line 23) _____ in the evening.   1

**Explain the following expressions as they are used in the text.
(Write complete sentences.)**

21. travel agency (line 5): _____ 1/2

22. adventure (line 8): _____ 1/2

Vocabulary

The following words have various meanings.
Which of the meanings given in the dictionary is the one used in the text?
Circle (⑧) the number with the <u>best</u> German translation.

23. break (line 30) [...]
 v. 1. (ab-, auf-, zer-) brechen
 2. zerschlagen *(Gegenstand)*
 3. anbrechen *(Tag)*
 n. 4. Unterbrechung, Pause
 5. Bruch(stelle)

24. lead (line 36) [...]
 v. 1. führen, bringen *(Straße)*
 2. führen, leiten
 3. dirigieren *(Musik)*
 4. ausspielen *(Kartenspiel)*
 n. 5. Sport: Führung, Spitze
 6. für Hund usw.: Leine

25. lull (line 38) [...]
 v. 1. beruhigen
 2. beschwichtigen
 3. wiegen *(in den Schlaf)*
 4. sich legen *(Sturm)*
 n. 5. *(kurze)* Ruhepause

26. close (line 46) [...]
 v. 1. (ver)schließen
 2. sperren *(Straße)*
 adj.
 3. eng *(Freund)*
 4. dicht *(Gewebe)*
 5. nah
 6. gründlich *(Untersuchung)*

27. step (line 47) [...]
 v. 1. gehen, treten
 n. 2. Schritt *(auch Geräusch)*
 3. Stufe, Sprosse
 4. *übertragen:* Schritt, Abschnitt
 5. kurze Strecke

28. wave (line 48) [...]
 v. 1. sich wellen *(Haare)*
 2. winken
 3. wehen *(Fahne)*
 n. 4. Winkzeichen
 5. Welle *(auch übertragen)*

Complete the following text. Use the correct form of the words in brackets and find words of your own to replace the question marks.

Irish music – music for the heart and soul

The long hours to Bolteens, which had been so awful for the whole family, were forgotten the moment when they _____ there was a folk | 1
29 (tell)
music concert in the pub that evening. They were all _____ | 2
30 (look forward, go)
there. During the break the Celtic fiddler and guitarist Dave McIsaak _____ | 1
31 (???)
down at their table and began _____ about Irish music. | 2
32 (talk, enthusiastic)
Mr O'Connor, _____ also plays the violin, said that even if he | 1
33 (???)
practised _____, he _____ to play so _____. | 1/1/1
34 (hard)   35 (never, be able)   36 (???)
Dave smiled and _____: "I'm sure you would. That's what we thought | 1
37 (???)
in the beginning. But being on tour _____ months helps you | 1
38 (???)
to get _____. We have even _____ to Germany. | 1/1
39 (???)   40 (invite)
You know, since Irish dance shows – _____ Riverdance or | 1
41 (???)
or Lord of the Dance – started to fascinate their audiences, there _____ | 1
42 (be)
a lot more interest _____ Irish music. We have often asked | 1
43 (???)
_____ why we are so popular. It's probably because people | 1
44 (oneself)
are tired _____ synthesized music and ear-deafening noise. Our music | 2
45 (listen)
is different. It _____ a warm seat by the fire. | 2
46 (invite, you, take)
You feel _____ and at home." | 1
47 (comfortable)

E 2003-5

Translate into German.

48. At first the Corrs, an Irish family band consisting of three girls and a boy, only had fans in their home country. 3

49. Music has been part of their lives since they grew up in Dundalk, a small harbour town on the east coast of Ireland. 3

50. They were influenced by various local bands and by the songs their Mum and Dad listened to. 3

51. But then they were invited to perform in the United States and that led to engagements which made them famous abroad. 4

52. In April 2001 they played in London before an audience of 20,000 people including Nelson Mandela, the former president of South Africa, and Tony Blair, the British Prime Minister. 4

53. Today all their albums sell extremely well and the Corrs have definitely become one of Europe's most successful bands. 3

Guided writing

You only have to do one of the following tasks. Write your answer in about 130 words on the opposite page. Put A or B in the box.

Important: First read both tasks, then decide whether you want to do A or B. You can write down your ideas on your extra sheet before you do the task on your exam paper.

54. Task A
   In Mrs O'Connor's diary, the entry for Thursday is missing. What do you think this day was like? Write a suitable entry for Thursday. (Read the entries for Wednesday and Friday before you start.) Use three of the items given and three of the symbols. 12/6/6

- weather
- care for Elliot
- other tourists on the campsite
- shopping

54. Task B
Write a letter to your penfriend Vincent O'Connor about your last school-trip.
Use the following prompts:
- place
- accommodation
- food
- activities
- ???
- ??? Find **two** additional aspects of your own!

Lösung

Textverständnis
Zuordnungsaufgabe

1.	MONDAY (Mo)	Place they stay overnight:	Farranfore	Mo
		Heading:	A barbecue and a chat	Mo
2.	TUESDAY (Tu)	Place they stay overnight:	Killarney	Tu
		Heading:	A rest at the riverside	Tu
3.	WEDNESDAY (We)	Place they stay overnight:	Bolteens	We
		Heading:	A hard and rainy day	We
4.	FRIDAY (Fr)	Place they stay overnight:	Bolteens	Fr
		Heading:	An evening with the local people	Fr
5.	SATURDAY (Sa)	Place they stay overnight:	Tralee	Sa
		Heading:	A homesick horse	Sa

Richtig oder falsch?

6. This statement is **true** because it says in the text **that it is part of the O'Connors' daily duties to look after the horses.**
   (vgl. lines 23 and 24: "Together we look after the horses – feed them, water them – all this is part of our daily duties.")

7. This statement is **false** because it says in the text **that on Tuesday it was less than ten kilometres to Killarney.**
   (vgl. line 29: "It is just less than ten kilometres to Killarney.")

8. This statement is **true** because it says in the text **that they took the bus to Inch.**
   (vgl. line 40: "An ideal day for a trip to the sea. We take the bus to Inch, ...")

Fragen zum Text

9. They got there by plane./They took the plane and landed at Shannon Airport.
   (vgl. lines 10 and 11: "So a short time later we landed at Shannon Airport in the south-west of Ireland.")

10. The weather was lovely/gorgeous/great./There was bright sunshine.
    (vgl. line 18: "Seven o'clock in the morning, bright sunshine.")

11. The weather was very bad./The road to Bolteens was endless./Elliot was in a very bad mood.
    (vgl. line 34: "It is absolutely pouring with rain." und lines 34/35: "The road to Bolteens is endless." oder line 35: "Elliot is in a bad mood.")

12. Elliot always wants(ed) to do what he wants(ed). He doesn't (didn't) want to obey.
    (vgl. line 35: "He refuses to go any further ..." oder line 47: "We have trouble keeping him from galloping at full speed.")

13. Sleeping in a caravan and sitting by the fireside in the evening made this trip so romantic as well as travelling through the country slowly instead of sitting in a fast car.
    (vgl. line 6/7/8 "... Travelling through the countryside with only one horsepower ..." und line 25 "... ,roast fried potatoes in the fire and enjoy the romantic atmosphere ...")

Umschreiben

14. **After talking to Elliot in a friendly way we** succeed in putting the halter on.

15. We sleep **very well/wonderfully**.

16. The sun **comes out again**.

17. **Time goes by quickly.**

Wortfamilien

18. It was a good **decision** to go to Ireland.

19. David Slattery **owns** Gypsy Caravans.

20. They gave the horses **food** in the evening.

Worterklärungen

21. It's a place/an office where you can book a journey/holiday trip. (vgl. line 5)

22. It's something exciting that happens to you./It's an exciting experience. (vgl. line 8)

Arbeit mit einem Wörterbuch Englisch–Deutsch

23. We have all the time in the world and take a **break** (line 30) wherever we feel like one ...
24. We have to **lead** (line 36) him and so we are soon wet through.
25. The day then ends quite cosily by candlelight in the caravan, with the sound of the raindrops **lulling** (line 38) us to sleep.
26. The **closer** (line 46) we get to Tralee, the faster his step becomes.
27. The closer we get to Tralee, the faster his **step** (line 47) becomes.
28. David, his owner, **waves** (line 48) to us from afar.

Grammatik und Sprachgebrauch

29. were told
30. **looking forward / to going**
31. sat
32. **to talk / talking / enthusiastically**
33. who
34. **hard / harder**
35. would never be able
36. **well**
37. answered / said / replied
38. **for**
39. better
40. **been invited**
41. such as / like
42. **has been**
43. in
44. **ourselves**
45. of listening /¹ to /¹
46. **invites you / to take**
47. comfortable

Übersetzung

48. Zunächst hatten die Corrs, die eine irische Familienband sind¹ und aus drei Mädchen und einem Jungen bestehen¹, nur Fans in ihrem Heimatland¹.
49. Seit sie in Dundalk¹, einem kleinen Hafendorf an der Ostküste Irlands, aufwuchsen¹, ist Musik ein Teil ihres Lebens gewesen¹.
50. Sie wurden beeinflusst von einer Reihe örtlicher Bands¹ und von den Liedern, die ihre Mutter und ihr Vater hörten¹.
51. Aber dann wurden sie eingeladen¹, in den Vereinigten Staaten zu spielen¹, und dies führte zu Verpflichtungen¹, die sie im Ausland berühmt machten¹.
52. Im April 2001 spielten sie in London vor einer Zuhörerschaft von 20 000 Menschen¹, einschließlich Nelson Mandela¹, dem früheren Präsidenten von Südafrika¹, und Tony Blair, dem britischen Premierminister¹.
53. Heute verkaufen sich alle ihre Alben sehr gut¹ und die Corrs sind bestimmt¹ eine der erfolgreichsten Bands Europas geworden¹.

Schriftliche Sprachproduktion

54. **Task A**

Thursday
The weather is still quite miserable. It is raining heavily and there is also some wind. (**weather**) We decide to stay in Bolteens for a day and give Elliot some rest. We meet a farmer who is more than happy to give him some hay and he is allowed to stay in a warm and dry shed. (**care for Elliot**) As the farmer looks after Elliot we are free to use the day for a shopping trip in Bolteens. There are nice bookshops in Bolteens and of course you can buy very good jackets and trousers for rainy weather. (**shopping**) In the afternoon I have my first golf lesson. It's really difficult to hit the ball properly. (**golfing**) A local fisherman invites us to come along and go fishing with him. This is very exciting but not so easy either. (**fishing**) There is also a medieval castle in Bolteens which is very impressive and still used for concerts. (**castle**) We go to bed early and wait for the sun next day.

54. **Task B**

Hi Vincent,
I promised to tell you about my school trip to London. Our class decided to go by plane, so we all met at the airport. In London we got picked up by a red double-decker bus which took us to our youth hostel. (**place**) It wasn't very comfortable and unfortunately was like the youth hostel we both went to last year. The beds weren't very comfortable and they didn't even have showers with warm water. (**accommodation**) The good thing was that we cooked the meals ourselves. So the food was actually really nice. (**food**) Every day we did day-trips to London City and saw most of the famous sights like Birmingham Palace. (**activities**) Guess what: We saw Prince William at Buckingham Place. All the girls in my class went crazy, some of them even started to cry. (**additional aspect 1: Prince William**) On our last evening we did lots of funny things like making music and playing some stupid games. In the morning we were all very tired, so we slept on the way back home. (**additional aspect 2: last evening**)
Hope to hear from you soon,
Bye ...

Abschlussprüfung an Realschulen: Englisch 2003
Listening Comprehension

Hello, this is the listening exam 2003. I'm going to give you the instructions for the test. Don't worry; you'll hear each text twice. At the start of each piece you'll hear this sound: *(Ton)* You can answer the questions while you are listening, but you will also have some time after each recording. There'll be a pause before each piece so that you can look at the questions, and other pauses to let you think about your answers. Please read the exercise and instructions for text 1. You've got 15 seconds.
(15 Sekunden Pause, dann Ton)
Now listen to the speakers of text 1. You'll have 5 seconds after the first listening and 5 seconds after the second listening.

Text 1: Pets

You are going to hear four different dialogues about pets. Listen and find out which pets they are talking about. Write the correct letters in the boxes.

Dialogue A (Tierlaute)
Woman: No, thank God we're not allergic to her.
Man: Nor am I, so I can have her on my lap. What's her name?
Woman: Jenny.
Man: She's not shy at all. How long have you had her?
Woman: For quite a while. I adopted her when she was a kitten of 6 weeks. She loves being cuddled, but she also catches a lot of mice.

Dialogue B
Boy: Why shouldn't Dakota come with me to college, Mum?
Mum: I'm very sorry, son. I've asked the principal; they don't allow animals inside the college.
Boy: But did you tell him that we have become very close?
Mum: I've told him that he is an African Grey, that he is one year old and that he has just started to speak, but – they won't allow him in.
Boy: Oh no, ...

Dialogue C
Woman: Doctor, please help us. We love our Buffy. Look at him, isn't he sweet? He's wagging his tail, I think he likes you. Give the vet a kiss, Buffy.
Vet: Well, what's wrong with him?
Woman: He's alright inside the house, but as soon as we let him out he starts barking, even if there isn't anybody around. He barks and barks and won't stop.

Dialogue D (spitzer Schrei)
Boy: Don't be afraid, they just want to play with you.
Girl: Please put them back in their cage, I really don't like them.
Boy: I don't understand why people dislike them so much. They are friendly, clever and nice.
Girl: I don't like their long tails, I think they're disgusting.
(5 seconds after first listening, 5 seconds after second listening)

> Please read the exercises and instructions for text 2. You've got 30 seconds.
> *(30 Sekunden Pause, dann Ton)*
> Now listen to text 2. You'll have 5 seconds after the first listening and 5 seconds after the second listening.

Text 2: All creatures great and small

You are going to listen to a conversation between Jonathan Herriott and Sue Norman at a party.
(Partygeräusche)

Jonathan: So you are a vet, how very unusual!
Sue: What's so unusual about it?
Jonathan: You don't look like someone who kneels in a cowshed in rubber boots assisting a cow that's calving.
Sue: You're right, that's not what I do, I run a clinic for small animals.
Jonathan: Still, I suppose you had to train very long and hard to become a vet.
Sue: That's certainly true. I studied for five years, and finally got my degree in 2001.
Jonathan: Gosh, that's tough.
Sue: I've always wanted to be a vet, that helped. I grew up with animals, you know.
Jonathan: And you've never regretted your decision?
Sue: Never. Of course, like any other, the job has its good and bad sides.
Jonathan: Like what?
Sue: Well, if you are called after hours or during the night, if there is an emergency.
Jonathan: Does that happen often with small animals?
Sue: Just think of accidents, a dog that's got run over, or a cat – people bring them to my clinic at all times!
Jonathan: That must be awful!
Sue: It is. But on the other hand, if you can save the patient, that's a reward. And animals are so brave, it's amazing!
Jonathan: What animals do you like caring for most?
Sue: Cats and reptiles, they are both lots of fun, especially cats.
Jonathan: Well, cats are obvious, but reptiles? Have you ever treated a crocodile?
Sue: No, I haven't. Crocs are the only reptiles I don't treat.
Jonathan: As an expert, how do you feel about animal experiments? Aren't they disgusting?
Sue: It depends, really. Of course it's terrible if animals have to suffer because a new fashion requires some crazy new lipstick.
Jonathan: That's it! I think animal experiments should be banned completely.
Sue: But what if there is no other way to find a cure for diseases like Aids or cancer? If tests are carried out in a controlled way, I'm all for them. Don't forget, animals also suffer from cancer.
Jonathan: I see what you mean. Animals might get better treatment, too.
Sue: Right, more lives will be saved than lost in the long run.

(5 seconds after first listening, 5 seconds after second listening)

> Please read the instructions and the exercise for text 3. You've got 45 seconds.
> *(30 Sekunden Pause, dann Ton)*
> Now listen to text 3 and correct the text on your exam paper. You'll have 15 seconds after the first listening and 15 seconds after the second listening.

Text 3: Bears love hamburgers

You are going to hear a radio report about the problem of bear attacks in US parks. In the printout the secretary got several details wrong. Find the differences and write down the correct words on the lines in the text.

(Dschungbuch: "Bear Necessity")
Black bears are becoming a serious problem in America's national parks. In Yosemite Park, where 500 of the country's 500,000 bears live, the animals broke into more than 1,050 cars last year. The bears are usually looking for rucksacks and cooler boxes, as they know that food is often kept there.
Bears like typical human meals of meat and vegetables. Wardens say they simply love junk food. They eat hamburgers and chips, but leave healthy salads. It is really hard for them to get the calories they need from normal bear food such as grass, fish and berries, so it is not surprising that they try to find fattening food.
'Burglar bears' are taken away from the parks, but usually return sooner or later. If they are caught breaking in again, they are shot by wardens.
Visitors can help prevent the bears from breaking in by not leaving food in cars and tents. However, many people are just too lazy and the bears pay the price.
(15 seconds after first listening, 15 seconds after second listening)

Please read the instructions and the exercise for text 4. You've got 15 seconds.
(15 Sekunden Pause, dann Ton)
Now listen to text 4. You'll have 10 seconds after the first listening and 25 seconds after the second listening.

Text 4: Booking a dog hotel

You are going to listen to a telephone conversation between the manager of a dog hotel and a dog owner.
(Hundebellen – Telefon)

Manager: Sacramento dog hotel, what can I do for you?
Mrs Hackney: Good afternoon. I have a leaflet about your dog hotel and would like to ask you some questions. We are going to Europe on vacation and don't know what to do with our Brandy during this time. She's an Airedale Terrier.
Manager: And so you would like to accommodate your darling here at our hotel?
Mrs Hackney: Yes, that's right.
Manager: Wonderful. How long are you going to be away?
Mrs Hackney: Three weeks. We are leaving Sacramento on July 16 and are coming back on August 5.
Manager: I see. So you are going to bring your dog here on July 16?
Mrs Hackney: Well, we are leaving very early in the morning. I think it would be better to drop her off the day before.
Manager: But if you're short of time we can offer you our pick-up service.
Mrs Hackney: Oh, really? But I guess we'd better bring her ourselves.
Manager: OK. Then when would you like to take Brandy home again?
Mrs Hackney: On August 5. No, let me think ... that's a bit too early. Let's say on August 6.
Manager: Fine. Could you please give me your full name?
Mrs Hackney: Of course. Hackney. Mary Hackney. I'll spell it for you. H-A-C-K-N-E-Y.
Manager: Thank you.
Mrs Hackney: In your leaflet it says that the rates depend on the dog's size. Is that right?

Manager:	Yes, and on the services you require. We charge different rates. Small dogs are $12, medium dogs $14 and large dogs $16 per night. So an Airedale would be $16. Excellent dog food, walks and playing with our staff is included.
Mrs Hackney:	Could you also bathe her once?
Manager:	Sure. That would be an extra $13.
Mrs Hackney:	Hmm ... yes, good.
Manager:	Do you require any other services? A visit to the vet maybe, ear care or nail clipping?
Mrs Hackney:	Ear care would be a good idea.
Manager:	That's another $5. Now let me see. We still need your phone number, Mrs Hackney.
Mrs Hackney:	Sure. It's 916-548-3357.
Manager:	916-548-3357. Well, thank you very much for choosing our dog hotel.

(10 seconds after first listening, 25 seconds after second listening)

Please read the instructions and the exercise for text 5. You've got 15 seconds.
(15 Sekunden Pause, dann Ton)
Now listen to text 5. While listening, write your notes on your extra sheet. After the second listening write your answers on the exam paper. You'll have 30 seconds after the first listening and 2 minutes after the second listening. I'll remind you when there's one minute left to make sure you finish in time.

Text 5: Exotic Pets

You're going to hear a conversation between Barbara, Melvin and Sam at a party.
(Partygeräusche)

Melvin:	So, Barbara, I've heard you're doing a spare time job at the moment?
Barbara:	Yes, you're right. I'm doing some voluntary work at our local animal shelter. It's super training for my studies, you know.
Sam:	Aha. What do you do there?
Barbara:	Well, I help to take care of all the animals which are brought to us. And we're getting more and more here at the shelter, I can tell you.
Melvin:	How come?
Barbara:	Mainly because their owners don't want them anymore. It's a shame! And that's why I've even started giving advice to pet owners.
Sam:	You mean a kind of helpline?
Barbara:	No, once a week people can come and talk to me when they've got a problem with their pet or when they want to buy one.
Sam:	I see.
Barbara:	By the way, I've specialized in exotic pets.
Melvin:	Exotic pets?
Barbara:	Yes! Spiders, scorpions, skunks, frogs, snakes, and also monkeys. They've come into fashion during the last few years.
Sam:	I wonder why anybody should want to have a snake or a scorpion at home.
Barbara:	Well, some people want to show they are special, like nobody else. Others buy a python because they think it's a cool and trendy animal.
Sam:	But I suppose they don't have them very long.
Barbara:	That's right! They turn up at our animal shelter with their exotic pets. Some owners are disappointed because their exotic animals are really difficult to care for.
Melvin:	I see what you mean. They don't think carefully before they buy them.

Barbara: Yes! Just imagine. Last week a man brought a crocodile and complained that it had grown from 30 centimetres to one and a half metres in only six months!
Sam: He should have seen the problems before he bought the animal.
Barbara: Sure. Some animals can grow much larger than the keepers expect and they often cost a lot of money.
Sam: I understand that you're doing a responsible job. So, if I come to you and want to buy a monkey or a python, what advice would you give me?
Barbara: You really should ask yourself if you are able to handle this pet. Have you got enough space for it? Can you afford to keep it? Will you find somebody who will take care of it when you go on holiday? …

(Partygeräusche)
(30 seconds after first listening and 2 minutes after second listening)
(1 minute)

You have one more minute left.

(1 minute)

That's the end of the test. Please stop now. Your teacher will collect all the exam papers. Thank you for listening. We wish you all the best for the next part of your final exams. Goodbye.

(flotte Musik)

Animals and men

Listening Tasks POINTS

Text 1: Pets
You are going to hear four different dialogues about pets (dialogues **A**, **B**, **C** and **D**). Listen and find out which pets they are talking about. Write the correct letters in the boxes.

1. hamster ☐
2. dog ☐
3. rabbit ☐
4. cat ☐
5. rat ☐
6. parrot ☐

4

Text 2: All creatures great and small
You are going to listen to a conversation between Jonathan Herriott and Sue Norman at a party. **One** ending to each of the following sentences is correct. **Tick it (✓).**

1. Sue
   - [ ] had to study for three years.
   - [ ] graduated two years ago.
   - [ ] finished college in 2002.

2. Sue became a vet because
   - [ ] she is tough.
   - [ ] she helped on a farm.
   - [ ] it had been her childhood dream.

3. Sue is
   - [ ] also phoned late.
   - [ ] an emergency doctor only.
   - [ ] often involved in accidents.

4. She likes to treat
   - [ ] crocodiles.
   - [ ] cats.
   - [ ] cows.

5. Sue thinks animal experiments
   - [ ] should be banned.
   - [ ] are necessary for cosmetics.
   - [ ] should be controlled.

Text 3: Bears love hamburgers
You are going to hear a radio report about the problem of bear attacks in US parks. In the printout got several details wrong. Find the differences and write down the correct words on the lines in the text. While you are listening the first time it may help you to underline the words or expressons which are different in the text.

1 Black bears are becoming a serious problem in America's natural parks. In

2 Yosemite Park, where 500 of the country's 500,000 bears live, the animals

3 broke into more than 1,015 cars last year. The bears are usually looking for

4 rucksacks and cooler boxes, as they know that food is often kept there.

5 Bears like typical human meals of beef and vegetables. Wardens say they

6 simply love junk food. They eat hamburgers and crisps, but leave healthy

7 salads. It is really hard for them to get the calories they need from normal

8   bear food such as grass, fish and cherries, so it is not surprising that they

9   try to find fattening food. 'Burglar bears' are taken away from the parks, but

10 usually return sooner or later. If they are caught breaking in again, they are

11 stopped by wardens. Visitors can help prevent the bears from breaking

12 in by not leaving fruit in cars and tents. However, many people are just too

13 and the bears pay the lazy price.

Text 4: Booking a dog hotel
You are going to listen to a telephone conversation between the manager of a dog hotel and a dog owner.

Take notes. You don't have to write complete sentences. This is the form the manager has to fill in while talking to the owner.

Sacramento Dog Hotel
4228 Edison Ave. Sacramento, CA 95821

Name of dog:	*Brandy*
Breed of dog:	*Airedale terrier*
Name of owner:	_____
Owner's phone number:	_____
Stay:	from _____ to _____
Size of dog	small ☐ medium ☐ large ☐
Extra services required:	bath ☐ special food ☐ nail clipping ☐ pick-up of dog ☐ vet visit ☐ ear care ☐

Text 5: Exotic pets
You are going to hear a conversation between Barbara, Melvin and Sam at a party.
While listening: Take down notes on your extra sheet so you can answer the questions.
After listening: You have got 2½ minutes. Write the answers on your exam paper. **You don't have to write complete sentences,** *but one word is not enough.*

1. What are Barbara's tasks at the animal shelter? (two items)
   - _____ 1
   - _____ 1

2. Why do some people want to have an exotic animal as a pet? (two items)
   - _____ 1
   - _____ 1

3. Why do some people soon want to get rid of their exotic animals? (two items)
   - _____ 1
   - _____ 1

4. What, according to Barbara, should people ask themselves before they buy an exotic pet? (two items)
   - _____ 1
   - _____ 1

8

Lösung

Text 1: Pets

4 A, cat
Stichworte im Text: „*when she was a kitten*"; „*she also catches mice*"

6 B, parrot
Stichworte im Text: „*he has just started to speak*"

2 C, dog
Stichworte im Text: „*wagging his tail*"; „*he starts barking*"

5 D, rat
Stichworte im Text: „*people dislike them so much*"; „*long tails*"

Text 2: All creatures great and small

1. Sue <u>graduated two years ago</u>. (**B**)
   Textstelle: „*… and finally got my degree in 2001.*"

2. Sue became a vet because <u>it had been her childhood dream</u>. (**C**)
   Textstelle: "*I've always wanted to become a vet.*"

3. Sue is <u>also phoned late</u>. (**A**)
   Textstelle: „*… if you are called after hours or during the night, …*"

4. She likes to treat <u>cats</u>. (**B**)
   Textstelle: "*Cats and reptiles, they are both lots of fun, especially cats.*"

5. She thinks animal experiments <u>should be controlled</u>. (**C**)
   Textstelle: "*If tests are carried out in a controlled way, I'm all for them.*"

Text 3: Bears love hamburgers

Line 1:	natural	→	**national**
Line 3:	1,015	→	**1,050**
Line 5:	beef	→	**meat**
Line 6:	crisps	→	**chips**
Line 8:	cherries	→	**berries**
Line 11:	stopped	→	**shot**
Line 12:	fruit	→	**food**

Text 4: Booking a dog hotel

Name of owner:	(Mary) Hackney*
Owner's phone number:	916-548-3357
Stay:	from July 15 to August 6
Size of dog:	large
Extra services required:	bath, ear care

*Da der Name im Hörtext buchstabiert wird, kann hier der Punkt nur vergeben werden, wenn der Name richtig geschrieben wird.

Text 5: Exotic pets

1. What are Barbara's tasks at the animal shelter? (two items)
   – **taking care of all the animals at the shelter**
   – **giving advice to pet owners**

2. Why do some people want to have an exotic animal as a pet? (two items)
   – **they want to show that they are special**
   – **they think the animals are cool (and trendy)**

3. Why do some people soon want to get rid of their exotic animals? (two items)
   – **the animals are difficult to care for**
   – **the animals can grow much larger than expected**
   – **they often cost a lot of money**

4. What, according to Barbara, should people ask themselves before they buy an exotic pet? (two items)
   – **if they are able to handle the pet**
   – **if they have enough space**
   – **if they can afford to keep it**
   – **if they have someone during the holidays**

Abschlussprüfung an Realschulen: Englisch 2004
Reading Comprehension

R TXT MSGS OK 4 U?
Teachers in Britain have recently warned of the potentially damaging effects of mobile phone text messaging (SMS – short message service) on the English language. They are worried that their pupils will soon no longer be able to write normal English as, over the last two years, text messaging has been spreading from mobile phones to essays and even exams.

1 ⇨

In one recent case, a pupil handed in an essay entirely written in SMS-style. The 13-year-old Scottish girl told her teacher she found it easier to use short forms and symbols than normal standard English. Her teacher, who asked not to be named, was horrified when he read the essay. He said: "I could not believe what I was seeing. The page was full of hieroglyphics, many of which I simply could not translate." In the essay on her holidays, the girl wrote:

What's the text message for "hurry up son and finish in the bathroom"?

"My smmr hols wr CWOT. B4, we use 2go 2NY 2C my bro, his GF & thr 3 :-@ kids FTF. ILNY, it's a gr8 plc. (...)"

2 ⇨

The translation goes like this:
"My summer holidays were a complete waste of time. Before, we used to go to New York to see my brother, his girlfriend and their three screaming kids face to face. I love New York. It's a great place. (...)"

3 ⇨

Text messaging is enormously popular in the UK. At least 77 % of teenagers own a mobile phone and well over one million messages are sent every hour – the trend shows no signs of stopping.

4 ⇨

Judith Gillespie of the Scottish Parent Teacher Council said a decline in standards of grammar and written language was partly linked to the growth in popularity of SMS and the shortened words and symbols used for reasons of space. "There must be massive efforts from all quarters of the education system to stop the use of texting as a form of written language in the study of English. Today's schoolchildren have difficulty spelling even the most common words," she said. "They imagine words as they are pronounced and write them as they sound. You would be shocked by the numbers of those who cannot decide whether to write 'their' or 'there', for example, which are both 'thr' in text message English." She gave her pupils a warning: "If I see this in your test papers, I will take points off."

[5]

She agreed that part of the problem was the belief in some schools that the pupils' freedom of expression should not be limited. But text message short forms had no place in the study of English. "Kids should know the difference," she said. "They should know where to draw the line between formal writing and conversational writing."

[6]

Dr Cynthia McVey, a psychologist at Glasgow Caledonian University, said texting was second nature to a whole generation of young people. "In a very short period of time, teenagers have learnt to shorten words and sentences for use in their text messages. And they have become accustomed to sending these messages via their mobile phones. They don't write letters, as young people in the past used to do, so sitting down to write or type an essay is unusual and difficult. As a result, they return to what they feel comfortable with – SMS texting. It's attractive and uncomplicated."

[7]

You need the numbered boxes for <u>exercise 16</u> only!

Understanding the text POINTS

Read the text and decide whether the following statements are true, false or not in the text.

	true	false	not in the text
1. The Scottish girl found it easier to use standard English.	☐	☐	☐
2. The girl's teacher didn't want his personal data to be published.	☐	☐	☐
3. Her last summer holidays were terrific for her.	☐	☐	☐
4. The Parent Teacher Council wanted her to leave school.	☐	☐	☐

4

Who could have said the following?
Write the correct letters (A, B, C or D) in the boxes.

    A the Scottish girl   **B** her teacher   **C** Judith Gillespie   **D** Dr Cynthia McVey

5. "What does CWOT stand for?" ☐
6. "Why didn't we go to New York?" ☐
7. "Essay writing in normal English takes me too much time." ☐
8. "Young people think that writing letters is old-fashioned." ☐
9. "Texting must be an issue for all Parent Teacher Councils, not only for the one in Scotland." ☐
10. "They are used to texting. What's wrong with it?" ☐

6

One ending to the following sentences is correct. Tick it! (✓)

11. Teachers in Britain mentioned the negative effects of text messaging
    - A ☐ a long time ago.
    - B ☐ some months ago.
    - C ☐ not long ago.

12. The Scottish girl's essay was
    - A ☐ partly written in SMS-style.
    - B ☐ completely written in SMS-style.
    - C ☐ hardly written in SMS-style.

13. Teenagers in the UK send
    - A ☐ 77 % of the text messages in the world.
    - B ☐ more than 24 million text messages a day.
    - C ☐ almost 1 million text messages per hour.

14. Judith Gillespie complains that pupils don't know how to
    - A ☐ write formal letters.
    - B ☐ draw a line.
    - C ☐ write text messages correctly.

15. Dr Cynthia McVey thinks teenagers
    - A ☐ are used to writing text messages.
    - B ☐ used to write text messages.
    - C ☐ use text messages in their letters.

Five paragraphs (A–E) have been removed from the original article on your text sheet. Choose the most suitable position (1–7) in the article for each of the paragraphs from the list below and write the correct numbers in the grid.
Be careful: There are more positions suggested than you need!

16.

A — Thomas Ferry, a leading member of the National Association of School Members, also said that text message English shouldn't be allowed in essays. "Conversational writing seems to be a trend – kids are no longer expected to use the Queen's English."

B — In a survey, 40 % of people said that they had used text messages to say "I love you", while 13 % had used them to end a relationship.

C — Teachers complain that more and more exam papers are being written with shortened words, incorrect capitalization and punctuation, and characters like &, $ and @.

D — "To them it's not wrong. Teenagers nowadays have a social life that centres around typed communication. They think it's acceptable because it's in their culture."

E — Another pupil once handed in an exam paper riddled with SMS-style shorthand. "I had an hour to write an essay on 'Romeo and Juliet'," he said. "I just wanted to finish in time. I was writing fast and carelessly, I spellt 'you' 'u'." He got a C.

Answer the following questions on the text in complete sentences.

17. What can be two negative effects of text messaging on the pupils' writing skills?   2/2

18. Why have shortened words and symbols become so popular with young people?   1/1

19. Why can 'thr' in text message English be misunderstood?   1/1

20. How does Judith Gillespie want to stop the use of text messaging at school?   1/1

Paraphrase the underlined words or expressions from the text. Do not change the meaning of the sentences.

21. _____.   1/2
    (Text messaging is enormously popular, line 28)

22. The trend _____.   1/1
    (shows no signs of stopping, line 29/30)

23. _____.   1/1
    (It is second nature to them, line 46)

24. For most young people mobile phones are _____.   1/1
    (uncomplicated, line 51)

Use words from the same families as the ones in brackets to complete the sentences.

25. Not only the correct (pronounced, line 36) _____ but also the proper spelling of words is taught at school.   1

26. The (decide, line 38) _____ which letters must be used often seems very difficult for schoolchildren.   1

27. It was (belief, line 41) _____ for him that somebody could write an essay like that.   1

28. Some words (difference, line 43) _____ only in one or two letters.

Explain the following expressions as they are used in the text.
(Write complete sentences.)

29. essay (line 10): _____ 1/2

30. she agreed (line 41): _____ 1/2

The following words have various meanings.
Which of the meanings given in the dictionary is the one used in the text?
Circle the number with the best German translation.

31. spread (line 9)
   v. 1. ausstrecken, spreizen
   2. sich ausbreiten
   3. sich erstrecken
   4. sich verbreiten
      (Krankheit etc.)
   5. verbreiten

32. ask (line 16)
   v. 1. fragen
   2. sich erkundigen nach
   3. bitten *(um)*
   4. (of) fordern von
   5. einladen

33. see (line 26)
   v. 1. sehen
   2. sich vorstellen
      (gedanklich)
   3. verstehen
   4. jem. besuchen
   5. jem. aufsuchen *(Arzt)*

34. sign (line 30)
   n. 1. Zeichen
   2. Anzeichen
   3. Schild
   v. 4. unterschreiben
   5. verpflichten

35. space (line 33)
   n. 1. Raum
   2. Weltall
   3. Platz
   4. Lücke
   5. Zeitraum

36. study (line 35)
   n. 1. Arbeitszimmer
   2. Studie
   3. Studium
   v. 4. studieren
   5. lernen

6

R 4

Translate into German.
Your mobile – a wild animal?*

37. Old-fashioned telephones used to ring to let you know someone wanted to speak to you. 2

38. Since mobile phones came on the scene, their various tunes have become part of everyday life. 3

39. The latest generation of mobiles have an incredible sound quality. 2

40. They can imitate perfectly the grunting of a pig, the bark of a dog, or even the hiss of a snake to signal incoming calls.   4

41. This recent development means big business. Within the next twelve months companies are expected to earn £ 2.5 billion** from selling new ring tones via Internet.

* Überschrift muss nicht übersetzt werden!
** 1 billion = 1 000 000 000

42. Therefore the British Library has opened up its archive of 100 000 recordings of wild animals to these companies. So why not add a lion's roar to your mobile to show who is king?   4

R 6

Translate into German.

37. Recently a 15-year-old youngster stormed into a Swedish supermarket with a knife and demanded money.   3

38. The owner decided not to put up a fight but simply gave him some banknotes and secretly took a snapshot with his mobile phone.   3

39. When the police arrived soon afterwards he sent the photo to his computer and printed it out immediately.   3

40. Thirty minutes later two detectives used it to identify the young man in a nearby café.   2

41. This is just one example of the many ways that camera phones have been used since their introduction about two years ago. 3

42. Of course there are other advantages: they are small, handy and networked, allowing their owners to send images to other phones.

43. But there is also a negative side to the growing popularity of this new technology; it can be used for taking pictures secretly or illegally. 2

R 4

Complete the following text. Use the correct form of the words in brackets and find words of your own to replace the question marks.

Mobiles – comfort or curse?

A woman recently looked for the train conductor on her way from Washington _____ **43** (???) New York. She complained about a man in her compartment 1 _____ **44** (???) had grabbed her mobile phone and _____ **45** (throw) it against the 1/1 wall, _____ **46** (smash) it into pieces. 1 _____ **47** (???) had the man done this? He was furious _____ **48** (???) he was 1/1 sitting in one of the "quiet cars" as the train company _____ **49** (call) its mobile 1 phone-free cars for passengers who _____ **50** (want, travel) quietly. 1 The man didn't want to apologize for _____ **51** (break) the mobile phone. He 1 _____ **52** (keep) saying that he would never have done this if they 1/1 _____ **53** (not, be) in a quiet car. And he added, "People who are _____ **54** (good) 1 informed about the signs in a train and don't respect _____ **55** (???) drive me 1 crazy."

The train company began the experiment in January 2001 and so far it 1 _____ **56** (be) a great success.

"Passengers who choose to sit in the quiet car inform other passengers that it's the quiet car," said a spokesman for the company. "It seems to work – _____ of the time."
57 (much)

_____ , this service for "quiet" travellers only exists between Washington and New York during the business week. Mr Schwarz from a town in Connecticut _____ this because on his train the "horrible mobile phone blabbers" as he calls them, cannot _____ .
58 (unfortunate)
59 (deep, regret)
60 (avoid)

He says, "I am _____ by a loud ring or electronic melody, followed _____ an annoying semi-dialogue that draws me from my world into theirs whether I like it or not."
61 (catch)
62 (???)

R 6

Complete the following text. Use the correct form of the words in brackets and find words of your own to replace the question marks.

Mobiles – comfort or curse?

A woman recently looked _____ the train conductor on her way from Washington to New York. She complained _____ a man in her compartment who _____ her mobile phone and thrown it against the wall, _____ it into pieces.
44 (???)
45 (???)
46 (grab)
47 (smash)

Why _____ this? He was furious _____ he was sitting in one of the "quiet cars" as the train company _____ its mobile phone-free cars for passengers _____ want to sit and travel quietly without _____ disturbed.
48 (the man, do)
49 (???)
50 (call)
51 (???)
52 (be)

The man didn't want to apologize for the _____ mobile phone. He kept _____ that he would never have done this if they _____ in a quiet car. And he added, "People who are _____ informed about the signs in a train and don't respect them just drive me crazy."
53 (break)
54 (say)
55 (not, sit)
56 (good)

The train company began the experiment in January 2001 and so far it _____ a great success.
57 (be)

"Passengers who choose _____ in the quiet car inform other passengers
      58 (travel)
that it's the quiet car," said a spokesman for the company. "It seems to work –
_____ of the time."
  59 (much)
Unfortunately, this service for "quiet" travellers only exists between Washington
and New York during the business week. Mr Schwarz from a town in Connecticut
_____ this because on his train the "horrible mobile phone
  60 (deep, regret)
blabbers" as he calls them, cannot _____ .
                                      61 (avoid)
He says, "I am caught by a loud ring or electronic melody, followed by an
annoying semi-dialogue that draws me from my world into _____
                                                            62 (???)
whether I like it or not."

Guided writing

You only have to do one of the following tasks. Write your answer in about 130 words. Put A or B in the box.
Important: First read both tasks, then decide whether you want to do A or B. You can write down your ideas on your extra sheet before you do the task on your exam paper.

63. Task A
    You're a pupil at Redwood Comprehensive School and you've just read the following article in your local paper.
    Write a letter to the editor using the prompts given.

suitable beginning / ending	Yesterday's announcement of the Town Council's decision to build another radio mast for mobile phones in town has lead to a storm of protest. "Building such a mast right beside our school is absolutely irresponsible. We can't let this happen!" commented James Miller, headmaster of Redwood Comprehensive School …	your attitude towards mobiles
health risk		reactions at school
alternative site: suggestion		wish for the future

Task B
You have just got a new mobile phone. Write an email to your English pen friend about it and mention the following items:
- when and how you got it
- why you wanted a mobile
- what's so special about it
- what regulations there are at your school
  (Find **two** additional aspects of your own!)

Lösung

Textverständnis
Richtig, falsch oder nicht im Text?

1. The Scottish girl found it easier to use standard English. **(false)**
   Textstelle: line 14/15 („... she found it easier to use short forms and symbols than normal standard English.")

2. The girl's teacher didn't want his personal data to be published. **(true)**
   Textstelle: line 16 („... who asked not to be named, ...")

3. Her last summer holidays were terrific for her. **(false)**
   Textstelle: line 25 („My summer holidays were a complete waste of time.")

4. The Parent Teacher Council wanted her to leave school. **(not in the text)**

Zuordnungsaufgabe 1

5. „What does CWOT stand for?" **(B)**
   Textstelle: line 22

6. „Why didn't we go to New York?" **(A)**
   Textstelle: line 26/27

7. „Essay writing in normal English takes me too much time." **(A)**
   Textstelle: line 14/15

8. „Young people think that writing letters is old-fashioned." **(D)**
   Textstelle: line 48/49

9. „Texting must be an issue for all Parent Teacher Councils, not only for the one in Scotland" **(C)**
   Textstelle: line 34

10. „They are used to texting. What's wrong with it?" **(D)**
    Textstelle: line 45/46

Zuordnungsaufgabe 2

11. Teachers in Britain mentioned the negative effects of text messaging <u>not long ago</u>. **(C)**
    Textstelle: line 2 („Teachers in Britain have recently warned of ...")

12. The Scottish girl's essay was <u>completely written in SMS-style</u>. **(B)**
    Textstelle: line 11/12 („... a pupil handed in an essay entirely written in SMS-style.")

13. Teenagers in the UK send <u>more than 24 million text messages a day</u>. **(B)**
    Textstelle: line 29 („... and well over one million messages are sent every hour ...")

14. Judith Gillespie complains that pupils don't know how to <u>write formal letters</u>. **(A)**
    Textstelle: line 35/36 („... have difficulty spelling even the most common words.")

15. Dr Cynthia McVey thinks teenagers <u>are used to writing text messages</u>. **(A)**

    Textstellen: *lines 45/46 und line 48 („… was second nature to a whole generation of young people." und „… they have become accustomed to sending these messages via their mobile phones.")*

Zuordnungsaufgabe 3

16. **A 6; B 4; C 1; D 7; E 3**

Fragen zum Text

17. What can be two negative effects of text messages on the pupils' writing skills?
    - **Pupils are no longer able to write normal English.**
    - **They write the words as they sound.**
    - **They have difficulties spelling even the most common words.**

    Textstelle: *line 6/7 und 35/36 („… will soon no longer be able to write normal English …" und „… have difficulty spelling even the most common words … write them as they sound.")*

18. Why have shortened words and symbols become so popular with young people?
    - **They are easier to use than normal standard English.**

    Textstelle: *line 14/15 („… she found it easier to use short forms and symbols than normal standard English.")*

19. Why can 'thr' in text message English be misunderstood?
    - **It could mean both 'their' and 'there'.**

    Textstelle: *line 37/38 („… cannot decide whether to write 'their' or 'there', for example, which are both 'thr' in text message English.")*

20. How does Judith Gillespie want to stop the use of text messaging at school?
    - **She wants to take points off (in test papers).**
    - **She wants the education system to make huge efforts to stop it.**

    Textstelle: *line 33/34 und 39/40 („There must be massive effort from all quarters of the education system …" und „… I will take points off.")*
    langt werden.

Wortschatz und Grammatik

Umschreiben

21. <u>A lot of people like</u> text messaging <u>very much</u>.

22. The trend <u>seems to be going on</u>.

23. <u>They are used to</u> it.

24. For most young people mobile phones are <u>easy to use</u>.

Wortfamilien

25. Not only the correct <u>pronunciation</u> but also the proper spelling of words is taught at school.

26. The <u>decision</u> which letters must be used often seems very difficult for schoolchildren.

27. It was <u>unbelievable</u> for him that somebody could write an essay like that.

28. Some words <u>differ</u> only in one or two letters.

Worterklärungen

29. essay (line 10): An essay is something that you write on a certain subject.

30. she agreed (line 41): This means that she was of the same opinion (as the others).

Arbeit mit einem Wörterbuch Englisch–Deutsch

31. ... text messaging has been **spread**ing (line 9) from mobile phones to essays and even exams.

32. ... who **ask**ed (line 16) not to be named ...

33. ... to go to New York to **see** (line 26) my brother, ...

34. ... the trend shows no **sign**s (line 30) of stopping ...

35. ... the shortened words and symbols used for reasons of **space** (line 33) ...

36. ... as a form of written language in the **study** (line 35) of English.

Übersetzung

R 4

37. Altmodische Telefone klingelten[1] um dich wissen zu lassen, dass jemand mit dir sprechen möchte.[1]

38. Seit Mobiltelefone den Markt beherrschen,[1] sind ihre verschiedenen Melodien Teil des Alltagslebens geworden.[1]

39. Die neueste Generation der Mobiltelefone[1] hat eine unglaubliche Klangqualität.[1]

40. Sie können auf perfekte Weise das Grunzen eines Schweines,[1] das Bellen eines Hundes[1] oder sogar das Zischen einer Schlange nachmachen[1] um ankommende Telefonanrufe anzukündigen.[1]

41. Diese neueste Entwicklung[1] bringt ein großes Geschäft mit sich.[1] Innerhalb der nächsten zwölf Monate[1] werden Firmen vermutlich 2.5 Milliarden Pfund verdienen,[1] indem sie neue Klingeltöne über das Internet verkaufen.[1]

42. Daher hat die britische Bibliothek ihr Archiv[1] von 100 000 Aufnahmen wilder Tiere für diese Firmen geöffnet.[1] Warum sollte man also nicht ein Brüllen eines Löwen auf sein Mobiltelefon laden um zu zeigen wer der König ist?[1]

R 6

37. Kürzlich stürmte ein 15-jähriger Jugendlicher mit einem Messer in einen schwedischen Supermarkt[2] und verlangte Geld[1].
38. Der Besitzer entschied keinen Kampf anzufangen[1], gab ihm einfach einige Banknoten[1] und machte heimlich mit seinem Mobiltelefon einen Schnappschuss[1].
39. Als die Polizei kurz danach ankam[1], schickte er das Foto seinem Computer[1] und druckte es sofort aus[1].
40. 30 Minuten später benutzten es zwei Detektive[1], um den jungen Mann in einem nahe gelegenen Café zu identifizieren[1].
41. Dies ist nur ein Beispiel für die vielen Gelegenheiten[1], bei denen Fototelefone benutzt werden[1], seit sie vor ungefähr zwei Jahren eingeführt wurden[1].
42. Sicher gibt es andere Vorteile[1]: Sie sind klein, handlich und vernetzt[1], wodurch sie es den Besitzern ermöglichen[1], Bilder zu anderen Telefonen zu schicken[1].
43. Aber es gibt auch eine negative Seite zur wachsenden Popularität dieser neuen Technologie[1]; sie kann benutzt werden, um geheim und illegal Bilder zu machen[1].

Grammatik und Sprachgebrauch

R 4

43. **to**	44. **who**
45. **thrown**	46. **smashing**
47. **Why**	48. **because**
49. **calls**	50. **want to travel**
51. **breaking**	52. **kept**
53. **hadn't been**	54. **well**
55. **them**	56. **has been**
57. **most**	58. **Unfortunately**
59. **deeply regrets**	60. **be avoided**
61. **caught**	62. **by**

R 6

44. **for**	45. **about**
46. **had grabbed**	47. **smashing**

48. **had the man done / did the man do**
50. **calls**
52. **being**
54. **saying**
56. **well**
58. **to travel**
60. **deeply regrets**
62. **theirs / another one / a different one**

49. **because**
51. **who**
53. **broken**
55. **hadn't been sitting**
57. **has been**
59. **most**
61. **be avoided**

Schriftliche Sprachproduktion

63. Task A

Dear Mr Miller,
I have just read your article in the local paper about the radio mast that is being planned by the Town Council and I am very angry. **(suitable beginning)** Everyone knows that the waves that are sent out by radio masts are very damaging to the health. They not only cause cancer, they also affect our genes. **(health risk)** I am convinced that putting the site right next to a school is a very bad idea. Why doesn't the Town Council build this mast in the countryside further away from the town? **(alternative site: suggestion)** I know that a lot of people use mobile phones and especially young people. On the one hand, having a mobile phone can be helpful if you have an accident, for example. On the other hand, there are so many disadvantages, like the waves or high costs. **(your attitude towards mobiles)** I know many of my classmates are against this mast, too. Our headmaster is also very much against these plans. We will organize demonstrations and do everything to create a healthy environment. **(reactions at school)** I would be very pleased if you would support us. Please print this letter and the letters of my classmates in your local paper. **(wish for the future)** I am looking forward to hearing from you soon.
Yours **(suitable ending)**

Task B

Dear Alison,
How are you? I am fine – actually I am more than just fine. I am in a very, very good mood, because I've finally got my first mobile phone. You know the one I have been talking about all the time? Last Saturday, after I had finally convinced my mum, we went to the shop and she got it for me: **(when and how you got it)** the new Nokia 111. I am still so excited because as you know I had to wait so long and everybody in my class already had one. Now I can contact all my friends quite easily. **(why you wanted a mobile)** The phone itself is really great – it has got many extras like picture messaging, an alarm clock and of course I can take pictures with it, too. **(what's so special about it)** But I am not allowed to use it at school, sadly enough. They're banned. School regulations, you know. **(what regulations are at school)** Unfortunately, it will be too expensive to contact you in England very often but I promise I will send you a funny photo quite soon. Hope you are fine. Bye **(two additional aspects)**

Abschlussprüfung an Realschulen: Englisch 2004
Listening Comprehension

Hello, this is the listening exam 2004. I'm going to give you the instructions for the test. Don't worry; you'll hear each text twice. At the start of each piece you'll hear this sound: *(Ton)* You can answer the questions while you are listening, but you will also have some time after each recording. There'll be a pause before each piece so that you can look at the questions, and other pauses to let you think about your answers. Please read the exercise and instructions for text 1. You've got 15 seconds.
(15 Sekunden Pause, dann Ton)
Now listen to text 1.

Text 1: People at the European Football Championships 2004

Conversation A
Reporter: Hello. You're on your way to the stadium?
Fan: Sure. We're just going to get something to drink first. Look at us – everybody is dressed in orange shirts and orange scarves. Do you think we want to take part in the Portuguese carnival?
Reporter: Not really; I just wondered why you've got drums and trumpets with you.

Conversation B
Reporter: Excuse me, Sir. Are you going to see one of the matches?
Male: Well, actually I am. I've purchased tickets for the first semi-final. I'm going to take my family to see it.
Reporter: So you've just come over for the match?
Male: No, tomorrow we're off to the beach for two weeks. Maybe later on we'll spend a weekend with our relatives.

Conversation C
Reporter: Madam, you don't look like a football fan at all.
Female: No, definitely not. I must admit I'm not particularly interested in seeing any of the matches.
Reporter: So why have you come to Lisbon? Are you on holiday?
Female: I wish I was! I'm here as the sales representative of a sports equipment company from Germany.
Reporter: Oh, that sounds interesting …

Conversation D
Reporter: Oh, here are some young supporters of the English team. Excuse me, where are you going to?
Young male: We're on our way to the town centre. That's where the party is.
Reporter: So it's not only about football?
Young male: No, that's just the warm-up. In the local bars you can meet lots of young people from all over Europe …
(5 seconds after first listening, 5 seconds after second listening)

> Please read the exercises and instructions for text 2. You've got 30 seconds.
> *(30 Sekunden Pause, dann Ton)*
> Now listen to text 2.

Text 2: An Interview with David Beckham

Interviewer: David, lots of English football fans are still very sad that you've left Manchester United. Could you tell us why you joined Real Madrid?

Beckham: Well, Victoria was getting bored with England because we weren't getting enough attention. I tried to convince her that we should stay, I even got a new hair style done, but …

Interviewer: You mean …?

Beckham: No, I'm joking. It was a unique chance to play in a real dream team. Players like Figo, Zidane, Ronaldo – they're just brilliant.

Interviewer: I see! You've just mentioned your hair style, David. Obviously looks seem to be very important for you.

Beckham: Absolutely – I like to look good when I play.

Interviewer: But isn't it a model's job to look good at work? I thought a footballer's job would be to play football! Look at Paul Scholes – he isn't a beauty, but he's a fantastic footballer and he scores important goals for England.

Beckham: Right, but I'm the England captain and if kids look up to me and want to be like me, that's fine. I'm permanently in the public eye, you know.

Interviewer: As captain of the English team: what do you think of Wayne Rooney, England's new football "boy wonder"?

Beckham: Well, Wayne is the youngest player who ever got into the national team. He's an extremely talented goal-getter. I'm sure he'll make his way, but at his age he still has to learn how to cope with so much pressure.

Interviewer: Back to you, David. Quite a lot of people are a bit jealous: you get millions of pounds, make big sponsorship deals – and you're married to Posh Spice! You seem to have it all.

Beckham: Maybe, you're right, but sometimes I wish I wasn't so famous. Everybody knows they planned to kidnap Victoria and the boys – that was a terrible shock! Since then we've had to worry about security all the time. It's making life more and more difficult, you see …

(5 seconds after first listening, 5 seconds after second listening)

Please read the instructions and the exercise for text 3. You've got 30 seconds.
(30 Sekunden Pause, dann Ton)
Now listen to text 3 and correct the text on your exam paper.

Text 3: A Live Report

"Welcome everybody out there sitting by your radios. It's the evening all the BBC listeners and the 55,000 spectators here in the stadium have been waiting for: the kick-off for England's first match against France. It has been a lovely day here in Lisbon with temperatures around 22 °C – ideal weather conditions for such an important game.
My studio guest tonight is Gary Lineker, the former England goal-getter, who has played in dozens of international games. Hello Gary." "Hi Mike."
"My first question tonight, Gary: Will we see an aggressive England or a hesitant start with a strong defence? How do you think Erikson prepared the team?"
"Actually, Mike, I'm convinced we will see neither nor. I think the coach will have told them to play carefully but also to strike quickly whenever there is a chance."
"OK. Gary, we'll see what happens because here's the kick-off: From the first moment on it seems that England are already trying to attack their opponents in midfield. Neville steals the ball from number 7; over to Beckham, an excellent long pass to Owen; Owen's past his opponent, he's in the penalty area, Owen hammers the ball past the goalie and … The ball's in the net! Goal!!!! One nil for England! What a start! What a superb move by Beckham and Owen! …"
(15 seconds after first listening, 15 seconds after second listening)

Please read the instructions and the exercise for text 4. You've got 15 seconds.
(15 Sekunden Pause, dann Ton)
Now listen to text 4.

Text 4: Ordering Tickets

Secretary:	Hello. EURO 2004 ticket service. This is Ann Price speaking. How can I help you?
Mr Knowles:	Hello. My name's Arthur Knowles. Can you tell me if there are any tickets left for the semi-finals or the final?
Secretary:	Hmm. I'm afraid they're all sold out, but there are still some seats left for the quarter-finals.
Mr Knowles:	Sounds great! I would need four tickets. How much would a ticket for the quarter-finals be?
Secretary:	They are category 1 tickets, which means £ 94.40 for the ticket itself and an additional £ 9.40 for all the fees.
Mr Knowles:	Uh. Over a hundred pounds! Just for one ticket? That's a fortune! Aren't there any cheaper seats available?
Secretary:	Well, Mr Knowles, I'm afraid not for the quarter-finals. … Oh, wait a minute – there are some leftover tickets for the quarter-final in Porto – they're tickets in the third category.
Mr Knowles:	How much are they?
Secretary:	These ones are £ 30.80 including £ 2.80 for the fees.
Mr Knowles:	OK. That's much better. When exactly is the match?
Secretary:	It's on 27th June. The kick-off is at 19.45.
Mr Knowles:	Fine. Can you recommend any hotels in Porto?

Secretary:	Let me see. There's a nice three star hotel not too far from the stadium. If you wish, I can give you the name and the phone number.
Mr Knowles:	Brilliant!
Secretary:	The name of the hotel is Tuela Porto. Let me spell it for you: T U E L A P O R T O.
Mr Knowles:	Tuela Porto. Got it. And the phone number?
Secretary:	It's 00351 for Portugal and 213 191 211 for the hotel.
Mr. Knowles:	OK. Let me check that again: 00351 213 191 211.
Secretary:	That's it. Anything else I can do for you?
Mr Knowles:	Well, now I'll have to ask my friends if that's OK with them. How long can you hold the tickets?
Secretary:	Normally for one week, but for leftover tickets I have to know by 10 o'clock on Tuesday.
Mr Knowles:	Fine. I'll call you back as soon as possible.

(10 seconds after first listening, 25 seconds after second listening)

Please read the instructions and the exercise for text 5. You've got 15 seconds.
(15 Sekunden Pause, dann Ton)
Now listen to text 5. While listening, write your notes on your extra sheet. After the second listening write your answers on the exam paper.

Text 5: A top hotel for a top team

Jane:	Good afternoon, ladies and gentlemen. Welcome back to our daily report from EURO 2004. Today we are at Sintra, the favourite summer residence of the Portuguese kings for centuries. Nowadays it attracts thousands of tourists throughout the year with its historic buildings and beautiful scenery. Right behind me there's an 18th century palace which now serves as a five-star hotel. Mr Miguel Ferreira is the hotel manager who's agreed to answer some questions.
Miguel:	It's a pleasure to have you here.
Jane:	During the European Championships your hotel is fully booked and one of the top teams is staying here. Can you tell us why your hotel is so popular?
Miguel:	Well, I think, first of all, most of our guests like the beautiful park which covers an area of almost 5 acres.
Jane:	And you offer luxurious accommodation, I suppose.
Miguel:	Of course. We have tried to create a pleasant atmosphere by combining modern comfort and spectacular decor. All our rooms have air-conditioning, king-size beds, satellite TV, wireless Internet access, a self-service bar and last but not least a balcony with deckchairs.
Jane:	Sounds marvellous! What other services does your hotel offer?
Miguel:	Inside the hotel we have three restaurants, a cocktail bar and a piano bar, an Internet café and a hairdresser's. Our guests can shop at our exclusive boutiques; they can use our fully-equipped workout room, relax in the health club with its sauna and swim in our heated pool. In the park surrounding the hotel there is a golf course and a small practice ground where you can play all sorts of ball games.
Jane:	Sounds like an ideal place for keeping fit, particularly for a football team. But what about the food? Let's peep into the chef's pots and ask him a few questions. Hello Antonio.
Antonio:	Hello.
Jane:	Antonio, I've always wondered what football stars eat before an important match.

Antonio: Light cuisine is the magic word. Pasta with fat-reduced sauces and fresh salads are served as a typical diet.
Jane: Delicious. But what about meat?
Antonio: It's also part of the menu, but of course there must not be too much fat on it.
Jane: Are you allowed to serve any desserts?
Antonio: No problem if they aren't too filling. Have a look. Today I've prepared fresh fruit with a little bit of low fat cream. And tomorrow … (FADE)
(30 seconds after first listening and 90 seconds after second listening)
(30 seconds)

You have one more minute left.

(1 minute)

That's the end of the test. Please stop now. Your teacher will collect all the exam papers. Thank you for listening. We wish you all the best for the next part of your final exams. Goodbye.

The European Football Championships 2004
Listening Tasks   POINTS

Text 1: People at the European Football Championships 2004
You are going to hear four interviews recorded during the European Football Championships 2004 (conversations **A**, **B**, **C** and **D**). What are the different people's **main** reasons for coming to Portugal? Write the correct letters in the **boxes**.
You'll have 5 seconds after the first listening and 5 seconds after the second listening.

doing business	☐		visiting relatives	☐
going on holiday	☐		enjoying the nightlife	☐
celebrating the carnival	☐		supporting a team	☐
playing football	☐		buying sports equipment	☐

4

Text 2: An interview with David Beckham
You are going to listen to an interview with David Beckham, England's most famous football player, in a chat show. **One** ending to each of the following sentences is correct.
Tick it (✓).
You'll have 5 seconds after the first listening and 5 seconds after the second listening.

1. David Beckham joined Real Madrid because
   A ☐ he was getting bored of England.
   B ☐ he wanted to learn Spanish.
   C ☐ he was keen to play together with Figo and Zidane.

2. Scholes is different from David Beckham because
   A ☐ he isn't as good-looking.
   B ☐ he's a fantastic footballer.
   C ☐ he's a member of the English team.

3. Wayne Rooney
   - A ☐ started his national career very early.
   - B ☐ is an extremely talented goal-keeper.
   - C ☐ can take a lot of pressure.

4. A lot of people are jealous of David Beckham because he
   - A ☐ has millions of sponsorship deals.
   - B ☐ earns a lot of money.
   - C ☐ is the new football boy-wonder.

5. Life is difficult for David Beckham because
   - A ☐ he has had several terrible shocks.
   - B ☐ some boys kidnapped his wife Victoria.
   - C ☐ security has become a problem for his family.

Text 3: A Live Report

Daniel has been asked to give a talk in class about England's first match in the European Championships. He has listened to an English radio report and taken notes. Unfortunately he has got some details wrong. **Find his mistakes and correct them for him.** While you are listening the first time it may help you to **cross out the words or expressions which are different in the text**. While you are listening the second time, **write your corrections under the wrong details**.

You'll have 15 seconds after the firs listening and 15 seconds after the second listening.

1 BBC   5,500 spectators

2 England's first match against France   long day in Lisbon

3 ideal weather conditions

4 studio guest: Gary Lineker, the former England goal-getter;
                                    played in dozens of national games

5 1st question: aggressive England or a hesitant start with a strong defence?

6 Lineker: "We will see both!" "Captain will have told them to play carefully."

7 kick-off: attack in midfield;   Neville gets the ball from number 7;

8 over to Beckham   excellent long pass to Owen

9 Owen past his opponent   in the penalty area

10 Owen heads the ball past the goalie → GOAL!!!!!

11 1 : 0 for England !!!

Text 4: Ordering Tickets
You are going to hear a telephone call. A man wants to get tickets for the EURO 2004. During the phone call he takes notes.
Fill in the missing information.
You'll have 10 seconds after the first listening and 25 seconds after the second listening.

EURO '04

Which match?

Date of match?

Price of ticket?

Hotel?   Name:

          Phone:

Phone back by

Text 5: A top hotel for a top team
You are going to hear an interview between Jane Nelson, a British radio reporter, and two gentlemen working at a well-known hotel in Portugal.
While listening: Take notes on your extra sheet so you can answer the questions.
After listening: Write the answers on your exam paper.
You don't have to write complete sentences, *but one word is not enough.*
You'll have 30 seconds after the firs listening and 90 seconds after the second listening.

1. What sort of information are Jane's listeners given about Sintra? Name **two** items.
   - _____ 1
   - _____ 1

2. What makes the hotel rooms particularly comfortable **in summer**? Name **two** details.
   - _____ 1
   - _____ 1

3. What can footballers **do** at the hotel to get ready for the next match? Give **two** examples.
   - _____ 1
   - _____ 1

4. What must the chef keep in mind when preparing food for a football team? Complete the following sentences:
   Pasta sauces should _____ 1
   Desserts are OK if _____ 1

8

Maximum Score: 30 points

Good luck!

Lösung

Text 1: People at the European Football Championship 2004

A: supporting a team
Stichworte im Text: „... dressed in orange shirts and orange scarves."

B: going on holiday
Stichworte im Text: „... tomorrow we're off to the beach for two weeks."

C: doing business
Stichworte im Text: „I'm here as the sales representative of a sports equipment company ..."

D: enjoying the nightlife
Stichworte im Text: „In the local bars you can meet lots of people from all over Europe ..."

Text 2: An Interview with David Beckham

1. David Beckham joined Real Madrid because <u>he was keen to play together with Figo and Zidane.</u> **(C)**
   Textstelle: "It was a unique chance to play in a real dream team. Players like Figo, Zidane, Ronaldo – they're just brilliant."

2. Scholes is different from David Beckham because <u>he isn't good-looking.</u> **(A)**
   Textstelle: "Look at Paul Scholes – he isn't a beauty, but he's a fantastic footballer ...".

3. Wayne Rooney <u>started his national career very early.</u> **(A)**
   Textstelle: "Well, Wayne is the youngest player who ever got into the national team."

4. A lot of people are jealous of David Beckham because he <u>earns a lot of money</u>. **(B)**
   Textstelle: "Quite a lot of people are a bit jealous: you get millions of pounds, make big sponsorship deals ...".

5. Life ist difficult for David Beckham because <u>security has become a problem for his family</u>. **(C)**
   Textstelle: "Since then we've had to worry about security all the time."

Text 3: A Live Report

Line 1:	5,500 → **55,000**		Line 2:	long → **lovely**
Line 4:	national → **international**		Line 6:	both → **neither nor**
Line 6:	captain → **coach**		Line 7:	gets → **steals**
Line 10:	heads → **hammers**			

Text 4: Ordering Tickets

EURO '04

Which match?	quarter final (in Porto)*
Date of match?	27th June
Price of ticket?	30.80 pounds
Hotel?	Name: Tuela Porto* Phone: 00351/213191211
Phone back by:	Tuesday, 10 o'clock

Hinweis: Hier musst du ein bisschen aufpassen. Im Hörtext wird die Summe mit dem Zusatz „including fees" genannt. Das heißt, dass die Gebühren in dem Preis eingeschlossen sind. Du darfst also nicht den Fehler machen, die 2.80 Pfund hinzuzuzählen. Der Preis soll in der Antwort in Pfund und nicht in Euro angegeben werden.

Hinweis: Hier wird von dir verlangt, dass du sowohl den Tag als auch die Uhrzeit nennst.

* Da der Name im Hörtext buchstabiert wird, kann hier der Punkt nur vergeben werden, wenn der Name richtig geschrieben wird.

Text 5: A top hotel for a top team

1. What sort of information are Jane's listeners given about Sintra? Name **two** items.
   - **favourite summer residence of Portuguese kings**
   - **historic buildings**

   Zusätzliche mögliche Antworten:
   beautiful scenery / attracts thousands of tourists throughout the year

2. What makes the hotel rooms particularly comfortable in summer? Name **two** details
   - **air conditioning**
   - **balcony with deckchairs**

   Zusätzliche mögliche Antwort:
   self-service bar

3. What can footballers **do** at the hotel to get ready for the next match? Give **two** examples
   - **relax in the health club**
   - **use fully-equipped workout room**

   Zusätzliche mögliche Antworten:
   swim in the heated pool / play ball games (on practice ground)

4. What must the chef keep in mind when preparing food for a football team?
   - Pasta sauces should **be fat-reduced / not have too much fat.**
   - Desserts are OK if **they aren't too filling.**

Abschlussprüfung an Realschulen: Englisch 2005
Reading Comprehension

BUTTING OUT

(1) It is a classic image of Ireland: old men in traditional tweed caps sitting in a pub, with a pint of Guinness in their hands and shrouded in cigarette smoke. At least that was the picture until 29 March 2004, when Ireland became the first country in the world to make all workplaces smoke-free – including pubs. The Irish ban was heavily influenced by the New York City smoking ban – the Smoke-Free Air Act – which came into effect exactly one year earlier, on 29 March 2003. (…)

(2) In Ireland, a country where more than a quarter of the population smokes and which has the worst rate of heart disease in Europe, the ban was seen as necessary. The idea behind it was to protect workers from breathing in harmful cigarette smoke. The anti-smoking charity 'Action on Smoking and Health' claims that 7,000 Irish lives will be saved every year by the ban. (…)

(3) So far, the ban appears to be working surprisingly well, although the pub owners' lobby, the Vintners' Federation, has warned of falling business and loss of tourism. After much emotional debate before its start, the non-smoking policy has been broadly accepted. There is no escape for smokers, with non-smoking signs everywhere, health warnings in bold letters on cigarette packets and anti-smoking advertisements in the cinema. Unable to escape the ban, many have given up smoking. (…)

(4) "It's grand," says Dublin taxi driver Pat Kiernan. He stopped smoking 15 years ago. A taxi is also a workplace, and therefore a non-smoking zone. Kiernan says he has not had any trouble with passengers: "If anyone lights up, you just tell them it's the law, and that's OK."

Keith Redmond, who works at 'The Glimmer Man', a pub in north Dublin, agrees: "We'll have cleaner, healthier air. I'll probably live longer now." (…)

(5) In New York, city health commissioner Dr Thomas Frieden says that not only is the city a healthier place to work, eat and drink, but the smoking ban has actually been good for the bar and restaurant industry. Employment in restaurants and bars has increased, with 10,600 new jobs since the law took effect. At present, 97 per cent of all businesses are obeying the law. The remaining three per cent represent either bars that have been fined, or speciality bars that have opened up as a "smokers' paradise". (…)

(6) Most New Yorkers seem happy with the smoking ban, but naturally not everyone is pleased. "I'm a smoker and against the ban," says John Rademacher from Manhattan. "They should have just made smoking illegal – that's really what's going on here."

Dara Colwell from Brooklyn calls herself a reformed smoker, but also believes the ban goes too far. "It's a civil liberty to be able to make your own decisions," she says. "We all know that smoking is dangerous – it's a drug. But so is alcohol. For the moment, both are legal, so I say let people choose what kind of risk they want to take." (…)

(7) On the other side of the Atlantic in Ireland, the response to the ban has mostly been positive. "It's so nice not to smell of smoke after an evening at the pub," says Joe Messner, a native of Arizona, who now works in Ireland. "And it's brought in new people who weren't going to pubs before." (…)

(8) Meanwhile, the smokers have found a very Irish solution. Banished smokers gather outside the pub for a smoke and a chat. "It's really good," says Jane Kerle, stubbing out her cigarette butt outside her flower shop in Portmarnock, County Dublin. "Everybody's chatting to each other. It's great for people who are a bit shy." In response to this new social trend, pub-owners are putting more tables outside to accommodate this new way of socializing. (…)

(9) As long as there is no talk of banning beer in Ireland, this experiment in health policy is a success that is likely to be watched very closely across Europe and the rest of the world. (…)

R 4 und R 6

Reading POINTS

Read the text and decide whether the following statements are true, false or not in the text.

	true	false	not in the text
1. The Irish smoking ban has had positive effects on New York City.	☐	☐	☐
2. In Ireland, more than 20 per cent of the population die of heart disease.	☐	☐	☐
3. Pat Kiernan stopped smoking because of the smoking ban.	☐	☐	☐
4. Most bars and restaurants in New York respect the smoking ban.	☐	☐	☐
5. Most people in Ireland seem to be happy with the new law.	☐	☐	☐
6. Jane Kerle hasn't stopped smoking.	☐	☐	☐

6

The text has got nine paragraphs and the last sentences of <u>six of them</u> were cut off. Decide which paragraph the following sentences go with. Write down the number of the paragraph (1–9). Paragraph

7. Suddenly there seem to be more beer gardens in Dublin. ☐

8. "What's next?", she asks sarcastically, "Non-smoking apartment buildings?" ☐

9. He thought there was going to be trouble for the first couple of weeks, but there's been no trouble whatsoever in his pub. ☐

10. It makes smoking illegal in all restaurants and bars and in most workplaces. ☐

11. That's where the really heavy smokers can still enjoy their tobacco indoors. ☐

12. Moreover the number of people that have to be treated in hospitals will go down enormously. ☐

6

What do these warnings mean? Tick (✓) the correct box.

13.

Tobacco can be harder to quit than heroine or cocaine

A ☐ It's less difficult to stop smoking than to stop using heroine or cocaine.

B ☐ Heroine or cocaine are much more addictive than tobacco.

C ☐ It can be easier to stop using heroine and cocaine than to quit tobacco.

14. **You're not the only one to smoke this cigarette**
   - A ☐ Someone else has already smoked this cigarette.
   - B ☐ This cigarette's smoke is not just inhaled by the smoker.
   - C ☐ Others smoke the same kind of cigarettes as you do.

15. **Quitting smoking greatly reduces serious health risks**
   - A ☐ It's a great risk to quit smoking immediately.
   - B ☐ Reducing smoking is great for your health.
   - C ☐ It's good for your body to stop smoking.

16. **Children see – children do**
   - A ☐ Children often imitate what they see.
   - B ☐ Children see a lot of people smoking.
   - C ☐ You can't do anything to stop children from smoking.

4

Find the explanations which fit the underlined words as used in the text.
Tick (✓) the correct box.

17. "… sitting in a pub, … and shrouded in cigarette smoke." *(lines 2/3)*
    - A ☐ … discussing about cigarette smoke.
    - B ☐ … with clouds of smoke around them.
    - C ☐ … smelling of cigarette smoke.

18. "… 97 per cent of all businesses are obeying the law." *(lines 28/29)*
    - A ☐ … keeping to the law.
    - B ☐ … protesting against the law.
    - C ☐ … breaking the law.

19. "Banished smokers gather outside the pub …" *(lines 42/43)*
    - A ☐ People who want to stop smoking …
    - B ☐ Those who cannot stand the smoke inside the pub …
    - C ☐ Smokers, who are no longer allowed to stay inside, …

20. "… to accommodate this new way of socializing." *(lines 46/47)*
    - A ☐ … to provide space for …
    - B ☐ … to fight …
    - C ☐ … to put an end to …

4

How do the following people/institutions react to the ban? Tick (✓) the correct box and choose a reason for your answer. Write the corresponding letter (A – H) on the line.

21.

	positively	negatively	reason (write one letter on each line)
Vintners' Federation	☐	☐	_____
Keith Redmond	☐	☐	_____
Dr Thomas Frieden	☐	☐	_____
Dara Colwell	☐	☐	_____
Joe Messner	☐	☐	_____

A spend less money
B new customers
C fewer tourists
D unemployment down
E regulation too strict
F against the tradition
G chance for a chat in the street
H less pollution

10

Use of English: Vocabulary
Solve the crossword puzzle. Fill in words from the text.

22. Everybody knows that smoking is ??? to your body.
23. When something is ??? it is against the law.
24. A ??? is the same as twenty-five per cent.
25. The ??? is the number of people living in a country or region.
26. A ??? is a person born in a certain place or country.
27. An informal conversation is called a ???
28. It's difficult for a ??? person to talk in public.

7

The following words have various meanings.
Which of the meanings given in the dictionary is the one used in the text?
Circle the number with the best German translation.

29. rate (line 9)
    n. 1. Geschwindigkeit, Tempo
    2. Quote, Rate
    3. Satz, Kurs
    v. 4. einschätzen
    5. (~ as) gelten als, halten für

30. claim (line 11)
    v. 1. verlangen, fordern
    2. fordern *(Todesopfer)*
    3. behaupten
    4. Anspruch erheben auf
    5. in Anspruch nehmen

31. light up (line 21)
    v. 1. aufleuchten
    2. anzünden, sich eine anstecken
    3. beleuchten, erhellen *(Raum)*
    4. anmachen *(Lampe)*
    5. sich erhellen

32. fine (line 30)
    adj. 1. gut, fein
    2. großartig, ausgezeichnet
    3. fein, dünn
    n. 4. Geldstrafe, Bußgeld
    v. 5. mit einer Geldstrafe belegen

Paraphrase the underlined words or expressions from the text. Do not change the meaning of the sentences.

33. The non-smoking policy _____.
    (has been broadly accepted, lines 15/16)

34. _____ smokers.
    (There is no escape for, line 16)

35. Employment in restaurants and bars has _____.
    (increased, line 27)

Use words from the same families as the ones in brackets to complete the sentences.

36. At the first it seemed impossible to _____ (image, line 2) pubs without people smoking.

37. The smoking ban is an _____ (effect, line 6) way of improving workplaces.

38. People _____ (employment, line 27) in bars no longer suffer from the smoke now.

39. Nobody thought that it would be so easy to _____ (solution, line 42) that problem.

Complete the following text. Use the correct form of the words in brackets and find words of your own to replace the question marks.

JUST A FRIENDLY REMINDER FROM YOUR
LOCAL SMOKERS RIGHTS ASSOCIATION

Ours is a big world full _____ different people who _____
                          40 (???)   41 (have)
varying points of view. Those of us _____ smoke are just one group of
                                      42 (???)
many. Recently the activities of non-smokers _____ us of the need
                                                43 (remind)
_____ consideration for others.
44 (show)
But please, _____ that getting along _____ each other is a
            45 (not/forget)   46 (???)
two-way street. If you ask someone _____ to stop _____ , you
                                    47 (polite)   48 (smoke)
_____ a cooperative response. Many of us _____ for so
49 (receive)   50 (smoke)
long that we sometimes forget that others really _____ the aroma
                                                  51 (not/like)
of _____ tobacco.
   52 (burn)

Mind you, some of us _____ to give up dozens of times,   1
                              53 (try)
_____ without success.   1
54 (unfortunate)
But of course we are open _____ friendly suggestions and quite willing   1
                                     55 (???)
_____ our behavior. Smokers _____ people, too. We   1/1
56 (change)   **57** (be)
_____ by our parents, children and pets. We enjoy _____ out with   1/1
58 (love)   **59** (go)
friends. And we salute the American flag _____ July 4. We hope you   1
                                         60 (???)
_____ that next time we light a cigarette in public.   1
61 (remember)

Guided writing

You only have to do one of the following tasks. Write your answer in about 150 words. Put A or B in the box.

Important: First read both tasks, then decide whether you want to do A or B. You can write down your ideas on your extra sheet before you do the task on your exam paper.

62. Task A
    Write an article for your school magazine using the given prompts.

health problems: overweight, lack of fitness	**Fit For School!** What can we do to improve healthy living at our school?	physical activities
Who can give advice?	Take part in our competition! Write an article for our magazine! Tell us your ideas! Win a wonderful prize!	healthy food/ drinks
Smoking? No thanks!		Headmaster/ teachers!

Task B
The woman in the cartoon is disappointed in her husband and writes to her best friend. Her <u>email</u> includes the following:
- details of New Year's Eve
- her husband's promise
- possible reason for changing his mind
- her reaction
- ???
- ???

(Find **two** additional aspects of your own!)

"I'm impressed, it only took you 3 ½ minutes to break your New Year's resolution to quit smoking."

Use of English: Translation
Translate into German.

63. In today's fast-moving world we seem to have less and less time for eating.   2
64. The majority of people are too busy to cook or eat proper meals, so they grab whatever is available.   3
65. Kids coming home from school regularly have huge hamburgers or thick slices of pizza and wash them down with a large sugary drink.   5
66. Instead of doing some sports afterwards, they just watch television or sit in front of a computer screen for hours.   3
67. As a result many youngsters are so overweight that their health is seriously at risk.   3
68. Researchers are predicting that the new generation is more likely to suffer from heart disease or cancer.   3
69. Although they know about these dangers, a large number of teenagers find it really difficult to be careful about eating.   3

R 6

Use of English: Vocabulary
The following words have various meanings.
Which of the meanings given in the dictionary is the one used in the text?
Circle the number with the best German translation.

21. rate (line 9)
    n. 1. Geschwindigkeit, Tempo
    2. Quote, Rate
    3. Satz, Kurs
    v. 4. einschätzen
    5. (~ as) gelten als, halten für

22. claim (line 11)
    v. 1. verlangen, fordern
    2. fordern *(Todesopfer)*
    3. behaupten
    4. Anspruch erheben auf
    5. in Anspruch nehmen

23. light up (line 21)
    v. 1. aufleuchten
    2. anzünden, sich eine anstecken
    3. beleuchten, erhellen *(Raum)*
    4. anmachen *(Lampe)*
    5. sich erhellen

24. fine (line 30)
    adj. 1. gut, fein
    2. großartig, ausgezeichnet
    3. fein, dünn
    n. 4. Geldstrafe, Bußgeld
    v. 5. mit einer Geldstrafe belegen

   4

Paraphrase the underlined words or expressions from the text. Do not change the meaning of the sentences.

25. The ban was _____ .   1/2
    (seen as necessary, line 9)
26. The non-smoking policy _____ .   1/2
    (has been broadly accepted, lines 15/16)
27. _____ smokers.   1/1
    (There is no escape for, line 16)

Use words from the same families as the ones in brackets to complete the sentences.

28. At the first it seemed impossible to _____ (image, line 1) pubs without people smoking.

29. The smoking ban is an _____ (effect, line 6) way of improving workplaces.

30. People _____ (employment, line 27) in bars no longer suffer from the smoke now.

31. Nobody thought that it would be so easy to _____ (solution, line 42) that problem.

Use of English: Grammar

Complete the following text. Use the correct form of the words in brackets and find words of your own to replace the question marks.

Mind what you eat

Dr Ian Campbell _____ for the National Health Service for many years.
                   32 (work)

Last month he _____ to a conference in London _____
               33 (invite)   **34** (???)

nutrition* experts from all over the world _____ . Dr Campbell
                                            35 (meet)

_____ a speech, _____ was later broadcast _____ TV.
36 (give)   **37** (???)   **38** (???)

He said he _____ worried because of most _____ carelessness
           39 (be)   **40** (people)

_____ health and food.
41 (concern)

"If people knew more about these things, we _____ fewer
                                             42 (have)

diseases." His special concern is young people and he

wants _____ that healthy meals
      43 (they, realise)

are not _____ more expensive
        44 (necessary)

_____ fast food meals.
45 (???)

* nutrition = supplying and receiving food

"Tonight's special is on the board."

Guided writing

You only have to do one of the following tasks. Write your answer in about 150 words. Put A or B in the box.

Important: First read both tasks, then decide whether you want to do A or B. You can write down your ideas on your extra sheet before you do the task on your exam paper.

46. Task A
    Write an article for your school magazine using the given prompts..

health problems: overweight, lack of fitness	**Fit For School!** What can we do to improve healthy living at our school? Take part in our competition! Write an article for our magazine! Tell us your ideas! Win a wonderful prize!	physical activities
Who can give advice?		healthy food/ drinks
Smoking? No thanks!		Headmaster/ teachers!

Task B
The woman in the cartoon is disappointed in her husband and writes to her best friend. Her email includes the following:
- details of New Year's Eve
- her husband's promise
- possible reason for changing his mind
- her reaction
- ???
- ???

(Find **two** additional aspects of your own!)

"I'm impressed, it only took you 3 ½ minutes to break your New Year's resolution to quit smoking."

Use of English: Translation
Translate into German.
Keep away from alcohol*

47. It may surprise you to learn that alcohol is the most widely used drug among US teens today. 3
48. There are about 300,000 teenagers who are dependent on alcohol. 2
49. About 5 million young people have experienced negative consequences such as getting arrested or getting poor marks at school. 3
50. To be accepted is important for teenagers, and many follow the example of friends who have already tried drinking. 3
51. By the time they're 18, young people will have seen thousands of drinking scenes on television and regard using alcohol as a way of adult behaviour. 4

* Überschrift muss nicht übersetzt werden!

Lösung

R 4 und R 6

Reading
Richtig, falsch oder nicht im Text?
1. false 2. not in the text 3. false 4. true 5. true 6. true

Zuordnungsaufgabe 1
7. Suddenly there seem to be more beer gardens in Dublin. **(8)**
8. "What's next?", she asks sarcastically, "Non-smoking apartment buildings?" **(6)**
9. He thought there was going to be trouble for the first couple of weeks, but there's been no trouble whatsoever in his pub. **(4)**
10. It makes smoking illegal in all restaurants and bars and in most workplaces. **(1)**
11. That's where the really heavy smokers can still enjoy their tobacco indoors. **(5)**
12. Moreover the number of people that have to be treated in hospitals will go down enormously. **(2)**

Zuordnungsaufgabe 2
13. It can be easier to stop using heroine and cocaine than to quit tobacco. **(C)**
14. This cigarette's smoke is not just inhaled by the smoker. **(B)**
15. It's good for your body to stop smoking. **(C)**
16. Children often imitate what they see. **(A)**

Auswahlaufgabe
17. **(B)** ... with clouds of smoke around them.
18. **(A)** ... keeping to the law.
19. **(C)** Smokers, who are no longer allowed to stay inside, ...
20. **(A)** ... to provide space for ...

R 4

Zuordnungsaufgabe 3
21. Vintner's Federation: **negatively (C)**   Keith Redmond: **positively (H)**
    Dr Thomas Frieden: **postively (D)**   Dara Colwell: **negatively (E)**
    Joe Messner: **positively (B)**

Use of English: Vocabulary
Kreuzworträtsel

22.	★	★	★	★	H	A	R	M	F	U	L
23.	★	I	L	L	E	G	A	L	★	★	★
24.	★	★	Q	U	A	R	T	E	R	★	★
25.	P	O	P	U	L	A	T	I	O	N	★
26.	★	★	N	A	T	I	V	E	★	★	★
27.	★	★	★	C	H	A	T	★	★	★	★
28.	★	★	S	H	Y	★	★	★	★	★	★

Arbeit mit einem Wörterbuch Englisch–Deutsch
29. 2. Quote, Rate
30. 3. behaupten
31. 2. anzünden, sich eine anstecken
32. 5. mit einer Geldstrafe belegen

Umschreibungen
33. **Most people are for** the non-smoking policy.
34. Smokers **cannot get away**.
35. Employment in restaurants and bars has **got(ten) bigger**.

Wortfamilien
36. At the first it seemed impossible to **imagine** pubs without people smoking.
37. The smoking ban is an **effective** way of improving workplaces.
38. People **employed** in bars no longer suffer from the smoke now.
39. Nobody thought that it would be so easy to **solve** that problem.

Use of English: Grammar (Grammatik und Sprachgebrauch)
40. of
41. have
42. who
43. have reminded
44. to show
45. don't forget
46. with
47. politely
48. smoking
49. will receive
50. have been smoking / have smoked
51. don't like
52. burning / burnt
53. have tried
54. unfortunately
55. to
56. to change
57. are
58. are loved
59. going
60. on
61. will remember

Guided Writing (Schriftliche Sprachproduktion)
62. Task A

Fit For School!
Well, we have a lot of health problems at our school, too. Some pupils carry too much overweight and quite a lot of them are not very fit. (health problems: overweight, lack of fitness) This is the reason why we want to take part in your competition. We are planning a project day with a lot of different activities. The PE teachers give us a lot of advice and assistance. (Who can give advice?) One activity is a campaign against smoking at our school. We want to inform the other pupils how dangerous smoking is and we want to convince them to stop smoking. (Smoking? No thanks!) We want to offer a lot of different physical activities during break time and after school. The pupils should get the chance to do sports even if it is not on the timetable. (physical activities) But it is also important that we have healthy food and drinks at our school. We are going to prepare healthy food for this project day. For example, different kind of salads, yoghurts and healthy drinks will be sold throughout the day. (healthy food/drinks) The whole school will take part in the activities. We get great support from the teachers and even from the headmaster and hope to win one of your prizes. (Headmaster/teachers!)

62. Task B

Dear Betty,
How are you? I was really angry last night. You know, I had a very romantic New Year's Eve with my husband. I prepared a candlelight dinner and he bought me some flowers. (details of New Year's Eve) During the evening my husband promised me to give up

smoking right now. I was really happy because I can't stand the cigarette smoke. (her husband's promise) Then I went to the kitchen to get some ice-cream. When I came back my husband was sitting behind the bed and was smoking. He never keeps to his promises because I think he has got a weak character. (possible reason for changing his mind) I was very angry and shouted at him. And I called him names. He thought he could hide behind the bed. (her reaction) I told him that I wanted get divorced immediately and that I would not talk to him anymore. I was so disappointed. (additional aspect 1). After a while, however, I felt sorry for him. In the end we fell in each other's arms and promised to accept each other as we are. (additional aspect 2)
Bye, hope to see you soon

Übersetzung

63. In der heutigen sich schnell bewegenden Welt[1] scheinen wir immer weniger Zeit zum Essen zu haben.[1]
64. Die Mehrheit der Menschen ist zu geschäftig,[1] um ordentliche Mahlzeiten zu kochen oder zu essen, also schnappen sie, was immer auch vorrätig ist.[2]
65. Kinder, die von der Schule heimkommen,[1] essen regelmäßig riesige Hamburger oder dicke Pizzastücke[2] und spülen diese mit einem großen, zuckerhaltigen Getränk herunter.[2]
66. Statt nachher Sport zu machen,[1] sehen sie nur fern[1] oder sitzen stundenlang vor einem Computerbildschirm.[1]
67. Ein Ergebnis davon ist, dass viele Jugendliche so übergewichtig sind,[1] dass ihre Gesundheit ernsthaft in Gefahr ist.[2]
68. Wissenschaftler sagen voraus,[1] dass die junge Generation mit größerer Wahrscheinlichkeit[1] unter Herzkrankheiten oder Krebs leiden wird.[1]
69. Obwohl sie diese Gefahren kennen,[1] findet es eine große Zahl von Teenagern wirklich schwierig,[1] beim Essen vorsichtig zu sein.[1]

R 6

Arbeit mit einem Wörterbuch Englisch–Deutsch

21. 2. Quote, Rate
22. 3. behaupten
23. 2. anzünden, sich eine anstecken
24. 5. mit einer Geldstrafe belegen

Umschreibungen

25. **People thought** the ban was **needed**.
26. **Most people are for** the non-smoking policy.
27. Smokers **cannot get away**.

Wortfamilien

28. At the first it seemed impossible to **imagine** pubs without people smoking.
29. The smoking ban is an **effective** way of improving workplaces.
30. People **employed** in bars no longer suffer from the smoke now.
31. Nobody thought that it would be so easy to **solve** that problem.

Use of English: Grammar (Grammatik und Sprachgebrauch)

32. has been working / has worked
33. was invited
34. where / at which
35. met
36. gave
37. which
38. on
39. was / is
40. people's
41. concerning

42. would have
43. them to realize
44. necessarily
45. than

Guided Writing (Schriftliche Sprachproduktion)
46. **Task A**
Fit For School!
Well, we have a lot of health problems at our school, too. Some pupils carry too much overweight and quite a lot of them are not very fit. (health problems: overweight, lack of fitness) This is the reason why we want to take part in your competition. We are planning a project day with a lot of different activities. The PE teachers give us a lot of advice and assistance. (Who can give advice?) One activity is a campaign against smoking at our school. We want to inform the other pupils how dangerous smoking is and we want to convince them to stop smoking. (Smoking? No thanks!) We want to offer a lot of different physical activities during break time and after school. The pupils should get the chance to do sports even if it is not on the timetable. (physical activities) But it is also important that we have healthy food and drinks at our school. We are going to prepare healthy food for this project day. For example, different kind of salads, yoghurts and healthy drinks will be sold throughout the day. (healthy food/drinks) The whole school will take part in the activities. We get great support from the teachers and even from the headmaster and hope to win one of your prizes. (Headmaster/teachers!)

46. **Task B**
Dear Betty,
How are you? I was really angry last night. You know, I had a very romantic New Year's Eve with my husband. I prepared a candlelight dinner and he bought me some flowers. (details of New Year's Eve) During the evening my husband promised me to give up smoking right now. I was really happy because I can't stand the cigarette smoke. (her husband's promise) Then I went to the kitchen to get some icecream. When I came back my husband was sitting behind the bed and was smoking. He never keeps to his promises because I think he has got a weak character. (possible reason for changing his mind) I was very angry and shouted at him. And I called him names. He thought he could hide behind the bed. (her reaction) I told him that I wanted get divorced immediately and that I would not talk to him anymore. I was so disappointed. (additional aspect 1). After a while, however, I felt sorry for him. In the end we fell in each other's arms and promised to accept each other as we are. (additional aspect 2)
Bye, hope to see you soon

Übersetzung
47. Es mag überraschen, wenn man erfährt,[1] dass Alkohol heute die am meisten gebrauchte Droge[1] unter amerikanischen Teenagern ist.[1]
48. Es gibt ungefähr 300 000 Teenager,[1] die von Alkohol abhängig sind.[1]
49. Ungefähr 5 Millionen junge Menschen haben negative Auswirkungen erfahren,[1] zum Beispiel, dass sie verhaftet wurden oder dass sie schlechte Noten in der Schule bekamen.[2]
50. Es ist wichtig für Teenager, dass sie akzeptiert werden,[1] und viele folgen dem Beispiel von Freunden,[1] die bereits das Trinken ausprobiert haben.[1]
51. Bis zum Alter von 18 Jahren werden die jungen Menschen Tausende von Trinkszenen im Fernsehen gesehen haben[2] und den Gebrauch von Alkohol als eine Verhaltensweise von Erwachsenen betrachten.[2]

Abschlussprüfung an Realschulen: Englisch 2005
Listening Comprehension

R 4 und R 6

(flotte Melodie)

Hello, this is the listening exam 2005. I'm going to give you the instructions for the test. Don't worry; you'll hear each text twice. At the start of each piece you'll hear this sound: *(Ton)* You can answer the questions while you are listening, but you will also have some time after each recording. There'll be a pause before each piece so that you can look at the questions, and other pauses to let you think about your answers. Please read the exercise and the instructions for task 1. You've got 15 seconds.
(15 Sekunden Pause, dann Ton)
Now listen to text 1.

Text 1: Hitting the Streets of Vancouver

Dad: So, what's the plan? Have you decided yet?

Daughter: Yes, Dad, I wanna see the campus. I envy the students who can go there. Oh, and there's so much to see in and around it: Botanical Gardens, nice cafés, ...

Son: Are you kidding? I won't set foot on school ground in my holidays. Let's go downtown! There are exciting things to do. Only think of Vancouver's Chinatown. It's full of markets and stores.

Mum: Well, that's a point. It's worth seeing and they sell everything – from tea sets to hand carved chopsticks. We could get some of our gifts there.

Dad: Why not, so let's go shopping. Then, however, I want to find out more about the history of the city. The tour guide says that the Vancouver Museum focuses on the region's past.

Daughter: Oh, please, Dad. You can still go there tomorrow. Let's have some fun today at The Aquarium.

Mum: That's a good idea. They are supposed to have a wonderful dolphin show ...

Dad: But after watching all those fish I'll need a break. What about a picnic in a park?

Daughter: Jericho Beach Park is only fifteen minutes from downtown – and it's a blast with its live concerts.

Mum: Sorry, but I need a bit of peace and quiet. Besides, Stanley Park is closer to The Aquarium ...

Son: Fine, here's the deal: We follow you to *your peaceful* park and you accompany us to the stadium afterwards. I'm dying to see this gigantic pillowy building.

Daughter: As long as we don't have to watch a football match ...

(5 seconds after the first listening, 5 seconds after the second listening)

> Please read the exercises and instructions for task 2. You've got 30 seconds.
> *(30 Sekunden Pause, dann Ton)*
> Now listen to text 2.

Text 2: Avril Lavigne

Virgin.net: Lovely Avril, welcome! Here at Virgin.net the rule is "the bigger the star, the bigger the love" – can you feel the love?

Avril Lavigne: Oh definitely! Thank you for having me, and for the love.

Virgin.net: It's a pleasure. So how are you? Are things still "complicated"?

Avril Lavigne: Aaah no! At the moment everything is cool, life is good.

Virgin.net: Wonderful, although it must be a little bit complicated to be 20 and one of the biggest stars in the world?

Avril Lavigne: Oh, that's not a problem! It's not always easy being in the public eye but that's what comes with the job, you just learn to deal with it and try to get as much privacy as possible. You have to keep personal things to yourself.

Virgin.net: You've become one of the most famous female singers in the world, are you worried that Britney or Christina Aguilera might try to have you secretly killed?

Avril Lavigne: Oh dear, I hope not; I've never even met them so I hope they wouldn't have any bad feelings towards me. I don't have any opinions on them, we've never spoken so I don't think there are any bad feelings; I think I'm safe! They do their thing, and I do mine.

Virgin.net: Your second album "Under my skin" seems different from your first one "Let go". Do you agree?

Avril Lavigne: Yes, I do. The sound is different – maybe because there were several producers that worked on it.

Virgin.net: Didn't you write and produce your songs all by yourself?

Avril Lavigne: No, of course not. You can't do all the work by yourself. I wrote most of the songs for this album with my guitarist and back-up singer, Evan, during our 2003 world tour.

Virgin.net: I think "Under my skin" is very emotional.

Avril Lavigne: You're right, it is. I mean I've grown, I'm more mature. I've been through a lot – good and bad. You see, when my grandpa passed away two years ago, I was so sad. And that's why you can find some of these sad feelings in some of my songs.

Virgin.net: Do you feel it's difficult to change your image as you mature?

Avril Lavigne: Yeah, it is difficult. I'm changing as an artist, so I just hope that my fans will appreciate that and enjoy the music as it changes. I've been in this business since I was a young kid, things change, my taste in music develops all the time.

Virgin.net: So if I take you on a date tonight, what music would you like to dance to? Do you follow new British music – any favourites?

Avril Lavigne: I love a lot of bands over here, I think Oasis rock! I love to dance to anything that rocks! If it rocks, then I'll dance, there are lots of great bands over here.

(5 seconds after first listening, 5 seconds after second listening)

Please read the instructions and the exercise for task 3. You've got 30 seconds to look at the leaflet before the announcement starts.
(30 Sekunden Pause, dann Ton)
Now listen to text 3 and correct the text on your exam paper.

Text 3: Montreal City Tours

Welcome to Montreal City Tours. This is an automated announcement. Join us and discover Montreal, the second largest francophone city in the world.
See all of Montreal comfortably aboard one of our luxury coaches, equipped with air conditioning, and panoramic windows. There are over 25 stops, so you can hop on and hop off all day! Enjoy an interesting and fact-filled tour as you travel through the most famous neighbourhoods from Old Montreal to the Notre-Dame Basilica, the Botanical Garden, the Biosphere ... and many more. Our professional guides will describe and comment on more than 200 points of interest.
Please note, tours are in English and French only and start every hour from "Place Ville-Marie".
CAN $ 65 per adult, CAN $ 30 for children under 16.
For just CAN $ 38 extra you can also choose an optional two-hour "Island Discovery Cruise" on the St. Lawrence River on board a full-service White Company Boat with bilingual guides. All tickets are valid for 24 hours. Press 1 to book now. Press 2 to ... (FADE)
(15 seconds after first listening, 15 seconds after second listening)

Please read the instructions and the exercise for task 4. You've got 15 seconds.
(15 Sekunden Pause, dann Ton)
Now listen to text 4.

Text 4: Holidays in British Columbia

Mrs Hamilton: Hello?
Travel agent: Good afternoon Mrs Hamilton. You asked me to find out some more details about a holiday on Horseshoe Ranch in British Columbia.
Mrs Hamilton: Yes. I saw a picture of it and I loved it! Just a second. I need to find my notes. Here they are.
Travel agent: Well, you wanted to know in which part of British Columbia it is: it's 120 km south of Prince Rupert in British Columbia, a family-run ranch in the wilderness, not too big.
Mrs Hamilton: Sounds good. Staying at a log cabin would be nice.
Travel agent: There are log cabins, but they are already fully booked. You wanted to go in September, didn't you?
Mrs Hamilton: Yes, the first week in September.
Travel agent: There are only a couple of rooms in the guest house left, but you could have a log cabin in October.
Mrs Hamilton: October isn't possible. What a pity. I know we're pretty late, so a room in the guest house will do. Err, where exactly is the ranch?
Travel agent: It's about 5 km from a little town called Marguerite.
Mrs Hamilton: Called what? Never heard of it.
Travel agent: Marguerite. MARGUERITE. It's a nice little place surrounded by mountains.
Mrs Hamilton: Great. And what about the price?
Travel agent: A double room is between CAN $ 50 and 65 a day, meals and activities not included.

Mrs Hamilton: We'd prefer package tours. Haven't they got any?
Travel agent: They have indeed. There's the seven day wilderness-adventure week for CAN $ 630 per person.
Mrs Hamilton: Quite a lot!
Travel agent: Not really. The transfer from and to the airport is included as well as the meals and also some activities.
Mrs Hamilton: Horse-riding?
Travel agent: Definitely. You can ride as often and as long as you like.
Mrs Hamilton: What about sailing?
Travel agent: They do offer sailing, but it's not listed with the adventure week. But canoeing is included.
Mrs Hamilton: I see. Have you got the telephone number of the ranch?
Travel agent: Sure. The number is 250 398 8744.
Mrs Hamilton: 250 398 8744. Thanks a lot. I'll come round for the booking tomorrow.
Travel agent: Fine. See you then.
(10 seconds after first listening, 20 seconds after second listening)

Please read the instructions and the exercise for task 5. You've got 15 seconds.
(15 Sekunden Pause, dann Ton)
Now listen to text 5. While listening, write your notes on your extra sheet. After the second listening write your answers on the exam paper.

Text 5: The 2010 Winter Olympics

Pete: Hello and welcome to our Sunday morning show with Pete Graham. We've invited the Mayor of Vancouver, Mr Campbell …
Mr C: Hello Pete …
Pete: … and Florence Evans from Vancouver Tourism.
Mrs E: Hi Pete.
Pete: As we all know, the 2010 Winter Olympics will be held in Canada.
Mr C: Indeed, we're extremely proud to be hosting these Games.
Pete: Mr Campbell, what makes Canada an excellent host country?
Mr C: Well, Canada is a safe place and already has lots of experience with major sports events, such as the 1988 Winter Olympics in Calgary.
Pete: Mrs Evans, will all the Olympic events be held in Vancouver?
Mrs E: Of course not! The famous ski resort Whistler, in the mountains north of Vancouver, will share the events with the city of Vancouver. Whistler is one of North America's top ski destinations.
Pete: Is it true that the opening and closing ceremonies will take place indoors for the first time?
Mrs E: Yes, they will be held in BC Place, a domed stadium in the heart of downtown Vancouver.
Pete: Will the 2010 Games be different in any other ways?
Mr C: Well, they'll be the first Winter Olympics held in a large metropolis, as most of the previous games have taken place in smaller resort towns, such as Salt Lake City, Nagano and Lillehammer.
Mrs E: Something else is remarkable. The games will be the first ones held at sea level and in the mountains at the same time.
Pete: Mr Campbell, it'll cost billions of dollars to get everything ready for the Games. Lots of citizens demonstrated in the streets to protest against the waste of money.

Mr C: That's only one side – you mustn't forget what these Games mean for Vancouver and for Canada. People will benefit from numerous infrastructure improvements.
Mrs E: And there'll be thousands of tourists coming to our country. Another effect is that a lot of new jobs will be created.
Pete: Let's hope everything will be ready by 2010. Thank you for the interview.
(30 seconds after first listening and 90 seconds after second listening)
(30 seconds)

> You have one more minute left.

(1 minute)

> That's the end of the test. Please stop now. Thank you for listening. We wish you all the best for the next part of your final exams. Goodbye.

Canada
Listening Tasks   POINTS

Task 1: Hitting the Streets of Vancouver
You are going to hear a conversation between the members of a family planning a day sightseeing in Vancouver. Listen and find out where they go first, second, third and fourth.
Write the correct numbers (1 –4) in the boxes.

You'll have 5 seconds after the first listening and 5 seconds after the second listening.

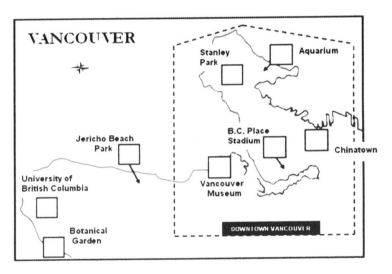

4

E 2005-19

Task 2: Avril Lavigne
You are going to listen to an interview with Avril Lavigne, 20, Canada's most successful rock star. **One** ending to each of the following sentences is correct. **Tick it (✓).**
You'll have 5 seconds after the first listening and 5 seconds after the second listening.

1. Avril Lavigne …
   - A ☐ has no problems telling personal things to others.
   - B ☐ thinks it's important to keep as much privacy as possible.
   - C ☐ loves being in the public eye.

2. She mentions that she …
   - A ☐ doesn't care what Britney and Christina Aguilera do.
   - B ☐ is afraid that Britney and Christina Aguilera might kill her.
   - C ☐ thinks that Britney and Christina have bad feelings towards her.

3. "Under my Skin" is different from her 1st album because
   - A ☐ Avril engaged a new back-up singer.
   - B ☐ Avril did all the work by herself.
   - C ☐ it reflects a lot of Avril's feelings.

4. Avril Lavigne …
   - A ☐ doesn't want to change her style.
   - B ☐ hopes her fans will accept her changing style.
   - C ☐ hasn't changed her style since she has been in this business.

5. Avril Lavigne …
   - A ☐ hardly follows new British music.
   - B ☐ loves to dance to any kind of music.
   - C ☐ likes many British bands.

Task 3: Montreal City Tours
You have found an old leaflet for Montreal City Tours. Since you are planning to do the tour, you ring the hotline to check if the offer is still up to date. Listen to the announcement and **cross out and/or correct the wrong information.** You'll have 15 seconds after the first listening and 15 seconds after the second listening.

MONTREAL
CITY TOURS

A great way to see the second largest francophone city in Canada

* Traditional double-decker buses

* Over 25 stops — hop on and hop off all day!
  See Old Montreal, the Notre-Dame Basilica, the Botanical Garden, the Biosphere and many more.

* Enjoy a great fact-filled tour with recorded description

* Tours in English, Spanish and French

* Tours start every hour from "Place Ville-Marie"

Adults CAN $65/
Children CAN $13
Call and book now!
Tickets valid 48 hours

Enjoy an optional
"ISLAND DISCOVERY CRUISE"
on the St. Lawrence River
with bilingual guides
on board a full-service
Beaver Company Boat
Just CAN $ 38 extra!

Text 4: Holidays in British Columbia
Mrs Hamilton wants to book a holiday on a ranch in British Columbia. Her travel agent is giving her some details on the phone.
Complete the form, using the information you get. You don't have to write complete sentences.
You'll have 10 seconds after the first listening and 25 seconds after the second listening.

Name of ranch: *Horeseshoe Ranch*

Accommodation: _____

Location: _____

Package price per person: CAN $ _____

Activities included: _____ ,

_____

Tel. number: _____

Task 5: The 2010 Winter Olympics

You are going to listen to Radio Canada. Pete Graham is interviewing the Mayor of Vancouver, Mr Larry W. Campbell, and Florence Evans from Vancouver Tourism.
While listening: Take notes on your extra sheet so you can answer the questions.
After listening: Write the answers on your exam paper.
You don't have to write complete sentences, *but one word is not enough.*
You'll have 30 seconds after the first listening and 90 seconds after the second listening.

1. How did the Canadians feel when the decision was announced that the 2010 Winter Olympics will take place in Vancouver?
   _____ 1

2. Name two possible reasons why Canada was chosen.
   • _____ 1
   • _____ 1

3. Give three differences between the Winter Olympics of the past and the 2010 Games.
   • _____ 1
   • _____ 1
   • _____ 1

4. What positive effects will the Olympics have for Vancouver's future? *(2 items)*
   • _____ 1
   • _____ 1

Good luck!

E 2005-23

Lösung

Text 1: Hitting the Streets of Vancouver
1. Chinatown
2. Aquarium
3. Stanley Park
4. B.C. Place Stadium

Text 2: Avril Lavigne
1. Avril Lavigne thinks it's important to keep as much privacy as possible. **(B)**
2. She mentions that she doesn't care what Britney and Christina Aguilera do. **(A)**
3. "Under my Skin" is different from her 1st album because it reflects a lot of Avril's feelings. **(C)**
4. Avril Lavigne hopes her fans will accept her changing style. **(B)**
5. Avril Lavigne likes many British bands. **(C)**

Text 3: Montreal City Tours

in Canada	→ in the world
traditional double-decker buses	→ (luxury) coaches
recorded description	→ professional guides
English, Spanish and French	→ English and French only
	Hinweis: Hier genügt es auch, wenn du einfach das Wort „Spanish" streichst.
children CAN $ 13	→ children CAN $ 30
Beaver Company Boat	→ White Company Boat
tickets valid 48 hours	→ tickets valid 24 hours

Text 4: Holidays in British Columbia
accommodation: room in guest house
location: (5 km from) M A R G U E R I T E*
package price per person: CAN $ 630
activities included: horse-riding / canoeing
tel. number: 250 398 8744

* Da der Name im Hörtext buchstabiert wird, kann der Punkt hier nur vergeben werden, wenn der Name richtig geschrieben ist.

Text 5: The 2010 Winter Olympics
1. – **they felt extremely proud**
2. – **Canada is a safe country (place)**
   – **Canada has experience with major sports events**
   Zusätzliche mögliche Antwort:
   Whistler is a famous ski resort / Whistler is one of North America's top ski destinations
3. – **2010 will take place in a metropolis**
   – **2010 opening and closing ceremonies will take place indoors**
   – **2010 will be / are the first Winter Games at sea level**
4. – **there will be infrastructure improvements**
   – **there will be lots of tourists**
   Zusätzliche mögliche Antwort: new jobs will be / are created

Ihre Meinung ist uns wichtig!

Ihre Anregungen sind uns immer willkommen. Bitte informieren Sie uns mit diesem Schein über Ihre Verbesserungsvorschläge!

Titel-Nr.	Seite	Vorschlag

Die echten Hilfen zum Lernen... **STARK**

15-V29

Bitte ausfüllen und im frankierten Umschlag an uns einsenden. Für Fensterkuverts geeignet.

**STARK Verlag
Postfach 1852
85318 Freising**

Zutreffendes bitte ankreuzen!

Die Absenderin/der Absender ist:

- ☐ Lehrer/in in den Klassenstufen:
- ☐ Fachbetreuer/in
  Fächer:
- ☐ Seminarlehrer/in
  Fächer:
- ☐ Regierungsfachberater/in
  Fächer:
- ☐ Oberstufenbetreuer/in

- ☐ Schulleiter/in
- ☐ Referendar/in, Termin 2. Staatsexamen:
- ☐ Leiter/in Lehrerbibliothek
- ☐ Leiter/in Schülerbibliothek
- ☐ Sekretariat
- ☐ Eltern
- ☐ Schüler/in, Klasse:
- ☐ Sonstiges:

Unterrichtsfächer: (Bei Lehrkräften!)

Kennen Sie Ihre Kundennummer?
Bitte hier eintragen.

Absender (Bitte in Druckbuchstaben!)

Name/Vorname

Straße/Nr.

PLZ/Ort

Telefon privat   Geburtsjahr

E-Mail-Adresse

Schule/Schulstempel (Bitte immer angeben!)

Sicher durch alle Klassen!

Faktenwissen und praxisgerechte Übungen mit vollständigen Lösungen.

Mathematik

Mathematik – Übertritt ins Gymnasium	Best.-Nr. 90002
Mathematik 5. Klasse	Best.-Nr. 91410
Mathematik 8. Klasse	Best.-Nr. 91406
Übungsaufgaben Mathematik I 9. Klasse – Realschule Bayern	Best.-Nr. 91405
Übungsaufgaben Mathematik II/III 9. Klasse – Realschule Bayern	Best.-Nr. 91415
Training Grundwissen Realschule Mathematik 10. Klasse II/III	Best.-Nr. 91417
Funktionen 8.–10. Klasse	Best.-Nr. 91408
Formelsammlung Mathematik Realschule 5.–10. Klasse Hessen	Best.-Nr. 61411
Lineare Gleichungssysteme	Best.-Nr. 900122
Bruchzahlen und Dezimalbrüche	Best.-Nr. 900061
Kompakt-Wissen Algebra	Best.-Nr. 90016
Kompakt-Wissen Geometrie	Best.-Nr. 90026

Mathematik BMT

Bayerischer Mathematik-Test (BMT) 2006
6. Klasse – Realschule Bayern
Erscheinungstermin: Februar 2006 .... Best.-Nr. 915061

Deutsch

Deutsch – Übertritt in weiterführende Schulen mit CD	Best.-Nr. 994402
Rechtschreibung und Diktat 5./6. Klasse	Best.-Nr. 90408
Grammatik und Stil 5./6. Klasse	Best.-Nr. 50406
Aufsatz 5./6. Klasse	Best.-Nr. 90401
Grammatik und Stil 7./8. Klasse	Best.-Nr. 90407
Aufsatz 7./8. Klasse	Best.-Nr. 91442
Erörterung und Textgebundener Aufsatz 9./10. Klasse	Best.-Nr. 91441
Deutsch 9./10. Klasse – Journalistische Texte lesen, auswerten, schreiben	Best.-Nr. 81442
Deutsche Rechtschreibung 5.–10. Klasse	Best.-Nr. 90402
Text-Kompendien zum Kompetenzbereich Texte lesen, auswerten und schreiben:	
Band 1: „Der olympische Gedanke – und die Welt des Sports"	Best.-Nr. 81443
Band 2: „Demokratie leben heißt sich verantwortlich fühlen und sich einmischen"	Best.-Nr. 81444
Kompakt-Wissen Rechtschreibung	Best.-Nr. 944065
Lexikon zur Kinder- und Jugendliteratur	Best.-Nr. 93443

Deutsch Jahrgangsstufentest

Deutsch Jahrgangsstufentest 2006
6. Klasse – Realschule Bayern
Erscheinungstermin: Februar 2006 .... Best.-Nr. 915461

Deutsch Jahrgangsstufentest 2005
8. Klasse – Realschule Bayern .... Best.-Nr. 915481

Englisch

Englisch Grundwissen 5. Klasse	Best.-Nr. 50505
Englisch – Hörverstehen 5. Klasse mit CD	Best.-Nr. 90512
Englisch – Rechtschreibung und Diktat 5. Klasse mit 3 CDs	Best.-Nr. 90531
Englisch – Leseverstehen 5. Klasse	Best.-Nr. 90526
Englisch – Wortschatzübung 5. Klasse mit CD	Best.-Nr. 90518
Englisch Grundwissen 6. Klasse	Best.-Nr. 90506
Englisch – Hörverstehen 6. Klasse mit CD	Best.-Nr. 90511
Englisch – Rechtschreibung und Diktat 6. Klasse mit CD	Best.-Nr. 90532
Englisch – Leseverstehen 6. Klasse	Best.-Nr. 90525
Englisch – Wortschatzübung 6. Klasse mit CD	Best.-Nr. 90519
Englisch Grundwissen 7. Klasse	Best.-Nr. 90507
Englisch – Hörverstehen 7. Klasse mit CD	Best.-Nr. 90513
Englisch Grundwissen 8. Klasse	Best.-Nr. 90508
Englisch – Leseverstehen 8. Klasse	Best.-Nr. 90522
Comprehension 1 / 8. Klasse	Best.-Nr. 91453
Englisch Grundwissen 9. Klasse	Best.-Nr. 90509
Englisch – Hörverstehen 9. Klasse mit CD	Best.-Nr. 90515
Englische Rechtschreibung 9./10. Klasse	Best.-Nr. 80453
Translation Practice 1 / ab 9. Klasse	Best.-Nr. 80451
Comprehension 2 / 9. Klasse	Best.-Nr. 91452
Textproduktion 9./10. Klasse	Best.-Nr. 90541
Englisch Grundwissen 10. Klasse	Best.-Nr. 90510
Englisch – Hörverstehen 10. Klasse mit CD	Best.-Nr. 91457
Englisch – Leseverstehen 10. Klasse	Best.-Nr. 90521
Translation Practice 2 / ab 10. Klasse	Best.-Nr. 80452
Comprehension 3 / 10. Klasse	Best.-Nr. 91454
Systematische Vokabelsammlung	Best.-Nr. 91455

Französisch

Französisch – Sprechsituationen und Dolmetschen mit 2 CDs	Best.-Nr. 91461
Rechtschreibung und Diktat 1./2. Lernjahr mit 2 CDs	Best.-Nr. 905501
Wortschatzübung Mittelstufe	Best.-Nr. 94510

Betriebswirtschaftslehre/ Rechnungswesen

Training 9. Klasse
Zum Einsatz sowohl in der 4-stufigen als auch
in der 6-stufigen Realschule .... Best.-Nr. 91471
Training 9. Klasse – Lösungen .... Best.-Nr. 91471L
Training 10. Klasse
Zum Einsatz sowohl in der 4-stufigen als auch
in der 6-stufigen Realschule .... Best.-Nr. 91472
Training 10. Klasse – Lösungen .... Best.-Nr. 91472L

(Bitte blättern Sie um)

Abschluss-Prüfungsaufgaben

Mit vielen Jahrgängen der zentral gestellten Prüfungsaufgaben für den Realschulabschluss in Bayern, einschließlich des aktuellen Jahrgangs. Mit vollständigen, schülergerechten Lösungen.

Mathematik

Abschlussprüfung Mathematik I
Realschule Bayern .... Best.-Nr. 91500
Abschlussprüfung Mathematik II/III
Realschule Bayern .... Best.-Nr. 91511

Physik

Abschlussprüfung Physik Realschule Bayern .... Best.-Nr. 91530

Deutsch

Abschlussprüfung Deutsch Realschule Bayern   Best.-Nr. 91544

Englisch

Abschlussprüfung Englisch Realschule Bayern   Best.-Nr. 91550
Abschlussprüfung Englisch Realschule Bayern
mit CD .... Best.-Nr. 91552

Französisch

Abschlussprüfung Französisch
Realschule Bayern .... Best.-Nr. 91553

Haushalt und Ernährung

Abschlussprüfung Haushalt und Ernährung
Realschule Bayern .... Best.-Nr. 91595

Kunst/Werken

Abschlussprüfung Kunst Realschule Bayern ...... Best.-Nr. 91596
Abschlussprüfung Werken Realschule Bayern   Best.-Nr. 91594

BwR

Abschlussprüfung BwR Realschule Bayern .... Best.-Nr. 91570

Sozialwesen

Abschlussprüfung Sozialwesen Realschule
Bayern .... Best.-Nr. 91580

Sammelbände

Sammelband M/Ph/D/E
Wahlpflichtfächergruppe I
Realschule Bayern .... Best.-Nr. 91401
Sammelband M/D/E/BwR
Wahlpflichtfächergruppe II/III
Realschule Bayern .... Best.-Nr. 91411
Fächerkombination M/Ph
Wahlpflichtfächergruppe I
Realschule Bayern .... Best.-Nr. 91402
Fächerkombination D/E
Wahlpflichtfächergruppe I und II/III
Realschule Bayern .... Best.-Nr. 91403
Fächerkombination M/BwR
Wahlpflichtfächergruppe II/III
Realschule Bayern .... Best.-Nr. 91412

Ratgeber für Schüler

Richtig Lernen
Tipps und Lernstrategien – Unterstufe .... Best.-Nr. 10481
Richtig Lernen
Tipps und Lernstrategien – Mittelstufe .... Best.-Nr. 10482

Natürlich führen wir noch mehr Titel für alle Schularten. Wir informieren Sie gerne!

Telefon: 0 81 61 / 179-0   Internet: www.stark-verlag.de
Telefax: 0 81 61 / 179-51   E-Mail: info@stark-verlag.de

Bestellungen bitte direkt an:
STARK Verlagsgesellschaft mbH & Co. KG · Postfach 1852 · 85318 Freising